이이화의

명승열전

이이화의

명승
열전

불광출판사

명승(名僧)의 삶과 행적을 찾아서

지은이는 그동안 많은 역사 인물에 대한 이야기를 약전(略傳) 형식을 빌려 써 왔다. 역사학자로서 역사 인물의 행적을 살펴보면 그들이 살던 시대사가 보인다고 판단했다. 그 범위는 여기에서 보기를 들기 어려울 정도로 다양했는데, 천한 신분인 백정이나 노비, 왕조시대 역적이라 지탄받던 인물도 포함된다. 더불어 승려들도 주요하게 다루었다.

승려들의 삶과 행적을 서술하는 방법에 있어서 두어 가지 나름의 기준을 세웠다. 첫째는 그들의 불교사상에만 초점을 맞추지 않았다. 이는 지은이의 한계 때문이기도 하다. 지은이의 불교사상사 지식은 상식의 수준을 벗어나지 못하다. 그래서 함부로 전근할 수 없었다. 게다가 이를 심도 있게 다룬 많은 불교학자들의 저술이 출간되어 있다. 그래서 여기에서는 승려들의 기본적인 사상만을 소개하고 그들의 행적을 중심으로 다루었다.

둘째는 그 시대를 살던 승려로서 당시의 시대정신에 얼마나 투철했는지를 중심으로 접근했다. 오늘날의 용어를 빌리면 중생 제도를 기본으로 한 대중불교나 참여불교(전통적 용어로는 호국불교)운동에 얼마나 기여했는지를 살펴본다. 그러니까 불교사상을 기저로 하여 타락하는 불교를 바로잡거나 대중 교화에 얼마나 열중했는지를 검증한 것이다. 불교가 전래된 이후 한국불교는 시대에 따라 모순과 갈등을 겪으면서 많은 변화를 보여 오지 않았는가. 이에 따라 그 기술 방법에 있어서도 지은이 나름의 기준을 두었다. 특정 인물을 기술하면서 그가 신비스런 탄생 설화를 가졌다든지, 어릴 적 특이한 동기로 부처님과 인연을 맺었다든지, 남다른 이적을 보였다든지, 입적할 때 죽을 날을 예언하거나 사리가 쏟아져 나왔다고 하는 이야기에 굳이 집착하지 않고 필요에 따라 최소한의 줄거리만 소개했다. 이건 지은이 나름의 인물 탐구 기준이다.

셋째, 여기에 수록된 승려 17인 중에는 전통불교에서 방외(方外)로 다루는 승려들이 여럿 포함되어 있다. 승려 출신으로 현실에 뛰어들어 개혁을 이루려 했던 인물도 있고, 중생을 제도하는 참불교를 구현하려던 승려도 있다. 또 모순된 현실 정치에 맞서 개혁의 기치를 내걸고 한판 대결을 벌이다가 사라진 승려들도 있고, 비승비속(非僧非俗)의 행각을 벌이면서 궁극으로는 부처에 귀의한 승려들도 있다. 이들은 모두 당시는 물론 후세에도 많은 영향을 끼쳤다.

이 책에서 다루어진 인물들을 간략히 살펴보면 이러하다.

우리나라 불교사(史)상 대표적인 인물인 원효(元曉)를 비롯해, 말기의 현상을 보이면서 타락한 신라가 무너질 때 새 나라 고려의 건국을 풍수지리설로 합리화한 도선(道詵)이 있고, 나라의 자주성이 유린될 때 이를 지키려 했던 묘청(妙淸)이 있다. 고려 말기 온 나라가 부정에 휩쓸려 있을 때 풍파를 일으킨 변조(遍照, 신돈), 조선시대 초기 수양대군이 살육의 방법으로 왕위에 오른 모습을 보고 저항한 설잠(雪岑, 김시습), 조일전쟁(임진왜란)이 일어나 나라가 유린될 때 구국의 대열에 떨쳐 일어난 휴정(休靜)과 유정(惟政)도 있다. 또한 19세기 끝 무렵 외세가 침투하고 내부의 개혁이 필요할 때 뛰어나온 천호(淺湖, 이동인)와 일제식민지 지배가 이루어졌을 때 친일불교를 청산하고 불교 대중화와 민족불교를 제창한 백용성(白龍城), 한용운(韓龍雲)

이 있다. 특히 올해는 삼일운동 100주년이 되는 해여서 백용성과 한용운은 새삼 주목받을 것이다.

이들은 역사적으로는 시대정신에 투철했고, 불교적으로는 중생 제도의 신념에 충실했다. 지은이는 이러한 승려들을 소중하게 다루었다. 어쩌면 이 책이 내세울 개성이요, 특징이라 할 수 있을 것이다. 유교 학도들이나 시인 묵객들 중에도 제도와 관습을 벗어던진 방외인들이 있었다. 이 승려들을 굳이 거기에 비교하는 건 마땅치 않겠지만 역사나 불교사에서 내팽개치지 말고 소중하게 평가해야 한다고 지은이 스스로 판단한 것이다.

지은이 개인의 인연을 말해 보면, 어릴 적 유불선 합일을 추구한 아버지에게서 기초가 되는 불교 지식을 얻었고, 청년이 되어서는 한때 불교와 관계된 일을 보면서 이운허, 김탄허, 이청담, 양청우, 이대의, 강석주, 신소천, 고광덕 등 현대의 많은 고승을 만났다. 또한 이광우가 머무는 정각사에 드나들면서 김동화, 홍정식, 원의범 등 훌륭한 불교학자의 강의를 들었다. 그중에는 친일불교 활동을 한 김

7

태흡, 변설호, 임석진 등도 포함되어 있다.

또한 대전 심광사에서 불교학생회를 지도하며 거기에 드나드는 젊은 승려들과 교류를 한 적도 있었고, 원두, 원경, 지선, 법륜과는 친구 사이로 지내고 있다. 때로는 『불교신문』을 비롯한 불교계 신문, 잡지 등에 글을 쓰기도 했고, 여러 절에서 강의도 했으며, 『이야기 한국불교사』를 정리하면서 고승들의 행적도 함께 더듬어 보았다. 이러한 인연의 맥이 이 책과 닿아 있다.

이 책은 그런 기저 위에서 예전에 썼던 내용은 수정·보충하고, 새로 인물을 보태 세상에 선보이는 것이다. 다만 개별 내용의 분량이 일정치 않아 약간의 균형을 잃고 있음을 일러둔다. 예를 들어 묘청, 변조, 설잠, 유정과 백용성, 한용운의 경우 상대적으로 많은 분량을 할애했다. 달리 말하면 이들의 경우 지금의 대중들이 쉽게 접하지 못했던 새로운 내용도 포함되어 있다는 뜻이 된다.

이 책에서 지은이는 때로 민간 설화를 적어 넣기도 했고, 시대 사정을 곁들이기도 했다. 승려이면서 시인인 경우 그의 작품을 옮겨

놓기도 했다. 참고한 문헌의 한문 원문은 지은이가 번역하기도 하고, 전문가의 번역을 참고·활용하기도 했으며, 중요하다고 여기는 작품은 원문을 곁들이기도 했다. 대중의 편의를 위해 논문 형식의 주를 달지 않았다. 다만 약간의 설명이 필요한 경우 본문 안에 최소한의 내용만 병기했다.

독자들에게 한 가지 양해를 구할 것은 지난 해 간행한 『이야기 한국불교사』(불광출판사, 2018)의 내용과 이 책 내용이 경우에 따라 다소 중복된다는 점이다. 이들 내용을 중복의 이유로 빼는 것은 이해에 오히려 도움을 주지 못한다는 판단 아래 내린 결정이다. 두 책의 내용을 비교해 읽는다면 이해에 좀 더 도움이 될 것이다.

아무튼 나무라지 마시고 흥미 있게 읽어 주기 바라노라.

__2019년 통일의 시대를 맞이해 임진강 가에서 지은이 씀

차 례

역사적으로는 시대정신에 투철했고,
불교적으로는 중생 제도의 신념에 충실했던
열일곱 명 승려의 삶

민중의 삶 가운데로 파고든 우리 대표 고승

元曉

원효

광주 무등산 언저리에 원효암이 자리 잡고 있다. 경주에 살던 원효 (元曉, 617~686)가 어느 때 무등산을 돌아보고 산수가 너무 마음에 들어 이곳에 절을 짓고 살아서 "원효암"이라 불렀다 한다. 이 전설을 사람들은 곧잘 믿고 있다. 그런데 주로 경주에서 활동하던 원효가 과연 먼 이곳까지 와서 절을 짓고 살았을까?

"원효사, 원효암, 원효당"이란 이름을 가진 절은 전국에 걸쳐 수십 개나 널려 있다. 보기를 들면 범어사, 통도사 등의 말사와 북한산, 천성산, 팔공산 등의 산사에 이 이름이 붙여진 절이 있으며, 이외에도 전국 곳곳에 원효와 관련된 연기 설화(緣起說話)를 가진 절이 널려 있다. 이는 민중의 마음속에 자리 잡고 있는 원효의 이미지가 있어서 그를 내세워야 절이 유명해지고 신도들이 모여든다고 믿었던 탓일 것이다.

원효는 그 이름이 뜻한 대로 이 땅에 불교의 새벽을 연 승려이다. 그는 민중에게 있어 한국불교의 상징처럼 받들어지는 존재이다.

신라 땅에 드리운 불법의 여명

"원효"라는 이름은 '첫새벽'이라는 뜻을 지니고 있다. 이후 그가 우리나라 불교의 새벽을 열었음을 의미하기도 하니, 이 이름 두 자가 풍기는 상징성이 남다르다.

그는 지금의 경상북도 경산 언저리에서 태어났다. 약간의 이설이 있기는 하지만 이곳 자인면 밤골(불지촌)이라는 설이 유력하다. 이곳의 제석사 입구인 불땅고개에는 이곳이 그의 탄생지임을 알리는 표지석이 세워져 있다.

그의 할아버지와 아버지는 성이 설(薛)이었다. 그의 아버지 담날(談捺)은 경주에서 태어나지도 않았고 진골도 아니어서 관등이 11위쯤 되는 하급 귀족이었다.

원효의 어머니는 만삭이 되어 밤나무 밑을 지나다가 아이를 낳았다 한다. 이곳을 지금도 "밤나무골[栗谷]"이라 부른다. 또 그의 어머니가 남편의 옷을 나무에 걸어 놓고 그 안에서 잠을 잤는데 그 나무를 "사라수(娑羅樹)"라 불렀다. 그 나무의 열매는 여느 열매보다 커서 사람들이 "사라율(娑羅栗)"이라 불렀다고도 한다. '사라'는 확실치 않으나 중이 입는 가사와 같은 옷을 뜻한다고 볼 수 있다. 그래서 그가 출가한 뒤 사라수 근처에 절을 짓고 "사라사"라는 이름을 붙였다 한다.

그는 신라에서 불교가 공인된 지 100년쯤 되는 시기에 태어났다. 그동안 신라에는 수많은 고승이 나타나 불법을 일으켰다. 한편 그가 태어나 자랄 무렵은 신라가 백제, 고구려와 치열한 전쟁을 벌이던 시기였다. 신라의 영역 위로는 고구려, 서쪽으로는 백제의 공격이 잦았고, 남쪽 바다로는 왜구의 노략질이 이어졌다. 이런 시대에 신라는 불교를 통해 나라는 지키려는 풍조가 일었다. 곧 중국으로부터 호국의 염원을 발원한 『인왕호국반야경(仁王護國般若經)』을 수용하고, 황룡사에 이웃 나라를 항복받고 천지개태 삼국위일(天地開泰 三國爲一, 천지를 편안하게 열어 세 나라를 하나로 만든다)을 기원하는 탑을 만들어 두었다. 이는 이 나라 호국불교의 여명을 연 것이었다.

그의 어릴 적 이름은 "서당(誓幢)"이었다. 서당은 군사 조직의 한 단위를 나타내는 신라 고유의 용어이다. 그의 아명이 군사 조직의 이름과 관련이 있다면 그가 뒷날 화랑도에 들었다는 이야기와 연

17

관을 지을 수도 있을 것이다.

　　그는 여느 귀족의 아이들처럼 어릴 적부터 한자를 익혔고, 청소년 시절 김유신을 따라 고구려 정벌에 나서 군공을 세웠다고 하며, 화랑에도 들어 활동했다 한다. 그러니 전쟁 통에 수많은 사람들이 죽는 모습도 보았을 터요, 원광이 가르쳐 준 세속오계의 '전쟁터에서는 물러나지 말라[臨戰無退]'와 '생명은 가려서 죽여라[殺生有擇]'라는 규범을 말할 나위도 없이 익혔을 것이다.

　　서당은 '총각 머리할 나이에 출가했다'(「원효전」, 『송고승전』)고 하고, 29세에 출가했다고도 한다. 많은 고승들의 경우처럼 어린 나이에 출가한 것은 아니었다. 당시 경주에는 황룡사나 분황사 같은 큰 절이 있었는데 그는 황룡사에 들어가 삭발을 하고 이어 분황사에 들어가 수도했다. 이 무렵 그가 스스로 지은 불명이 "원효"이다. 『삼국유사』에는 이를 두고 '스스로 원효라 일컬었는데 아마도 처음 불일(佛日)이 빛난다는 뜻이다.'라고 하고 있다. 여기에 나타나는 '불일'은 '부처의 자비가 모든 중생에 널리 빠짐없이 비친다'는 뜻을 지니고 있다. 원효는 또한 방언(方言)이다. 그때 사람들이 모두 시골말로 '첫 이른 새벽을 뜻한다.'라고 했다.

　　어느 스승에게 수계를 받았는지는 분명치 않다. 이는 그가 유명한 스승에게서 배우지 않았음을 뜻할 것이다. 이에 대해 남동신은 이렇게 기록하고 있다.

　　원효의 시대는 교종의 전성기라 할 정도로 불교 교학이 꽃을 피웠다. 그는 스펀지가 물을 흡수하듯, 중국에서 대거 수입되고 있던 수많은 불교경전을 섭렵하여 계율과 선정과 지혜에 정통하기에 이르렀다. 마침내 신라 사람들은 그가 만인(萬人)을 대적할 만하다고 여겼다. 그는 요란하지 않게 출가하였지만, 어느새 탁월한 능력으로 불교계에 두각을 드러내기 시작하였다. 송곳은 주머니 속에 넣는다고 감추어지는 것이 아니다.

_『영원한 새벽 원효』

원효는 청년의 나이에 명망을 얻었다고 하지만 당시 불교계는 당나라 유학승들이 지배했을 뿐만이 아니라 세속에서도 군림하면서 불교운동을 이끌었다. 원효는 이때 저 혼자 잘난 척 거들먹거리는 유학승들과 내면의 갈등을 겪었을 것으로 보인다. 물론 그도 처음에는 유학을 가서 불법의 진수를 익히고 돌아오겠다는 결심을 굳힌 것으로 보인다.

유학길 위에서 마음을 깨치다

지금까지 전해오는 말이 있다. 큰 스승 밑에서는 큰 학자가 나오지 못한다는 말이다. 아무리 뛰어난 인재라도 스승의 가르침만 익히다 보면 독창적인 이론이나 견해를 내지 못한다. 특히 스승의 그림자도 밟지 않는다 할 정도로 스승에 대한 숭모 경향이 지나쳐 매우 엄격했던 유교 사회에서는 더욱 그러했다. 후대의 제자들이 스승의 학설에 비판을 가하거나 다른 주장을 내면 여지없이 파문을 당했다. 이것을 두고 예전 말로 "술이부작(述而不作)"이라 했고, 뒤에는 "조술(祖述)"이라고도 했다. 있는 그대로를 익히고 따를 뿐 새로운 학설을 내지 않는다는 뜻이다. 조술과 반대되는 단어가 "자득(自得)"이다. 자득

19

은 '스스로 터득한다'는 뜻이니 스승 없이 혼자의 힘으로 책을 읽고 사유하여 어떤 경지에 도달함을 말했다. 자득한 사람에게서는 흔히 독창성을 발견하게 된다.

원효는 속세에서 자득한 사람의 표본으로 꼽힌다. 당시 신라의 승려나 벼슬아치 등의 지식인들은 너나없이 불법과 유교 학문을 배우기 위해 당나라 장안(지금의 서안)으로 유학하는 것이 하나의 풍조였다. 원효도 물론 어느 스승 밑에서 승려가 되었지만 스승의 가르침보다 스스로 책을 읽고 사유하며 정진했다. 여느 사람처럼 이름난 스승을 찾아 이리저리 옮겨 다니지도 않았다.

이럴 때 그는 뜻이 맞는 후배 하나를 만났다. 이 후배가 신라에서 원효 다음으로 유명한 의상(義湘)이다. 두 사람은 8년의 나이 차이가 나니 형제와 같았다고 해야 옳을 것이다. 원효는 의상과 뜻을 맞추어 당나라로 유학가기로 약속했다. 당시 당나라 장안에는 신라에까지 그 이름과 저술이 전해지는 고승들이 많았고, 신라의 청년들은 그런 고승의 설법을 듣고 가르침을 받는 것이 소원이었다. 그런 탓으로 한때 장안에는 신라의 유학생 수가 250여 명이 넘은 적도 있었다.

아무튼 두 사람은 650년 유학의 길을 떠났다. 당시 당나라에 갈 때는 요동을 거쳐야 했는데 그 중간 지대가 고구려 영역이어서 육로가 막혀 있었다. 『송고승전』 등의 기록에는 둘이 당나라 땅인 요동까지 갔으나 첩자로 고발되어 감옥에 잡혀 있다 풀려났다고 한다.

그 뒤 두 승려는 뱃길로 당나라에 가기 위해 서해의 남양만 언저리로 나왔다. 그들이 남양만 당항진(『송고승전』에는 당주계)에 이르렀을 때 비바람이 세차게 몰아치고 있었다. 더욱이 날까지 어두워졌다.

두 승려는 하룻밤을 보내기 위해 어둠 속에서 굴 하나를 발견하여 그 속에 드러눕곤 노곤하게 잠을 잤다. 원효는 새벽녘에 목이 몹시 말라 주위를 더듬어 보았다. 요행히 바가지에 물이 담겨 있어서 그 물을 시원스레 벌컥벌컥 마셨다. 아침에 일어나 보니 그들이 머문 굴은 묵은 무덤이었고, 그 바가지는 다름 아닌 해골이었다. 두 사람은 몸이 오싹해지는 것을 느꼈다. 원효는 마음이 뒤숭숭해지고 구역질을 해대다가 문득 깨달았다.

그 다음 날도 타고 갈 배는 보이지 않는데다 비바람이 그대로 몰아치고 있어서 어쩔 수 없이 그 무덤에서 다시 밤을 보내게 되었다. 첫날밤의 평온함과는 달리 이튿날 밤에는 꿈속에 온갖 잡귀들이 나타나 원효를 괴롭혔고, 또 잠에 깨어서는 번뇌 망상이 머리를 어지럽혔다. 그리하여 원효는 새로운 마음의 소재를 알았다. 다음 날 날씨는 화창하게 개었고 서해의 푸른 물결도 잔잔했다. 의상은 짐을 챙기면서 원효에게 어서 배에 오르자고 했으나 원효는 조용히 고개를 저었다(『송고승전』의 「의상전」에는 이와 조금 다른 줄거리가 전해지지만 종합해서 정리했다).

원효는 '만물유심조(萬物唯心造)', 모든 것은 마음가짐에 달려 있음을 깨달은 것이다. 원효는 탄식해 마지 않으면서 의상에게 "처음에는 토굴에서 잠을 잤다고 여겨 편안했는데 오늘 아침에는 무덤에서 자고난 걸 알고 나니 마음이 뒤숭숭하다. 그래서 곧 알았노라. 마음이 생겨나기에 가지가지 법이 생겨나고 마음을 끊었기에 토굴과 무덤이 하나로구나."라고 말했다. 또 "삼계(三界)는 오직 마음이요, 만법(萬法, 삼라만상)은 오직 앎이로다. 마음 밖에 법이 없으니 어찌 따로 구하리오. 나는 당나라에 들어가지 않겠노라."라고 말했다. 그러고 나서 행장을 꾸려 돌아왔다.

부처는 무수히 마음을 강조했으나 원효는 그것을 읽으면서도 옳게 터득하지 못했고, 해골의 물을 마시고서야 경험적으로 깨달았던 것이다. 하지만 마음은 주관이니 뒷날 이 설파대로 그의 이론은 고정되었을까? 어쨌든 이는 원효가 나이 45세에 접어들어 참깨달음을 얻은 계기를 알려 주는 일화이다.

위의 이야기는 기록에 따라 약간씩 다르지만 『송고승전』에 실려 있었으니 널리 퍼져 나간 것으로 보인다. 그를 우러러보던 민중들이 이 이야기를 입에서 입으로 전해 그의 명망을 더욱 높이려 했는지도 모른다. 아주 그럴 듯하게 꾸며져 있지 않은가. 이에 대해 이기영은 다음과 같이 평가했다.

> 원효는 문득 깨달았다. 과연 정부정(淨不淨, 깨끗함과 깨끗지 아니함), 호불호(好不好, 좋음과 좋지 않음), 선불선(善不善, 착함과 착하지 않음) 등의 모든 분별경계(分別境界)는 자기의 마음으로부터 우러나는 것이지 실물 그 자체에는 정도, 부정도 없는 것임을 깨달았다.
> ― 「무애에 산 신라인-원효」, 『한국의 인간상 3』

앞에서 인용한 원효의 말은 뒷날 하나의 법구가 되다시피 했다. 다만 이는 원효의 말이 아니라 후세 사람들이 재단한 것이다. 그에 대한 칭송은 이 하나의 사건이 단초를 열었다고 볼 수 있겠다.

경주 땅을 울린 변설가

원효는 신라 고승 가운데 유학을 가지 않은 승려가 되었다. 그는 계속 정진했다. 산속에서 뿐만 아니라 여항에도 끊임없이 드나들었다. 그가 분황사에 머물 때에는 『화엄경소』를 찬술했다. 이는 그가 해동 화엄종의 창시자로 꼽히는 계기가 되었다. 그야말로 자득의 결과였다.

이때 왕실에서는 하나의 사건이 생겼다. 당나라에서 『금강삼매경』을 가져왔는데 이를 강설할 승려가 없었던 것이다. 처음 대안(大安)에게 부탁하자 대안은 원효를 추천했다. 이때 어쩔 수 없이 원효가 불려 가게 되었다.

원효는 강설을 부탁받자 흔쾌히 나섰다. 그는 임금이 보낸 사자에게 "이 경전은 본각(本覺, 우주 법계의 근본 본체인 진여의 이체)과 시각(始覺, 땅에 묻힌 금덩이가 본각이라면 노력을 기울여 파낸 금덩이는 시각)의 두 가지 깨달음을 종지로 삼고 있다네. 나를 위해 소가 끄는 수레를 마련하여 서안(書案)을 두 뿔 사이에 놓고 붓과 벼루를 마련해 두게."라고 일렀다.

그리하여 그는 시골 절에서 경주 황룡사로 오는 동안 소 등에 걸터앉아 뿔 사이에 책을 놓고 강설할 내용을 적어 나갔다. 경주에 이르자 강설 내용이 완성되었다. 그런데 밤중 원효를 시기하는 무리가 강설을 적은 종이를 훔쳐 가는 일이 생겼고, 그는 다시 사흘 동안 밤을 새워 세 권짜리 강설 내용을 완성했다.

다음 날 왕과 청중 1천여 명이 구름처럼 모여든 자리에서 화려하고 열정에 찬 법회를 열었다. 그는 "예전에 백 개의 서까래를 고를 적에는 비록 그 모임에 참여하지 못했으나 오늘 아침 한 개의 대들보를 놓는 곳에서는 나만이 할 수 있구나."라고 했고, 또 "주관적 나와 객관적 사물, 그 둘은 모두 절대적 특성을 가지고 있지 않다는 삼공(三空)의 바다를 진이니 속이니 하며 대립한다. 이를 모두 원융하여 그냥 길이 즐겁다."라고도 했다.

원효가 주장자를 쾅 내리치며 이렇게 변설(辨說)을 늘어놓자 대중들은 무슨 뜻인지 알아들을 것 같았다. 이 자리에 있던 고승 대덕과 같은 승려들이 원효의 강설을 들으며 찬탄해 마지않으면서 고개숙여 부끄러워하고 진솔한 마음으로 참회했다고 한다. 이렇게 하여 신라 사람들은 원효를 두고 이렇게 우러렀다 한다.

아마도 삼학(三學)인 계(戒)·정(定)·혜(慧)에 널리 통달해 신라에서 그를 일컬어 '뭇 사람의 맞수[萬人之敵]'라고들 말했다. 그래서 정밀한 뜻풀이가 입신의 경지에 들어감이 이러했다.
_「원효전」, 『송고승전』

이건 원효 생애의 서막이었다. 그는 지식을 토대로 한 감각적 변설을 가지고 대중을 휘어잡았으나 이를 껍데기로 보면 그의 진면목에 좀 더 다가갈 수 있을 것이다. '뭇 사람의 맞수'라는 표현은 그가 천 명이건, 만 명이건 혼자 대적할 수 있다는 뜻을 함축했을 것이다(이 구절을 두고 해석이 여러 가지로 갈리기도 하고 오류를 범하기도 한다).

모든 것은 일심으로 모인다

그는 귀족의 끝자리에 드는 신분이어서 신라 귀족 사회에서는 출세가 제대로 보장되지 않았다. 그는 턱걸이 귀족이 되어 진골 귀족의 눈치를 살피면서 살아야 할 처지였다. 그래서인지 출가한 뒤 분황사에만 있었던 게 아니라 이 절 저 절을 떠돌면서 정진했다.

그는 『금강삼매경론소(金剛三昧經論疏)』를 비롯해 『대승기신론소(大乘起信論疏)』, 『십문화쟁론(十門和諍論)』 등 무수한 독창적 저술을 냈고, 많은 불경을 해설했다. 이를 주소(注疏)나 논(論)이라 하지만 단순한 주를 달고 의견을 내서 해설하는 게 아니라 자신의 창의적 견해가 담겨 있었던 것이다. 이들 저술에서 일관되게 흐르는 사상적 맥은 무엇보다 일심(一心)이었다. 조금 어려울 수 있겠지만 다소간 설명이 필요해 보인다.

원효는 유식학파(唯識學派)와 중관학파(中觀學派)가 공유(空有)를 두고 벌이는 논쟁에 대해 "긍정하면서 스스로 부정하고, 부정하면서도 긍정해야 한다."고 일렀다. 일심에 대해서는 "진여문(眞如門)과 생멸문(生滅門)의 두 문을 가지고 있다. 진여문은 발생도 없고 소멸도 없으며 증감이나 차별이 없는 절대적 본체이다. 생멸문은 발생과 소멸이 있으며 증감과 차별이 있다."고 선언했다. 진여문은 본질적 측면, 생멸문은 상대적·현상적 측면임을 말하고 "이 둘이 하나이면서 둘이고, 둘이면서 하나이다."라고 마무리했다.

원효는 이런 이론을 신라 사회에 적용하여 "쓸데없는 이론들이 구름처럼 일어 어떤 자는 나는 옳고 남은 그르다고 말하며 어떤 자들은 나는 그러하나 남들은 그러하지 않다고 주장해 드디어 냇물과 강을 이룬다. 유를 싫어하고 공을 좋아함은 나무를 버리고 큰 숲에 다다름과 같다. 비유컨대 청색과 남색이 같은 몸체이고, 얼음과 물이 같은 원천이고, 거울은 모든 형체를 그대로 받아들임과 같다."고 일갈했다. 일심은 모든 것의 근원으로 화합의 근본이 되고, 평등하고 차별이 없으니 부질없이 다툴 까닭이 없다는 것이다. 그는 교리를 놓고 대립하거나 한 걸음 나아가 여러 세력이 벌이는 분열과 갈

등을 화쟁(和諍)으로 모았다. 이에 대해 남동신은 다음과 같이 평가했다.

> 흔히 원효의 특징으로 지적하는 화쟁(화합), 한마음(평등), 무애(자유) 등은 결코 원효의 고유한 창안도, 원효만의 전유물도 아니다. 그것은 석가모니 이래로, 그리고 원효 이전은 물론 이후에도 수많은 불교도들의 관심을 끌었던 공통의 화두였다.
>
> —『영원한 새벽 원효』

이 지적은 조금 야박하게 느껴진다. 원효의 이런 사상은 본래 불교의 가르침에 바탕을 두었으나, 분열로 찢긴 신라 사회에 던져진 창의적 발상을 기반으로 한 사상이었다는 사실을 간과해선 안 된다. 화쟁은 신라불교에서만이 아니라 향촌에서 민중에 군림하는 토호든, 생사의 갈림길에서 허덕이는 무지렁이 농민이든 통일 전쟁을 앞둔 신라 사회 전반을 뭉치게 한 이데올로기였다고 보아야 할 것이다.

일체 걸림이 없었던 파계승

원효는 어느 날 경주 시내를 누비고 다니며 "누가 자루 빠진 도끼를 빌려줄 테냐. 내가 하늘을 받들 기둥을 다듬겠노라."라는 노래를 부르며 돌아다녔다. 이 소문을 들은 태종무열왕은 '귀부인을 얻어 아들을 낳겠다.'는 뜻이라 풀이했다. 태종무열왕은 궁중의 벼슬아치를 보내 그를 과부 공주가 있는 요석궁으로 불러오게 했다. 그는 요석궁 앞 다리를 건다가 벼슬아치를 만나자 짐짓 물에 빠졌다. 벼슬아치는 그를 요석궁으로 데려와서 옷을 말리게 했다. 이래서 과부인 요석공주와 잠자리를 같이하게 했다. 이들이 아기자기한 사랑을 나누었다는 이야기는 어디에도 보이지 않는다. 그저 아들을 낳았다는 데에만 주목한다. 이들 둘 사이에 태어난 아들이 우리나라 유학의 시조로 일컬어지는 설총(薛聰)이다(「원효불기」, 『삼국유사』). 태종무열왕은 각본을 짜 불쌍한 과부 딸에게 짝을 지어 주었고, 원효는 장가를 들어 아들을 낳을 수 있었다. 원효는 만행에 이어 또 한 번 파계하여 대중 이미지를 조작할 수 있는 기회를 얻었다.

원효는 만년에 "소성거사(小性居士)" 또는 "복성거사(卜性居士)"라 자처하고 더욱 무애(無礙) 행각을 벌였다. 거사라 했으니 승려가 아니라는 것이다. 우리가 익히 들어 온 유마거사는 재가보살로 기행을 일삼았다. 『유마경』의 종지는 '법문은 둘이 아니다[不二法門]'와 '승려와 속인은 둘이 아니다[僧俗不二]'이다. 이 둘에 차별을 두지 않는다는 것이다. 이를 "거사불교"라 한다. 원효는 환속해 스스로 거사가 되었다. 거사를 표방했으니 속인의 옷을 입고, 술도 마시고, 고기도 씹었다. 그야말로 계율을 집어던진 자유인이었다.

소성거사는 중생 제도를 하기 위한 방편으로 정토신앙을 내걸었다. 현세에서 온갖 영화를 누리는 지배 세력은 끝없는 영화를 누리고자 『미륵하생경』을 받들었지만, 소성거사는 미래에 미륵 세상이 열린다는 『미륵상생경』을 받들었다. 민중은 현세에 누리지 못한 영화를 미래에서라도 누려야 한다는 생각에 발을 맞춘 것이다.

요석궁 행각을 벌이던 시기에 그의 기행은 더욱 복잡해졌다. 바가지를 두드리며 골골을 누비고 다녔고, 광인처럼 노래를 부르며 다녔다. 때로 술집에 들어가 작부를 희롱하기도 하고, 때로는 여염에 들어가 살기도 했으며, 마음이 내키면 토굴에 들어가 좌선에 열중하기도 했다. 그러다가 다시 거리에 나와 민중의 틈에 끼어 춤추고 노래하며 즐거워했다.

임금이 법회를 열 때 원효를 대덕으로 초대했으나 시기하는 무리들이 그를 지탄하며 끼워 주지 않았다. 그래도 때때로 시장과 거리에서 노래도 부르고 무애라는 이름의 바가지를 두들기며 돌아다녔다. 세상은 이런 원효를 미친 사람이나 파계승으로 치부했다. 그에게 많은 비난이 쏟아졌고, 시기와 질투도 함께 퍼부어졌다. 그러나 원효는 철저한 실험적 행동을 벌인 것이요, 아무 걸림이 없는 무애의 행각을 보인 것이다.

그를 방해하는 승려들은 왕실의 지원을 받는 유학승들이었으나 그를 지원하는 승려들은 혜공, 대안 등 진골 출신이 아니요, 유학도 다녀오지 않은 승려였다. 이들은 무애행의 자유를 누리면서 민중과 함께 살고, 중생 제도를 도모하며, 속인의 집에 거처하면서 좌선에 들기도 했다. 『화엄경』에서 말하는 "일체 무애인에게는 한 도가 생사에 나온다."는 구절을 몸으로 실현한 것이다. 이 대목에서 한 기록을 인용해 보자.

말하는 게 광패했으며 행적이 어그러지고 거칠게 보였다. 거사들과 어울려 술집이나 창녀의 집에 들어가 함께 사는 게 지공 (誌公, 중국 양나라 기승) 법사처럼 쇠붙이로 만든 칼이나 지팡이를 짚고 지니고 있으면서 더러는 해설하는 글을 지어 잡되게 『화엄경』을 강론하기도 하고 더러는 거문고를 어루만지면서 엄숙한 사당에서 즐거워했으며 더러는 여염집에 밥과 술을 얻어먹으면서 잠을 잤고 더러는 산골이나 물가를 떠돌며 앉아서 선에 들기고 했다. 이처럼 도무지 조심스러움이 없었다.

_「원효전」, 『송고승전』

이게 그의 행각을 꾸짖는 것인지, 그의 걸림 없는 삶을 칭송한 것인지 아리송하다. 하지만 예사 승려가 아님을 말하고 싶었던 것 같다.

뒷사람들이 본 원효

원효는 70세에 들어 깊은 토굴에서 혼자 숨을 거두었다. 그의 죽음 곁에는 수좌들이 없었다.

원효는 전쟁으로 인한 굶주림, 고된 노역으로 고통 받으며 죽어 가는 민중과 사치와 호화로운 생활로 날을 지새우는 귀족, 그리고 승려가 있는 신라의 현실을 보았다. 그는 민중의 입장에서 부처를 바라보고 불교경전을 해석하며 현실을 냉엄하게 재단했다. 또 분열의 조짐이 보이는 신라 사회와 불교계에 통합과 화합을 소리 내어 외쳤다.

원효가 입적한 뒤 그의 아들 설총이 아버지의 소상(塑像, 흙으로 빚은 사람 모양)을 모셨다. 설총은 원효의 유해를 수습해 유골을 가루 내어 살아 있을 적의 모습으로 빚은 후 분황사에 안치해 때때로 그 옆에서 예불을 모셨다 한다. 어느 때 원효의 소상이 갑자기 고개를 돌려 바라보았다는 이야기도 전한다. 하지만 이러한 이야기는 믿지 않는 게 좋을 것이다.

뒷날 일연은 『삼국유사』에서 '지금도 머리를 돌린 것 같다.'라고 기록했다. 그러면서 이렇게 찬양했다.

> 소뿔 타고 앉아 처음 삼매경의 종이 말이 열고
> 멋대로 춤추는 자리 끝내 온 거리의 바람 나부꼈네.
> 달 밝은 요석궁에 봄잠 자고 갔고
> 문 닫혀 있는 분황사에 고개가 돌려 있네.
>
> _「원효불기」, 「삼국유사」

몇 줄 안 되는 일연의 이런 짧은 표현은 원효의 삶 전체의 모습을 정확하고도 진솔하게 표현했다고 볼 수 있을 것이다(판본에는 위 글 끝의 몇 글자가 착종된 것 같다).

설총은 말할 나위 없이 어머니 손에 자라면서 궁중 교육을 받았으며 벼슬을 얻어 조정에 진출했다. 그는 왕손으로 혜택을 누리고 살면서 공자의 도인 유학을 공부해 '유학의 종장'으로 추앙되었다. 설총이 지은 「화왕계(花王戒)」는 오늘날 교과서에도 자주 실린다. 설총은 신문왕의 정치를 도와 왕실의 은혜에 보답했다.

아무튼 원효는 저술을 가장 많이 남긴 신라 최고의 고승이요, 사상가로 민중의 우상이 되었다. 후세에 그를 가장 기리고 널리 알린 승려는 고려불교를 일으킨 의천(義天)이었다. 의천은 원효를 부처님같이 받들었다. 그는 만년에 원효의 행적이 깃들어 있는 경주 분황사를 찾아가서 초상 앞에 절을 했다. 그러고 나서 이런 제문을 바쳤다.

해동교주 원효보살 여러 갈래의 수많은 불교 가르침을 화합했으며 한 시대 지극히 공평한 논의를 터득했다. 제자인 저는 어릴 때부터 불교의 가르침을 배우려 여러 어진 선지자를 두루 살펴 배우려 했습니다. 그래서 원효 같은 어진 스승을 만나게 되었습니다.

_『대각국사문집』

고려에서 첫 손 꼽히는 고승인 의천이 원효를 불보살로 받든 것이다. 의천은 원효와는 달리 계율을 잘 지킨 수행승이었는데도 원효를 신앙의 대상으로 받들었다. 이는 한국불교사에서 처음 있는 사례일 것이며, 오늘날에도 이런 흐름은 계속 이어지고 있다.

일제 식민지 시기에는 역사학자 최남선과 소설가 이광수가 논문이나 소설로 원효의 사상을 대중에게 전파했다. 그 뒤 연극과 영화의 소재로도 자주 등장했다.

한편 앞에서 말한 대로 원효의 이름은 후배 의상과는 달리 말사나 암자에 깃들어 이야깃거리를 전해 주고 있다. 그런 탓인지 오늘날의 불자들은 의상보다도 원효를 더 많이 기억하고 있다.

1963년에는 원효를 종조로 받드는 원효종이 창시되었다. 이 종단에서는 원효의 모든 저술을 근본 교전으로 삼고『원효종성전(元曉宗聖典)』을 편찬해 신도들이 암송하고 있다. 원효종은 고려의 보우를 종조로 받드는 태고종처럼 한국 고승을 종조를 받드는 보기 드문 종단으로 꼽힌다.

화엄세계를 일깨운 귀족 출신 승려

義湘

의상

오늘날에도 절에서 불사(佛事)를 벌이거나 의식을 거행할 때 『반야심경』과 함께 어김없이 암송하는 게송이 있다. 바로 「법성게(法性偈)」이다. 이는 우리나라 절에서만 벌어지고 있는 독특한 의식으로 같은 대승불교를 지향하는 중국, 베트남, 일본에서는 볼 수 없는 현상이다. 이 게송은 처음 의상(義湘, 625~702)이 『화엄경』의 원융사상을 요약해 승려와 신도에게 암송하게 한 데에서 유래되었다.

의상은 신라에서 가장 많은 가람을 창건한 승려로 꼽힌다. 그가 창건한 절 중 영주 부석사에는 그에 얽힌 일화가 많이 전해진다.

진골 출신의 승려이지만 그렇다고 그가 귀족불교와 밀착한 것은 아니었다. 오히려 민중과 호흡을 같이했다. 또 그와 원효에 얽힌 일화도 많이 전한다. 그리하여 원효와 함께 신라의 2대 명승으로 꼽힌다.

화엄학을 들고 돌아온 유학승

의상은 속성이 김, 혈통으로는 진골, 출생은 경주(계림)였다고 하니 원효와는 비교할 수 없을 정도로 상급 귀족 대열에 들었던 승려이다. 그가 19세 때 경주의 황복사에 출가했을 때 많은 사람들이 그가 해동 화엄종의 개조(開祖)가 되리라고는 생각하지 못했을 것이다.

의상은 원효와 당나라에 구법의 길을 가려다가 요동에서 첩자로 몰려 실패한 적이 있었다. 그 뒤 660년, 백제는 마침내 나당연합군의 의해 항복하고 말았다. 당나라는 백제 땅에 다섯 도독부를 두고 직접 다스리려고 하여 신라와 갈등을 빚었다. 의상은 이럴 때 원효와는 달리 다시 661년 당나라 수도 장안으로 들어갔다. 이때는 당나라 사신의 배를 타 고구려 영역을 밟지 않고 서해를 건넜으니 그리 위험한 길은 아니었다.

　그가 당나라에 유학하고 있을 당시 신라 군사는 당나라 군사와 연합해 평양 공격에 나섰다. 당나라 수도 장안도 고구려 정벌로 소란스러웠다. 의상은 고국의 소식에 귀를 막았을 것이다. 오랜 전쟁으로 인해 신라 민생이 도탄에 빠졌음을 너무도 잘 알고 있었기 때문이다.

　처음 당나라로 건너간 그는 무엇보다 화엄학의 요체를 배우고자 종남산(終南山) 지상사(至相寺)에 주석하고 있는 지엄(智儼)의 문하에 들어갔다. 지엄은 "해동에서 그대가 찾아오는 꿈을 꾸어 그대 얼굴을 보았다."는 말로 반기며 제자로 받아들였다.

　지엄은 황실의 후원을 받으며 화엄학 선양에 열중하고 있었다. 지엄의 제자인 법장(法藏)은 스승의 뜻을 받들어 화엄학의 체계를 세우는 일에 열중해 큰 세력을 이루었다. 의상은 이 대열에 끼어 법장과 함께 화엄학을 8년 동안 공부했다. 그는 성품이 근실하고 계율도 잘 지켰으니 화엄학을 제대로 익혔을 것이다.

　한편 신라는 당나라와 연합하여 668년 끝내 삼국 통일을 이룬 뒤 새로운 시대를 맞이해 들떠 있었다. 하지만 오랜 세월 전쟁에 시달리다 보니 국토는 황폐해지고 백성들은 고달파진 정도가 아니라 고통스러웠다. 고구려를 정벌한 문무왕은 들떠서 성급하게 이렇게 선포했다.

　기나긴 전쟁은 이제 끝났다. 백성들은 창과 칼을 녹여 가래와 쇠스랑을 만들어 농사를 지어라.
　_「신라본기」,『삼국사기』

35

문무왕은 통일 전쟁이 한참 진행될 때 모든 백성과 벼슬아치들에게 토지를 절에 시주하는 행위를 금지한다는 조치를 내린 적이 있었다. 국가에서는 전쟁 물자를 동원하고 무기를 양산하면서 이에 지장을 주는 재물 보시 행위를 막으려 한 것이다. 문무왕의 인용된 내용과 같은 조치는 전쟁이 끝난 뒤 또다시 시대 사정이 달라졌다고 본 결과였다.

하지만 당나라 침략군들은 백제 땅인 공주에 웅진도독부(熊津都督府)를 두었고, 고구려 땅인 평양에 안동도호부(安東都護府)를 두어 옛 고구려 땅과 백제 땅을 식민지로 만들려 했다. '안동'은 '동쪽을 편안케 한다'는 뜻이니 평양이라는 이름을 지우고 자기들의 영역으로 만들겠다는 의지를 드러낸 것이다(뒷날 중화인민공화국에서는 이를 다시 '동쪽을 붉게 한다'는 의미를 붙여 "단동(丹東)"이라 이름 붙였다).

신라는 당나라 침략군을 몰아내려는 준비를 은밀하게 서둘렀다. 어제의 동지는 오늘의 적이 되었다. 다시 쇠스랑을 녹여 창을 만들었다. 문무왕의 동생 김인문(金仁問)은 먼저 장안에 들어가 정탐하려다가 인질로 잡혀 감옥에 갇혔다. 김인문은 당 고종이 큰 군사를 동원해 신라를 침략할 것이라는 사실을 알아내고 몰래 의상을 불렀다. 그리고 빨리 귀국하여 이 사실을 알리라고 당부했다. 그는 아무 어려움 없이 유학을 제한하는 연한인 8년 동안 공부를 마치고 669년 무렵 고국으로 돌아왔다. 그의 나이 44세 때였다.

의상은 고국으로 돌아오는 길에 신라 사람들이 머무는 산둥반도 끝자락 석도진 언저리에 있는 적산(뒷날 장보고가 법화원을 세운 곳)에 머물렀다. 이제 고국으로 돌아오는 길은 목숨을 걸지 않아도 되었던 것이다. 그는 고국으로 돌아오면서 길가에 뒹굴어 다니는 해골을 보고 무엇을 느꼈을까? 당나라와 신라 사이의 전쟁을 막아야 하겠다는 의지가 꿈틀댔을지도 모른다.

고국에 돌아온 그는 당나라의 동정을 낱낱이 전달했고 문무왕은 불법으로 전쟁을 막아 보고자 그에게 양법(禳法)을 쓰게 했다. 그러나 전쟁은 다시 일어났고 신라군은 승리해 안동도호부를 압록강 밖으로 밀어냈다.

「법성게」를 널리 퍼뜨리다

고국에 돌아온 의상은 전쟁 없는 조국에서 자신의 본업에 마음 편히 열중할 수 있었다. 의상은 처음 왕실의 지원에 힘입어 화엄학을 널리 가르쳤다. 그의 동료인 법장이 당의 황실을 틀어쥔 무측천(武則天)의 지원을 입은 경우와 비슷하다. 674년에는 황복사에서 표훈(表訓) 등 제자들을 모아 놓고 「화엄일승법계도(華嚴一乘法界圖)」를 보여 주었다.

의상은 화엄학의 요지를 7언(言)의 한시 형식을 빌려서 30구의 게송을 만들어 적었는데 모두 210자였다. 이를 사각의 도면에 담았다. 그 뜻은 '가지가지의 꽃으로 꾸며진 일승(一乘, 깨닫는 경계에 데려다 줌)의 진리를 담은 세계의 모습'이다.

이의 저자를 두고 과거에 작은 논란이 있었다. 그 도면 끝에 '인연 따라 생기는 모든 사물에는 주인이 따로 있지 않음을 드러내기 위해 지은이의 이름을 쓰지 않는다.'라고 표기되어 있었다. 저자 자신의 이름을 밝히려 하지 않은 것이다. 그래서 뒷날 이의 저자를 의상의 스승인 지엄 또는 그의 제자로 오인하는 일이 벌어졌다. 안타까운 점은 최치원이 「의상전」을 쓰면서 거기에 이를 의상이 썼다고 기록했지만 실전(失傳)되었다는 점이다.

하지만 고려 시기 균여가 이 「의상전」을 인용해 『일승법계도원통기(一乘法界圖圓通記)』를 썼는데 '스승 지엄과 함께 부처님 앞에 서원을 세우고 『십승장(十乘章)』 10권을 지어 올리자 부족함이 있다는 지적을 받았다. 다시 고쳐서 부처님 앞에 나아가 부처님의 뜻에 맞으면 타지 않게 해 달라고 빌었더니 210글자만 타지 않고 남았다. 마침내 이 글자를 맞추어 39절을 이루었다.'라고 기술했다. 그러니까 의상이 당나라에 있을 때 저술한 것임을 밝힌 것이다. 『삼국유사』에는 '의상이 법계도서인(法界圖書印)을 지었는데 잘 추려 요약해서 천년의 귀감이 된다.'라고 했고, 또 '솥의 맛은 한 덩이 고기로도 넉넉하다.'고도 칭송했다. 이를 다시 다듬어 마지막 완성한 시기는 670년 7월이었다. 그 이름도 "법성게, 법성도, 해인도" 등 여러 가지로 표기되었다. 그럼 그 내용을 좀 더 자세하게 살펴보자.

앞에 첫 글자는 법(法)으로 시작해 마지막 글자는 불(佛)로 끝난다. 첫 번째로 배치한 구절은, '법성은 잘 녹고 어우러져 두 모습이 없다[法性圓融無二相].'요, 그 다음 구절은 '모든 법은 움직이지 않아 본디 고요하다[諸法不動本來寂].'이다. 그 다음 네 구절을 보면 이러하다.

一中一切多中一　하나 안에 일체이며 많은 안에 하나이다.
一卽一切多卽一　하나는 곧 일체이며 많은 게 하나이다.
一微塵中含十方　하나의 작은 티끌 속에 온 누리가
　　　　　　　　포함되어 있고
一切塵中亦如是　모든 티끌 속도 또한 이와 같다.

이를 다시 부연하면 본체 가운데 현상이 있고, 현상 가운데 본체가 있다는 것이다. 본체는 곧 현상이며, 현상은 곧 본체이다. 이 둘은 아무런 차이가 없으며 서로 잘 어우러진다. 이건 자리행(自利行)을 말한 것이다.

이를 지배 체제를 받쳐 주는 이데올로기로 보기도 한다. 조금 무리하게나마 현실 세계에 적용하면 곧 하나는 왕이며 모두는 백성이라 풀이해 전제왕권을 받쳐 주는 이론이라고도 본 것이다. 또 귀족과 평민을 일체로 보아 화합을 강조한 것으로 해석하기도 한다.

한편 다음과 같은 구절이 있다.

雨寶益生滿虛空　비의 보배는 중생을 살리려 허공에 가득하여
衆生隨器得利益　중생은 그릇에 따라 이익을 담는다.

불법은 사람을 얼마든지 이롭게 하지만 사람들은 각자의 근기에 따라 그 몫을 얻는다는 뜻이다. 끊임없이 수행하여 선보(善報)를 지으라는 가르침이다. 이는 결국 이타행(利他行)을 말한 것이다. 선인(善因)을 짓고 악인(惡因)을 멀리하게 되면 모든 사람은 거기에 따라 생로병사의 삶이 정해진다고 풀어 볼 수 있지 않을까? 이러한 말은 귀족이나 귀족 아닌 자 모두에게 해당하는 교의로 편리에 따라 얼마든지 원용할 수 있다.

窮坐實際中道床　마침내 실제 중도의 평상 자리에 앉으니
舊來不動名爲佛　예로부터 움직이지 않아 이름 지어
　　　　　　　　부처라 하네.

마지막 구절은 위와 같다. 부처의 가르침과 자리매김을 마지막으로 강조한 것으로 보인다. 이를 전체 내용으로 구분하면 앞에는 대의를 나타내고 3분의 1쯤, 곧 앞부분은 자리행, 그 뒷부분엔 이타행을 나타냈다. 의상 자신은 스스로 다음과 같이 자문자답했다(이기영, 「화엄일승법계도」, 『한국민족문화대백과사전』 참고).

물음 어째 글줄이 외줄로 되어 있는지, 어째 네 면에 사각으로 되어 있는지, 어째 글자에는 시작과 끝이 있는지, 시작하는 글자와 끝 글자가 어째 가운데 자리 잡았는지, 시에는 어찌 굴곡이 많은지?

대답 전체 글이 하나의 길로 되어 있는 것은 여래의 한 소리를 표시하기 위한 것이다. 그 길이 번거롭고 굴곡을 나타내고 있음은 중생의 근기와 욕망이 같지 않기 때문이니 삼승교가 여기에 해당된다. 이 하나의 길에 시작과 끝이 없음은 여래의 선교(善巧) 방편에는 특별히 정한 방법이 없고 대응하는 세계에 알맞게 융통성이 있음을 나타내는 것으로 원교(圓敎)에 해당한다. 네 면에 사각으로 되어 있음은 사섭법(四攝法, 중생을 이끌어 들이기 위한 네 가지 방법)과 사무량심(四無量心, 한없는 중생을 어여삐 여기는 네 가지 마음)을 드러낸 것이다. 이 글줄은 삼승에 의해 일승을 드러내는 뜻을 가지고 있다. 또 글줄에는 시작과 끝이 있는데 수행 방편에는 원인과 결과가 따로 있기 때문이다. 글이 많은 굴곡을 보임은 삼승의 근기와 욕망이 꼭 같지 않고 차별이 있기 때문이다. 첫 글자와 끝 글자가 중심에 있음은 인과의 두 위(位)

는 법성 집안의 진실한 덕용(德用)으로서 그 성이 중도에 있기 때문이다.

좀 어렵고 딱딱하지만 음미해 보아야 전체의 의미를 이해할 수 있을 것이다. 주문처럼 외우기만 한다고 신통력이 생기거나 극락왕생하는 것은 아닐 테니 말이다.

하나는 곧 모두요, 모두는 곧 하나이다

이에 대해 남동신은 "그것은 보살의 경지에서 바라본 세계관이지 세속인이 바라본 세계를 설명한 것은 아니다."라고 하면서 이렇게 논단했다.

> 화엄사상의 핵심은 원융사상과 보현행원(普賢行願)사상이다. 보현행원은 중생 제도를 골자로 하며, 원융은 전체를 구성하고 있는 개체와 개체 사이의 조화와 평등을 뜻한다. 그래서 영원과 순간, 극대와 극소, 긴 것과 짧은 것 등등 현상적으로 대립하고 있는 모든 사물들 사이에 본질적으로 아무런 차별이 없음을 주장한다. 그러한 원융무애의 명제가 '일즉다', '다즉일'이다. 따라서 의상사상의 핵심은 오히려 '평등'에 가깝다. 이 말은 모든 구성 인자들이 유기적이며 상호의존적인 관계에 놓여 있기 때문에 불교 안에서는 평등하다는 이야기이다.
>
> _『영원한 새벽 원효』

41

왕즉불(王卽佛, 왕은 곧 부처)이나 왕권 강화의 이론에 맞춘 게 아니라 본질적으로 인간 평등에 기초했다고 보는 논지이다. 화엄학은 한 마디로 요약해 원융무애(圓融無礙)를 요체로 삼는다. 다시 부연해 보면 '하나가 곧 모두요, 모두가 곧 하나이다[一卽多 多卽一].'로 요약되는 건 일심, 즉 한마음으로 모든 걸 아우른다는 것이다(앞서 이야기했듯 일심은 왕, 모두는 인간으로 볼 수도 있다).

따라서 의상은 『화엄경』을 빌려 방편으로 삼아 자신의 인생관과 사생관을 드러냈다고 볼 수 있다. 그는 「법성게」 전파하기에 많은 노력을 기울였다. 선승들과 대중들은 방대한 『화엄경』을 읽어 낼 수도 없었고, 평생을 바쳐 골방에 앉아 읽어 내도 그 깊은 뜻을 알 수 없었다. 그런데 그 요체를 210자로 적어 냈으니 노심초사한 끝에 이루어진 작업임에 틀림이 없겠다. 의상은 이를 제자들에게 인가의 표시로 주기를 즐겼다.

「법성게」가 한번 전파되자 온 절간과 불교의식에서 염송되었으며 여염에서는 주문처럼 외웠다. 대중불교의 좋은 방편이었다. 뒷날 설잠(雪岑), 즉 김시습은 이에 주석을 달아 해설한 『화엄일승법계도주병서』를 냈다. 이에 대해 김지견은 "김시습은 선의 어록을 구사하면서 법계도의 참뜻을 밝히고 선사상과 화엄사상이 서로 모순을 이루지 않고 잘 조화되고 있는 조선시대 불교의 특색을 설하였다." 고 평가했다.

아무튼 신라 왕실은 전쟁에 지치고 민심이 유리되어 있는 현실에서 의상이 왕을 중심에 놓고 대중에게 삶의 희망을 던지길 바랐다.

의상은 수행에 치중하는 실천적 성격이 두드러진다. 이론에 치중하는 법장의 관념적 성격과 차이를 보인 것이다. 의상은 문무왕의 당부로 화엄종의 본산 사찰을 창건하려고 그 터를 찾아 전국을 돌아다녔다. 이런 과정을 거쳐 의상은 신라 화엄학의 중흥조가 되었다. 참고로 원효가 비록 화엄학의 요점을 소개하기는 했으나 학문적 체계를 세운 것은 아니었다.

부석사에 얽힌 설화

의상이 처음 중국에 들어가 적산에 잠시 머물러 있을 때 선묘(善妙)라는 이름의 낭자가 그를 흠모했다. 의상이 고국으로 돌아가기 위해 그 집을 다시 찾자 선묘는 법복과 집기를 상자에 담고 따라 나섰다. 하지만 그는 배를 타고 그녀를 돌아보지도 않은 채 가 버렸다. 선묘는 상자를 바다에 던지고 "큰 용이 되어 그 나라에 따라가 불법을 전하겠다."고 말하고 바닷물에 빠졌다고 한다. 선묘는 결국 용이 되고 의상을 따라다니며 그를 보호했다고 전한다.

의상은 고국에 돌아와 태백산 중턱에 이르러 복선(福善)의 절터라고 여기고 가람을 지었다. 그때 선묘가 용의 몸으로 화신해 큰 돌이 되어 가람의 지붕에 떨어질 듯이 날아다니자 여러 승려들이 놀라 공포에 떨면서 흩어졌다. 그런데 의상이 절에 들어오자 돌이 땅바닥에 내려앉았다 한다. 지금도 부석사 조사전 옆엔 큼직한 돌이 놓여 있다. 또한 이 절에는 선묘와 관련된 우물인 선묘정도 보존되어 있다. 이것이 부석사 연기 설화이다. 부석사의 창건 설화는 의상의 행적을 교묘하게 꿰어 맞추었다(『송고승전』·『삼국유사』).

676년 부석사가 창건되자 찾아오는 사람들이 골짜기를 메웠다. 문무왕은 기쁨을 감추지 못하고 토지와 노비를 하사했다. 그러자 의상은 "우리 법은 평등하여 높고 낮음이 고루 같고 귀한 이와 천한 이가 같은 가닥입니다."고 말하고 이어 "빈도는 법계를 집으로 삼아 발우를 가지고 밭갈이를 하며 곡식 익기를 기다립니다. 지혜로운 생명이 이 몸을 빌려서 살고 있는 것입니다."고 하면서 거절했다. 그리고 스스로 밭을 갈아 울력하면서 살아가겠다고 말했다. 이를 두고 당시 화엄 평등을 구현하는 참스승다웠다고 평가했다.

그는 수행의 한 방법으로 세예법(洗濊法)을 평생 지켰는데 세수를 하거나 발을 씻거나 몸을 씻거나를 가리지 않고 수건을 쓰지 않고 물이 마르기를 기다렸다 한다. 수건에는 이물질이 있어서 이를 사용하는 것은 법에 어긋난다고 생각한 것이다. 또 평생 동안 밥을 담는 발우와 물을 담는 병, 입는 옷을 빼고는 아무것도 가지지 않았다 한다. 이 무렵 제자들도 이를 본받았다고 하니 무소유의 시범을 몸소 보여준 것이리라.

화엄사상의 요람, 화엄십찰

의상은 부석사에서 제자들을 본격적으로 가르치고 일반인들에게도 설법했는데 그의 제자가 3천여 명이라고 했다. 그래서 신라 승려들은 중국 종남산과 태백산을 화엄사상의 상징으로 받들었다. 의상은 이 사실을 종남산에 전달했다. 이에 법장이 편지를 보내 의상의 공덕을 찬양하고 화엄학 선양에 더욱 힘써 줄 것을 당부했다. 그리고 지엄이 쓴 『수현기(搜玄記)』 등 화엄학 관련 저술을 다른 신라 승려가 베껴 갔다는 사실도 알려 주었다. 의상은 이 뜻에 따라 부석사를 비롯하여 해인사, 범어사, 화엄사, 갑사 등을 화엄십찰로 지정하고 본격적으로 화엄학 전파에 나섰다.

오늘날 화엄십찰은 거의 보존되어 명찰로 꼽히고 있으며 2018년에는 통도사, 부석사 등이 유네스코가 인정한 세계문화유산으로 등재되었다. 따라서 전 세계에서 열세 번째로 많은 세계문화유산을 보유한 나라가 되는 데 기여했다.

의상의 실천적인 면모는 다음의 일화를 통해서도 알 수 있을 것이다. 문무왕이 어느 때 경주의 성곽을 쌓으라는 분부를 내렸다. 이를 들은 의상이 "임금의 정교(政敎)가 밝다면 풀 언덕에 금을 그어 놓고 성이라고 해도 백성들이 감히 넘지 못하고 재앙을 씻어 내 복이 될 것이나 정교가 밝지 못하게 되면 아무리 튼튼한 성을 쌓더라도 재앙을 면하지 못할 것입니다."고 건의하자 문무왕은 그 말을 옳게 여겨 성 쌓는 일을 중지했다 한다. 그는 관념으로서가 아니라 실천적으로 백성을 사랑했던 것이다.

의상은 경전의 요의를 적은 한두 가지 저술을 남겼지만 원효의 저술과 비교하여 어디까지나 대중에게 그 요지를 알리는 수준에 머물렀다. 일연은 그가 많은 저술을 남기지 않은 것을 두고 「법성게」를 완성했을 때 스승이 죽었기 때문이라 했다. 곧 공자가 『춘추』를 쓰다가 기린이 잡혔다는 말을 듣고 절필한 경우에 비유했다. 기린은 성인군자가 나오면 나타난다는 상서로운 짐승인데 공자는 서쪽에서 기린이 잡혔다는 말을 듣고서 천명이 다했다는 말을 하고 쓰던 『춘추』를 끝냈다. 이를 "춘추인필(春秋麟筆)" 또는 "획린절필(獲麟絶筆)"이라 한다. 하지만 여기에 비유하는 건 마땅치 않은 것 같다. 어쨌든 그를 학승, 선승이라 하기보다 실천적 포교승이라 해야 옳을 것이다.

마지막으로 궁금한 것은 원효와의 관계는 어떠했을까 하는 점이다. 의상은 원효와는 달리 거사의 모습을 보이지 않았다. 그러니까 원효는 거사의 행적을 보였고, 의상은 비구의 모습을 보였다. 하지만 둘은 만년에도 서로 이해하면서 갈등이나 분란을 일으키지 않았다. 한데 뒷날 두 승려의 문도들 사이에 누가 더 법력이 높은지, 행적이 바른지를 두고 말들이 오고 갔다. 후세에 평가가 다른 것은 어쩔 수 없지만 추숭(追崇)하는 제자들이 자신이 받드는 스승을 치켜세우는 건 자연스런 흐름일 것이다.

어쨌든 의상은 표훈 등 10대 제자를 길러 화엄학 전파의 전령으로 삼았고, 이들 제자가 후기 신라불교의 맥을 이어 나갔다.

그가 이렇게 많은 제자를 길러 내고 많은 절을 창건할 수 있었던 배경에는 그가 바라거나 요구하지 않아도 왕실과 귀족들의 지원이 있었기 때문이다. 그가 귀족들을 거부했다거나 미워했다는 증거를 거의 찾을 수 없다. 이도 그에게는 하나의 방편이었다고 볼 수 있겠다.

참고로 말하자면 이 시기의 불교 사상가들을 두고 정면으로 반대되는 견해가 있다. 역사를 유물론적 관점에서 접근한 사회주의 역사가들은 이들의 이론이 관념에 빠져 사회 발전을 외면하고 수탈을 일삼는 지배 세력에 영합해 화합과 복종을 강요하는 이념에 빠져 있다고 보았다. 여기에는 원효와 의상의 이론도 포함된다. 다른 한편의 견해는 인간 구원과 정신문화에 크게 기여한 종교적 이념 체계를 세웠다는 것이다. 이들은 또 황폐한 사상·문화의 풍토에서 그들이 내건 이론이 민족사상과 통합 이념에 크게 공헌했다고 보았다.

풍수지리로 고려 건국을 예언한 신비의 승려

도 선

道
詵

오늘날에도 풍수지리를 공부하는 사람들은 먼저 『도선비기(道詵秘記)』를 찾아 공부를 한다. 이를 지었다고 전해지는 도선(道詵, 827~898)을 두고 흔히 우리나라 승려로는 최초로 풍수지리설을 연구하고, 비보설(裨補說)을 전수했다고 연상한다.

또 그의 발길이 전국 곳곳에 닿아 지리의 순역(順逆)을 점치고 이를 비기에 적어 놓았다고 생각한다. 비보설은 바로 '지기가 거슬리는 곳에 사탑을 건립하여 보완해야 나라의 쇠망을 막는다.'는 설을 말한다. 도선에 대해 도참설(圖讖說)에 따라 왕건의 탄생과 고려 건국을 예언했다고도 한다.

지금까지도 도선이 지었다는 『도선답산가(道詵踏山歌)』 등 비기들이 수십 종 나돈다. 그리하여 도선에 얽힌 이야기는 신비스런 분위기에 싸여 민중 사이에 널리 퍼졌다. 그는 과연 이러한 술승(術僧)이었을까? 아니면 혼란한 신라 말기에 구세를 하려 한 고승이었을까? 먼저 최유청이 쓴 그의 생애가 새겨진 비명을 중심으로 그의 내력을 간단히 살펴보자.

도선의 출가와 스승 혜철

도선은 전라도 영암에서 태어났으며 속성은 김씨인데 태종무열왕의 서손 계통이라 한다. 하지만 그의 조상 내력은 확실치 않다. 신라 왕족이라고 해도 말기에 들어서는 크게 덕 볼 것이 없었을 것이다. 당시 왕실에서는 서로를 죽이면서 왕위 다툼을 벌이고 있어 백성들은 눈살을 찌푸리고 있었다.

그는 출가하여 처음에는 지리산 화엄사에서 불법을 익혔다. 하지만 교학의 현학적(術學的) 분위기에 염증을 느껴 선학(禪學)으로 방향을 돌렸다. 그리하여 혜철(惠哲)이 구산선문(九山禪門)의 하나인 곡성의 동리산 태안사에서 개당(開堂)하자 도선이 찾아가서 무설지설(無說之說, 말이 없는 말) 무법지법(無法之法, 법이 없는 법)의 설법을 듣고 감동해 여기에 들어 선을 익혔다. 신라 말기부터 선을 추구한 승려들은 왕족끼리 왕위를 놓고 살육을 저지르는 신라 왕실과 거리를 두려 했다. 그들은 비단옷이나 금 불사, 금 사경(寫經) 따위의 사치를 거절하고 스스로 울력을 하면서 수도했다.

그런 뒤에 그는 전국을 떠돌며 수행을 거듭하다가 백계산(白鷄山, 광양)의 옥룡사(玉龍寺)를 일으키고 이곳에서 조용히 참선에 들어 묵언으로 35년을 보냈다. 이곳에서 제자 수백 명을 길렀다. 이때 헌강왕이 사자를 보내 경주로 초청하자 잠시 경주로 가서 현묘한 언어와 미묘한 법문[玄言妙道]으로 임금을 깨우친 뒤에 옥룡사로 돌아왔다. 그는 욕룡사에서 898년 72세로 열반했다. 이게 그가 살아온 과정을 적은 기록으로는 가장 사실에 가깝다고 판단된다(「선각국사비명병서」, 『동문선』).

그러면 그의 스승 혜철은 누구인가? 혜철은 당나라로 건너가 선을 전수받고 이어 밀교(密敎)에 깊이 빠져 들었다. 밀교는 비로자나불을 받들되 모든 보살과 선신(善神)과 무속까지 융화·포섭하는 통합사상을 기저로 삼았다. 원효의 화쟁사상과 본질적으로 상통한다. 또 밀교는 땅의 정령이 호생(好生, 살리기를 좋아함)의 근본이 된다고 보았다. 따라서 풍수지리설과도 연관되었다.

밀교에서는 수도할 때에 그 장소를 매우 중요하게 여겼다. 그 장소가 바르면 수도도 잘되고, 깨침의 효과도 쉽게 얻을 수 있다고 본 것이다. 그런 탓으로 택지법(擇地法)이 중요시되었다. 혜철은 이런 밀교를 공부하고 일항(一行, 행이 줄을 뜻할 때는 항으로 발음)의 사상을 전폭적으로 수용했다.

그럼 일항은 누구인가? 일항은 밀교의 교의를 배우고 나서 당나라 밀교의 개조가 되었다. 일항이 살던 시대에는 태후인 무측천이 일어나 당나라 조정을 쥐고 흔들면서 정치 세력이 분열되고 사상계가 혼돈을 겪었다. 당나라는 신라처럼 말기적 증상을 보이고 있었던 것이다. 이럴 때에 불교적 통합사상이 요구되었으며 그는 밀교를 통해 이를 풀어 보려 했다. 그는 천문과 역수에도 밝은 천문학자이기도 했다. 이런 과정에서 한(漢) 시대에 유행했던 풍수지리설을 밀교의 지령(地靈, 땅의 정기) 이론과 결부시켜 부분적으로 수용했다.

혜철은 스승 지장(智藏)을 통해 일항의 사상을 모두 섭렵했으니 그의 제자 도선이 이를 공부한 것은 너무나 당연하다 할 수 있다. 따라서 도선은 선승이면서 밀교를 받들어 비보설을 내세웠을 것이다. 곧 절과 탑을 지으려면 산천의 순역에 따라 짓되 거슬리는 곳을 골라 지어 나쁜 기운을 막아야 한다는 주장을 폈을 것이다. 마치 독사를 무거운 돌로 눌러 움직이지 못하게 하거나 병이 든 몸 부위에 뜸을 뜨듯이 절과 탑을 지어 눌러 놓는 것이다. 이는 사찰을 함부로 짓는 일을 막는 효과를 가져 올 수도 있다. 신라 말기에는 절을 너무 함부로 지어 민중에게 많은 고통을 안겨 주었다. 그래서 도선은 아무리 좋은 곳을 골라 절을 지어 복을 받아도 참선으로 마음을 깨치는 것보다 못하다고 갈파했던 것이다.

이런 일항, 지장, 혜철, 도선으로 이어지는 융합사상을 역으로 이용하여 확대 재생산한 자들은 고려 건국의 지배 세력이었다. 그들은 왕건이 궁예를 몰아내고 왕위를 찬탈한 일을 합리화하고, 고려 건국이 하늘의 뜻에 따라 이루어졌음을 끊임없이 조작해 냈는데 도선을 좋은 미끼로 삼았던 증거들이 너무나 많이 널려 있다.

왕건과 도선의 만남

그 첫 조작이 『고려사』 세계(世系)에 나타난다.

용륭(龍隆)이 개성의 곡령 밑에 새로 집을 지으려고 했다. 그때 마침 도선이 당나라에 들어가 일항에게서 지리의 법술을 배우고 돌아와 백두산에 올라 그 아래 산맥을 두루 살펴보았다. 그가 개성으로 발길을 돌려 곡령에 이르러 용륭이 지은 새 집을 보고 말했다.

"기장을 심을 땅에 삼을 심어서야 되겠소?"

도선이 말을 마치고 떠나자 용륭이 다시 모셔와 곡령에 올라 산수의 맥을 보게 했다. 도선은, 이곳은 명당이며 그대는 물의 운명을 받았다고 말하고 집 36채를 지으면 큰 운수가 트인다고 했다. 또 명년에 성스런 아들이 태어나면 삼한의 주인이 될 것이니 이름을 "왕건"이라 지으라고 당부했다. 용륭은 물론 그 말대로 따랐다. 그리고 다음 해에 그의 말대로 왕건을 낳았다 한다.

여기에는 여러 사실이 정교하게 짜여 있다. 도선은 위에서 말한 대로 당나라에 유학을 간 적이 없다. 또 일항이 죽은 시기와 도선이 태어난 시기는 꼭 100년의 차이가 난다. 더욱이 혜철도 일항의 제자인 지장을 만났지 일항을 직접 만난 적이 없다. 한편 도선이 말갈족(뒤에 여진족)이 득실거리는 백두산을 가 보았는지는 모를 일이나 용륭이 곡령 아래에 산 것은 틀림없는 사실이다.

'기장'은 당시 임금을 일컫는 토속어의 발음과 비슷하다고 한다. 아마 군장을 의미하는지도 모를 일이다. '물의 운명'도 그럴 만한 사연이 있다. 궁예는 연호를 '수덕만세(水德萬歲)'로 삼았다. 신라는 화덕(火德)을 표방했다. 물은 불을 이기며 또한 만물을 소생케 하는 덕을 지녔으니 중생을 고통에서 풀어줄 덕을 지녔다고 선포한 것이다. 왕건은 쿠데타를 단행한 뒤에도 궁예가 내세운 수덕을 그대로 표방했다.

'36'이라는 숫자는 당나라 수도인 장안(오늘날 시안)의 도시 구획 수인데 경주도 이를 본받았다. 어느 시인이 장안을 두고 "삼십육궁도시춘(三十六宮都是春)"이라 읊었을 정도로 평화와 번영을 상징한다. 개성은 송악산 비탈에 이룩해 비록 이런 도시 계획을 이루지 못했으나 이를 민중이 정신적 고향으로 삼는다는 의미를 지니게 된다.

한편 왕건이 아버지의 성 "용"을 따르지 않고 "왕"으로 바꾼 사실을 두고 훗날 김관의는 조작이라고 비판했다. 본디 조상 때부터 성이 왕이었다고 지적한 것이다. 하지만 신라시대에 특별한 귀족을 제외하고는 성을 바꿀 수도 있었으며 어머니 성을 따른 경우도 흔했다. 이런 설화는 도선을 이용해 왕건의 탄생이 하늘의 뜻이라는 이미지를 깔아 놓고 있으며 고려의 건국이 하늘의 뜻에 따라 결정되어 있다는 도참설을 원용한 것이다.

이런 조작은 결국 고려 건국 설화의 기본 틀이 되었다. 그래서 1150년(의종4) 최유청이 의종의 분부로 도선의 비명을 쓰면서 도선이 화엄사에서 음양오행설과 여러 비기를 공부하고 왕건의 출현을 예언하여 고려 건국을 도왔다고 기록했다. 이런 탓으로 역대 임금들이 그를 추존하여 왕사나 국사로 받든 사실을 적고 또 이렇게 설명했다.

스승이 전해 준 음양 술수의 책 몇 가지가 세상에 많이 떠돈다. 뒷 세상에 지리를 말하는 자들이 모두 스승을 종조(宗祖)로 받든다.

도선이 열반한 지 252년 뒤의 기록이다.

다음 민지의 기록을 보자. 그는 최유청보다 150년쯤 뒤에 활동한 인물이다. 그가 저술했다는 고려사 관련 역사책에 다음과 같은 기록이 있었는데 『고려사』에서는 이를 전재하여 전한다. 여기에 따르면 왕건이 17세 때에 도선이 다시 찾아와서 그를 만나 "혼란한 시기에 창생을 구제할 운수를 지녔다."고 이르고 군사를 출동시켜 진영(陣營)을 둘 곳을 일러주었다고 한다. 이 말을 믿어도 될까? 왕건은 도선을 만난 적이 없다는 게 정설일 것이다.

이처럼 고려 창건의 지배 세력은 도선을 철저히 이용했다. 도선은 혜철의 맥을 이어 새바람을 일으킨 선승으로 명망을 얻었고, 밀교를 수용하여 통합사상을 제창했으며, 풍수설이 새로 유행하던 분위기를 이용한 것이다. 이런 때 왕건이 남쪽의 호족을 포용하는 과정에서 도선의 이미지는 충분히 이용 가치가 있었을 것이다. 그래서 도선을 고려 건국의 당위성을 설파한 술승으로 만들어 나갔던 게 아닐까?

도참설을 이용한 왕건

다시 왕건과 풍수설의 연관성을 짚어 보자. 왕건은 고려를 건국하는 과정에서 끊임없이 새로운 이미지 조작을 벌였다.

도선의 제자로서 동진대사(洞眞大師)로 알려진 경보(慶甫)가 있다. 경보는 도선과 같은 고향 출신이며 도선이 거처하던 옥룡사의 승려였다. 그는 도선의 풍수지리설을 배워 왕건을 만나 알려 주었다 한다. 왕건은 경보를 스승처럼 모시고 『도선비기』의 풍수지리설을 알아냈다. 그러니 도선이 더욱 신비롭게 보였을 것이다.

왕건은 불교사상을 이용하고 밀교에도 관심을 기울이면서 다양한 사상의 수용 의지를 보였다. 그런 과정에서 먼저 명성이 높은 도선을 정치적으로 이용했다는 점을 앞서 언급하였다. 곧 그의 탄생과 고려 건국을 하늘의 뜻에 예정되었다는 예정론·결정론으로 조작해 나갔던 것이다.

이와 관련된 이야기를 몇 가지 더 들어 보자.

기록에는 왕건이 30세 때 꿈에서 바다에 9층 금탑이 솟은 모습을 보았다고 전한다. 신라가 황룡사 9층탑을 세워 나라의 융성을 빈 끝에 삼한을 통일하였다는 말이 있었으니, 이를 연상하며 꿈 이야기를 은밀히 부하들에게 알렸을 것이다.

한편 918년, 곧 궁예가 쫓겨나기 직전 무렵, 도성인 철원에 당나라 장사꾼 왕창근이 살고 있었다. 어느 날은 저잣거리에 도사의 관을 쓰고 주발과 거울을 든 사람이 나타났다. 왕창근이 그 거울을 팔지 않겠느냐고 물었더니 쌀 다섯 말을 주면 팔겠다고 대답했다. 그는 쌀을 받아 거지들에게 나누어 주고는 바람처럼 사라져 버렸다.

왕창근은 그에게서 받은 거울을 벽에 매달았다. 그런데 햇빛이 비치니 거울 안에 들어 있는 가느다란 글자가 드러났다.

삼수(三水) 가운데 사유(四維) 아래에,
상제께서 진마(辰馬)에 아들을 내려보내,

먼저 닭을 잡고 뒤에 오리를 치리라…

사년(巳年)에 두 용이 나타나는데,

한 용은 몸을 푸른 나무[靑木] 속에 감추고,

한 용은 그림자를 검은 쇠[黑金] 동쪽에 드러내리라.

지혜로운 자는 보고 어리석은 자는 까막눈이다.

구름을 일으키고 비를 내려 정벌하리라.

왕창근은 그 거울을 궁예에게 바쳤다. 궁예는 신하를 시켜 왕창근과 함께 거울의 주인을 찾게 했다. 그런데 동주(東州, 동쪽 고을)의 한 절에 있는 석가여래의 모습에서 빛이 났고 그 앞에 소상(塑像)이 놓여 있었는데 주발과 거울을 든 모습이었다. 이를 보고받은 궁예는 매우 기뻐하며 문사들을 불러 글귀를 풀이하게 했다.

'삼수'는 태(泰) 자를 풀어놓은 것이니 태봉을, '사유'는 나(羅) 자를 풀어놓은 것이니 신라를 가리킨다. '진마'는 진한·마한이고, '닭'은 계림(鷄林)이며, '오리'는 압록강이다. 이를 다시 풀면 태봉과 신라의 시대에 상제께서 아들을 진한·마한의 땅에 내려 보내 먼저 신라를 멸망시키고 이어 압록강을 차지한다는 뜻이다. '용'은 왕을 상징하니 앞은 왕씨 성을 가진 왕건이고, 뒤는 현재의 왕인 궁예이다. '청목'은 소나무로 송악군을 말하고, '흑금'은 무쇠로 철원을 말한다. 곧 뱀의 해에 송악 출신의 왕건이 몸을 숨기고 철원에 도읍한 궁예가 허깨비가 될 때 지혜로운 자는 알아보고 어리석은 자는 못 알아보는데 구름과 비를 몰고 와서 여러 사람과 통일을 이룩한다는 뜻이다.

왕건과 그 측근들은 당시 풍미하던 도참비기를 잘 이용했다. 흔히 비기의 풀이는 파자(破字)를 통해 이루어진다. 도참설은 천지 이치에 따라 인간의 운명이 결정된다는 결정론이 중심을 이룬다. 여기에 전통적 오행설을 가미하여 왕의 이미지를 부각시켰다(『이이화의 이야기 한국불교사』 참고).

이 설화는 비록 운명론 또는 결정론이 짙게 깔려 있고 당시 유행하던 민간사상이 집약되어 있으나 역사적 사실을 근간으로 하고 있다는 점에서 앞 시기의 다른 건국 설화와는 확연히 구분된다. 하늘에서 내려왔다든지, 알에서 깨어났다는 따위의 황당한 설정이 아니라 인간 중심으로 구성되어 있다는 점이 주목할 만하다.

왕건의 유훈에 담긴 도선의 사상

나라를 빼앗은 왕건은 919년 도읍을 철원에서 송악으로 옮겼다. 그는 도읍을 옮긴 뒤 평양에 성을 쌓아 서경으로 삼는 등 내실을 다져 갔다.

한편 왕건은 고려 건국 과정에 불교 세력의 힘을 얻은 탓인지 많은 불사를 장려하고 벌이기도 하였다. 그는 처음 철원에서 신라가 벌였던 팔관회(八關會)를 대대적으로 벌여 단합대회를 했다. 또 도읍을 송악으로 옮긴 뒤에 3개월에 걸쳐 송악 안에 왕륜사 등 열 개의 절을 지었고, 자신의 옛집을 보시하여 광명사를 짓게 했다. 이들 사찰은 모든 종파를 망라하고 선원과 무속까지 포괄해 안배한 것으로 보인다. 이는 비보설에 근거해 호국불교를 제창한 결과이다.

왕건은 이렇게 불법과 도참설을 빌어 인심을 통합하고 이미지를 조작했다. 그리하여 불교 세력의 통합과 여러 사상의 융화, 호족 세력의 지원에 힘입어 마침내 통일을 이룩했다. 그의 통일 의지와 노력은 이처럼 가상했다.

고려 건국의 일급 공로는 도선의 풍수지리설에 있다 해도 지나친 말이 아닐 것이다. 왕건은 도선의 풍수설에 많은 도움을 받은 탓인지 그것을 지나치게 믿었다. 한 예로 그가 후백제에 많은 시달림을 받은 탓일 수도 있겠으나 죽을 무렵 풍수지리설을 인용해 차령산맥 이남은 지세와 산형이 배역(背逆)하다 하여 이곳 출신 인물의 등용 억제라는 꼬투리를 만들어 놓아 지역 차별의 시초를 만들어 놓았다. 물론 이것이 도선의 허물은 아닐 것이다.

왕건은 죽음을 앞두고 훈요십조를 유훈으로 남겼는데 세 번째 조항의 내용은 이러하다.

우리나라의 왕업은 어김없이 여러 부처가 보호해 주는 힘이 있었다. 선종과 교종의 절을 창건해 주지를 가려 보내어 불업(佛業)을 닦게 하라. 뒷세상의 간신들이 중들의 청탁에 따라 절을 경영하려고 다투어 빼앗는 짓을 일체 금지하라. 도선이 터 잡아 지정한 곳 외에 함부로 절을 지으면 지덕(地德)을 손상시켜 왕업이 길지 못할 것이다. 후세의 왕공과 후비들이 각각 원당(願堂)이라 하여 더 짓는다면 크게 근심되는 일이다. 신라 말기에 다투어 절을 지어 지덕을 손상시켜서 망하기에 이르렀으니 경계하지 않을 수 없다.

왕건은 죽으면서도 도선의 말을 이용했던 것이다. 그가 죽은 지 한참 뒤인 1150년 의종은 최유청을 불러 "선각국사는 국가의 공업이 가장 컸으므로 우리 선왕께서 받들었으나 그 행적을 문자로 전하는 게 없으니 그 비명을 지어 후세에 전하라."고 일렀다. 그리해 최유청은 그의 행적을 적으면서 뒤에 이렇게 기록했다.

아아, 대사의 도가 그 극에 나아감은 불조와 합치되고 행적에 나타난 것은 마치 장량(張良)이 신에게서 글을 받은 것과 같고 보지(寶誌) 대사가 앞으로 닥칠 일을 예언한 것과 같으며 일항이 술수에 정통한 것과 짝이 되리로다. 대사가 전한 음양설 몇 편은 세상에 많이 나돌고 있어 뒤에 지리를 말하는 자들이 모두 받들고 있다.

한나라 장량은 신인인 황석공(黃石公)에게서 비기를 얻어 유방의 창업을 도운 일이 있으며, 승려인 보지는 술법이 있는데다가 예언을 많이 하여 맞혔다고 한다.

최유청은 그 끝에 다음과 같이 찬양했다.

과거의 모든 부처는 미묘한 법이 있도다. 문자로 기록한 것도 아니요, 생각해 수행한 것도 아니다. 초연함이 바로 진심을 가리키며 일념(一念, 가장 짧은 시간)이 천겁(千劫, 영원한 시간)인데 오직 우리 국사는 넉넉하게 그 지경에 들어갔도다. 잘 배움은 배움이 없는 것이며 참으로 공한 것은 공이 아니다. 정법(正法)의 눈을 갖추었으니 사방으로 열리고 여섯 곳으로 통달했다. 오직 그 나머지 실마리로 술법에 뜻을 두었다. 시초(蓍草, 점치는 댓가지)로 점치지 않아도 미리 아는 게 무궁하였도다. 옛 나라가 흔들리고 새 운명은 아직 감감했다. 끝나기 전에 끝날 줄 알았고

60

오기 전에 올 것을 알았다. 글을 지어 미리 바쳐 국가의 복록이
시작되었다.

극도의 찬사를 보냈다. 여기에는 정법을 기본으로 해 술법을 방편으
로 고루 갖추었다는 찬사도 곁들였다.

이러한 찬사가 담긴 비명은 당시 옥룡사에 세워지지 않았다. 다
만 명작의 글을 모은 『동문선(東文選)』에만 수록되어 있었는데, 현재
의 옥룡사 도선 비명은 현대에 이를 옮겨 세운 것이다.

조선시대에 들어와서도 도선의 풍수설은 사라지지 않았다. 이
성계가 즉위한 다음 해, 서운관(書雲觀, 천문·지리의 일을 맡아보는 관아)
에서 임금에게 아뢰었다. "도선이 말하기를, 송도에는 5백 년을 도
읍하고 또 480년의 터가 된다고 했습니다. 그러니 왕씨가 망한 땅에
지금 토목 공사를 일으켜 새로운 도읍지를 조성하기에 앞서 길방(吉
方, 좋은 일이 일어나는 곳)에 옮겨 거처하소서."(『태조실록』 2년 9월)

또 한양으로 도읍을 옮기고자 먼저 경복궁을 조성할 때 "풍수
학제조(風水學提調)"라는 기구를 두고서 『도선비기』의 명당 기준을
따르고 있었다. 이를 주관한 민의생, 정인지 등은 모두 유학자 출신
이었다.

한편 조일전쟁 당시 명나라 장수 이여송이 우리나라에 인재가
나지 못하게 하기 위해서 지맥을 모조리 끊었다는 민간 전설도 퍼진
바 있다. 그러니 조선시대에 들어서도 도선의 풍수설은 결코 사그라
들지 않았던 것이다.

61

도선, 민간 설화의 주인공이 되다

아무튼 도선은 고려시대에 많은 추앙을 받았고 풍수지리설도 후기로 내려올수록 온 세상을 풍미했다.

후기에 그의 고향과 전국에 걸쳐 떠돈 민간 설화는 어느 고승보다도 풍부했다고 볼 수 있었다. 도선과 사명당이 그 첫 자리를 다투었다고 해야 할 것이다.

도선의 출생 설화와 함께 행적과 관련된 설화 몇 가지를 살펴보면 이러하다. 먼저 『세종실록지리지』에 실려 있는 탄생 설화를 보자.

고려 시기에 살던 사람인 최씨의 화원에 크기가 한 자쯤 되는 오이가 열려 있어서 모두들 이상하게 여겼다. 최씨의 딸이 몰래 이를 따 먹었더니 갑자기 임신을 해 열 달 만에 아들을 낳았다. 부모가 시집도 가지 않고 아이를 낳았다고 딸을 꾸짖고는 아이를 대나무 숲에 버렸다. 몇 번의 7일이 지난 뒤 그 딸이 가서 보았더니 비둘기가 날아와서 그 아이를 날개로 덮어 주고 있었다. 이를 부모에게 알렸더니 기이하게 여겨 데려다가 길렀다. 이 아이가 자라서 머리를 깎고 중이 되었는데 이름을 도선이라 불렀다.

─『세종실록지리지』 전라도 나주목 영암군

이 탄생 설화는 하늘에서 내려왔다거나 알에서 태어났다는 식의 이야기가 아니다. 과일을 매개로 했으니 특이하다 해야 할 것이다. 한편 사람들이 도선을 신라 사람이 아닌 고려 사람으로 여겼음을 알려준다. 더욱이 공식 기록물인 실록에 실려 있으니 드문 사례라 할 수 있다. 그만큼 도선의 이야기가 민중의 입에 오르내렸음을 알려 준다

하겠다.

　다음 풍수설에 얽힌 일화 몇 가지를 보자. 첫째, 그가 풍수설을 배우는 과정과 관련된 이야기들이 있다. 그가 중국에 가서 일행에게 풍수설을 배웠다는 내용의 이야기는 앞서 소개했다. 다음으로는 지리산 도인에게서 비법을 배웠다고 했으며, 여우가 변신한 여인에게서 구슬을 얻은 뒤 풍수에 통달하였다고도 했다.

　다음, 도선이 일행에게서 풍수설을 배운 뒤 돌아올 때 일행은 조선 산세의 맥을 끊으라고 일러 주었다 한다. 산세의 맥을 끊으면 인재가 나지 않는다는 뜻이다. 그가 처음에는 일행이 시킨 대로 맥을 끊다가 일행의 흉측스런 계략을 알고는 거꾸로 명당이 있는 곳마다 방아를 설치해 찧어 오히려 중국 인재가 나지 못하게 했다고 전한다. 이에 중국에서는 도선을 잡아가서 혼쭐을 내고 타일러 산의 맥을 이어 주고 방아를 없애게 했다 한다. 지금 월출산 구정봉에 구멍이 여러 개가 난 바위가 있는데 이 구멍을 중국 사람들이 냈다 하며 이곳에서 도선이 방아를 찧었다고도 한다.

　중국에서 그를 잡으러 왔을 때 그가 입고 있던 적삼을 벗어던지자 바위로 변했는데 "이 바위가 흰색을 띠면 내가 살아 있는 줄 알고 검어지면 죽은 줄 알라."고 호통을 쳤다고 한다. 그 바위는 끝끝내 검어지지 않았다 한다.

　남원 용담사에는 그와 관련된 연기 설화가 있다. 용담천에 사는 이무기가 용이 되지 못한 한을 품고 마을 사람들을 해치거나 농사를 방해하며 마을 처녀들을 골려 주어 많은 피해를 입었다. 그런데 어느 날 도선이 와서 용담사를 지어 이무기의 해액(害厄)를 막았다고 했다.

또 옥룡사를 지을 때 그곳 연못에 사는 용 아홉 마리가 주민을 해코지했다고 한다. 도선이 타이르자 백룡 한 마리만이 대항하여 도선이 지팡이로 왼쪽 눈을 멀게 해 쫓아 보냈다고 한다.

도선이 했다는 예언에 관한 이야기도 전한다.

그가 도갑사에 머물러 있다가 가면서 "훗날 쇠 모자를 쓴 사람들이 와 불을 지를 것이다."라고 말했다. 이후 조일전쟁 때 왜군이 이 절에 와 불을 질러 그의 예언이 맞아떨어졌다고들 했다.

한편 옥룡사에서 제자들에게 백(白)가 성을 가진 사람을 들이지 말라고 당부했다고 한다. 그런데 그가 죽은 지 300여 년이 지난 뒤 백룡거사라는 사람이 와서 머물다가 절을 불태웠다고 한다.

이뿐만 아니라 백룡사의 지기가 낮아 땅 기운을 돋우려고 동백나무를 심게 했다고 전하는데, 이런 전설을 증명이라도 하듯 지금도 이곳에는 동백나무가 무성하게 자라고 있다.

또 도선이 전국을 돌아다니면서 자신에게 덕을 베푼 사람들에게 명당을 잡아 주거나 함부로 명당을 일러 주어서 산신령에게 잡혀가 혼쭐이 났다고도 한다.

이들 민간 설화는 그를 신이한 인물로 그리기도 하고, 때로는 실수를 하는 도인으로 그리기도 했다. 도선은 고대소설의 주인공으로 등장하기도 했다(『한국구비문학대계』 참고).

조선시대에 들어와 많은 유학자들은 민간에서 풍수지리설이 풍미하고 그에 따라 묘지를 잡는 풍조를 보고 그 책임을 도선에게 덮어씌워 요승이니 술승이니 꾸지람을 퍼부었다. 그런데도 많은 사람들은 풍수설에 따라 발복(發福)을 위해 음택(陰宅, 묘지)을 잡았다. 후기 실학자들, 곧 정약용 같은 이는 음택설이 잘못되었음을 꾸짖는 글을 써서 말리기도 했다. 물론 당시의 이러한 풍습이 모두 도선의 허물은 아니다. 이런 허물을 씌우려면 먼저 왕건에게 화살을 돌렸어야 할 것이다.

우리나라 국토는 근대 이후 현대에 이르기까지 산을 깎아 건물을 짓고 굴을 뚫어 도로를 냈으며 강물을 막아 댐을 건설했다. 이렇게 되면 우리나라에는 인물이 나지 않는 것인가? 오늘날에도 풍수가들 사이에 도선을 풍수쟁이의 원조로 받들고 『도선비기』를 읽고 풀이하기도 하며 『도선답산가』를 외우면서 더욱 신비스런 인물로 떠올린다.

현재 옥룡사 터를 발굴했으나 복원하지는 못하고 석탑, 우물 터를 보존하고 있으며 다만 도선의 부도와 탑비를 새로 조성해 두었다. 이곳은 풍수지리를 공부하는 이들의 발길이 끊어지지 않는다고 하며, 옥룡사 터가 있는 전남 광양 옥룡면 언저리에는 도선국사마을이 조성되어 사람들의 발길을 모으고 있다. 그가 창건했다는 영암 월출산 도갑사에는 도선의 화상을 모신 국사전 등 도선에 관련된 유적이 보존되어 있다.

천태사상으로 평등관을 구현한 왕자 출신 승려

義
天

의
천

고려가 중기로 접어들 무렵 사찰은 타락의 조짐이 개선될 줄을 몰랐다. 승려들은 수행에 열중하기보다 재산 모으는 일에 마음을 쏟았고, 귀족들은 자신들의 원찰에 불법으로 토지를 기탁하여 국가 조세를 포탈하는 수단으로 삼았다. 문종은 이를 개선하려는 의지를 보여 여러 조치를 내렸다.

이때 문종의 넷째 아들 후(煦)가 태어났다. 그가 태어난 다음해에 문종은 벼슬아치들의 학정으로 백성들이 극심한 고통을 겪고 있는 현실을 개선하고자 여러 곳에 어사를 내려 보냈다.

한편 불교의 폐단에도 깊은 관심을 보인 문종은 어린 아들 후를 출가시켜 승려가 되게 하였다. 그의 출가는 고려불교의 새로운 전기를 여는 경사였다. 이렇게 하여 고려불교를 짊어진 의천(義天, 1055~1101)이 등장하게 된다.

고려 왕자 출신의 승려, 의천

문종은 비리에 젖은 많은 절을 헐어 버렸다. 헐린 절들은 대부분 귀족들이 벌여 놓은 원당이나 권력을 끼고 중생 제도를 외면하는 사원이었다. 또 개인이 집을 보시하여 절로 삼는 일을 거듭 금지시켰으며, 한 집안에 아들 셋이 있는 경우 15세가 넘은 아들 하나만 출가하는 것을 허락했다. 획기적인 조치였다.

문종이 흥왕사 공사를 벌일 적의 일이다. 그는 왕자들을 불러 놓고 고려 왕실의 전통인 사자출가(四子出家, 왕자 넷이 있으면 그중 한 명을 출가시키는 제도)와 자신이 제정한 삼자출가(三子出家)의 의미를 설명하고서 "너희들 가운데에서 누가 출가해 복전(福田)의 이익을 짓겠느냐?"라고 물었다. 그런데 다른 아들들은 이에 아무 말이 없었으나 11세가 된 후가 선뜻 나서 "제가 출가할 뜻이 있습니다. 오직 부왕의 분부를 기다릴 뿐입니다."라고 말했다. 후는 어린 나이에 출가하여 영통사에 머물면서 경덕 국사에게 화엄종의 교지를 배웠고 유교 학문까지 두루 섭렵했다. 이렇게 해서 고승 의천이 등장한 것이다.

처음 불명을 "의천"이라 했는데 송 철종의 이름과 글자가 같아서 이름이 아닌 자(字)로 바꾸었지만 이를 불명처럼 불러 왔다. 특이한 경우였다. 정식 불명은 "우세(祐世)"였지만 사람들은 그렇게 부르지 않았다. 우리도 이런 풍조에 따라 앞으로 우세라 부르지 않고 의천으로 부르기로 하자. 황제나 왕의 이름에 든 글자를 신하들의 이름에 쓸 수 없는 것은 왕조시대 하나의 관례일 뿐이니 말이다.

승려 의천은 왕실의 지원에 힘입어 수행의 단계를 밟아 갔다. 그는 어린 나이에도 선진 불법을 배우려고 송의 명승 정원법사(淨源法師)에게 편지를 보내 교분을 넓혔으며 정원법사의 저술을 모두 얻어 보았다. 그의 탐구욕은 이에 머물지 않았다. 경덕 국사가 열반하자 의천이 대신 강의를 맡았다. 그러자 문종은 그에게 영통사의 승통(僧統)의 직책을 내려주었다. 승통은 큰절에 둔 승직으로 승려를 다스리는 직책이다. 그의 나이 열세 살 적이다. 이게 왕자의 프리미엄 탓일까, 진정 실력에 따라 얻은 것일까? 모를 일이다.

그는 아버지와 새 왕이 된 형 선종에게 중국에 가서 불법을 배워 오겠다고 졸랐으나 허락을 얻지 못했고, 대신들도 극구 반대했다. 특히 그의 어머니는 한사코 말렸다. 하지만 문종이 죽은 뒤인 1085년 사월 초파일, 그는 어머니에게 편지를 남기고 제자 두 명과 함께 예성강에서 송나라 상선을 이용해 송의 수도 변경(汴京, 지금의 하남성 개봉)으로 들어갔다. 형인 선종이 벼슬아치를 보내 잡아 오게 했으나 배는 이미 사라지고 없었다. 그때 송나라는 거란족이 세운 요나라에 밀려 북경 일대를 내주고 있었다. 고려는 송나라와 교류를 하면서 곧잘 요나라가 차지한 육지 길을 피해 배편을 이용하고 있었다. 의천은 그만큼 험한 길을 왕래한 것이다.

당시 변경에는 인도승과 라마승을 비롯하여 남쪽 여러 나라의 승려들의 내왕이 끊이지 않았다. 그는 많은 승려들과 교류하면서 송의 철종 황제를 만나고 그곳 벼슬아치들에게 융숭한 대접을 받았으며 특별 스승을 정해 수업을 받았다. 그는 이에 만족치 않고 고행을 거듭하며 절강성 천태산(天台山)과 항주 등지 남쪽의 여러 절을 두루 돌아보았다. 그는 항주의 서호 주변에 있는 혜인선사(慧因禪寺)에 한동안 머물렀다. 이 절은 오랜 병화로 퇴락해 있었는데 의천이 머물면서 새로 불사를 일으켜 큰 사찰의 면모를 갖추었다. 그리하여 뒷날 "고려사"라고 불렀다.

의천은 특히 천태산의 국청사를 찾아가 천태종 교리를 깊이 있게 새겼다. 국청사는 천태종의 중심 사찰이다. 이 절 앞에는 고구려와 신라의 승려들이 공부할 때 거처했던 신라원이 있었다. 그는 그곳에 있으면서 고려에 돌아가 천태종의 교의를 펴 보고자 하는 마음을 굳게 먹었다. 천태종에서는 선과 지혜의 조화를 강조한다. 그는 특별히 조화에 관심을 기울였다.

의천이 머무는 동안 이러한 일도 있었다. 그는 출국할 때 고려에서 찍은 많은 불교 관련 책을 가져갔다. 당시 송나라는 거란과 오랜 전쟁을 벌여 불경과 관련된 책이 불에 타 구독하기 어려운 상황이었다. 이를 안 의천은 가져간 책을 그곳 승려에게 보여주었다는 이야기이다.

그렇게 1년 2개월이 지났다. 그의 어머니는 아들이 보고 싶어 안달이 났고, 이에 선종은 의천의 귀국을 종용하는 간곡한 편지를 송나라 황제에게 보냈다. 결국 의천은 자의 반 타의 반으로 고국에 돌아왔다. 의천에게 있어 다소 아쉬운 일일지 모른다.

그는 흥왕사 주지 직책을 받아 머물면서 송나라에서 가져온 새로운 불경과 경서 1천여 권을 나라에 바쳤다. 그는 흥왕사에 교장도감(敎藏都監)을 설치하고 북쪽 요나라와 송나라에서 책을 들여와 찍어 냈다. 이때 간행한 책이 4,700여 권에 이르렀으며 여기에는 원효의 저술도 포함되어 있었다. 이는 당시까지의 우리 불교사에 가장 많은 불교 서적을 찍어 낸 기록을 세웠다.

불법을 통해 국익을 고민했던 승려

그가 1097년 개풍군에 천태산의 국청사를 본받아 새로 세운 국청사의 주지로 머물 적에는 승려 1천여 명이 모여들었다. 이때 본격적으로 천태 교학을 강의하면서 천태종을 창시했고, 2년 뒤에 천태종은 공인된 종파가 되었다. 그가 새로운 종파를 창시한 것은 시대 상황의 요구에 따른 것이다. 이 무렵 선종과 교종의 대립·갈등이 재연되고 있었다. 한편 국제적으로는 여진 세력이 북쪽에서 크게 성장하여 고려를 위협하고 있었다. 의천은 견문이 넓고 사려가 깊으며 합리적 판단을 하는 품성을 지니고 있었다.

그는 왕권을 강화하고 문벌 세력을 누르며 불교의 타락을 막고 민중을 추동해 여진의 침입에 대비해야 하는 책무를 스스로 걸머졌다. 이런 이념을 처음에는 화엄종 사상을 중심으로 펴려 했으나 나중에는 방향을 돌려 천태종을 통해 구현하려 했다.

천태종의 기본 경전은 『법화경』이다. 이 경의 중심 사상은 『화엄경』보다 구체적인 회삼귀일(會三歸一)에 있다. 곧 사람의 등급을 셋으로 나누는데 "아무리 모자라는 중생이라도 성불할 수 있다."고 했고, "마음이 바로 부처이고 중생"이라고도 했다. 그러니 셋이 마침내 하나로 돌아간다는 것이다. 의천은 부처가 설한 이 사상을 고려 현실에 뿌리내려야 한다는 신념에 차 있었다. 신분 갈등을 해소할 수 있는 평등관의 구현이었다(『대각국사문집』).

그가 존숭하는 선사는 원효였다. 의천은 원효의 화쟁사상을 어떻게 새로운 환경에 맞는 이념으로 만들 것인지 고심을 거듭했다.

의천은 마침내 이론과 실천의 양면을 강조하는 교관겸수(敎觀兼修)를 제창했다. 화엄종을 비롯하여 교의만을 닦는 종파들은 마음의 실체를 버리고 바깥에서 허망하게 진리를 찾아 헤매 실천성이 없다고 보았다. 그에 비해 선종처럼 참선에만 치우치는 종파들은 바깥의 현실은 외면하고 마음에만 진리를 밝히려 하여 현실을 소홀히 한다고 보았다. 그는 한쪽에 치우치는 것은 아집이라고 하면서, 화엄종과 선종이 벌이는 다툼을 이렇게 설파했다.

토끼 뿔이 실재하지도 않는데 한쪽에서는 길다고 우기고 한쪽에서는 짧다고 우기는 것과 다름이 없다.
_『대각국사문집』

따라서 교의 공부와 함께 이를 실천해야 한다는 점을 강하게 주장했다. 이는 관념을 실천으로, 대립을 융화로 이끌 수 있는 이념이었다. 그래서 교관겸수를 "원융사상"이라고 하며, 이를 표방한 천태종을 "총화(總和)불교"라고도 한다. 그런데 이로 하여금 자신이 처음 몸담았던 화엄종의 일부 세력과 대립했고, 법상종을 받드는 문벌 귀족들로부터 많은 지탄을 받았다. 뒷날 왕사로 추대된 학일(學一)은 의천의 협조를 거절하고 선종의 독자성을 지키려 했다.

한편 그가 외교적으로 국익을 도모하고자 했음을 알 수 있는 일화가 있다. 국청사를 근거지로 삼은 의천은 처음으로 남쪽으로 내려가서 명산을 두루 순례했다. 아마도 천태종의 교의를 펴려는 목적이었을 것이다. 그러다가 마지막에는 해인사에 한동안 머물렀다. 이럴 때 셋째 형인 숙종이 즉위했다. 숙종은 의천을 불러 흥왕사 주지를 맡겼다.

그가 흥왕사 주지로 있을 때 요나라 사신이 와서 흥왕사의 작은 종을 보고 감탄해 마지않았다. 그는 "내가 들으니 황제는 부처를 숭배하고 믿는다 하니 이 종을 황제에게 바치겠소."라고 말하고, 금종 두 개를 만들어 보내려 하면서 회사사(回謝使, 답례의 사신)편에 이를 알렸다. 그러자 요나라 황제는 요나라 사신이 망령되게 요구했다고 꾸짖고 엄한 형벌로 다스릴 것이니 보내지 말라고 알려 왔다. 그러고 나서 요의 사신이 돌아가자 그의 죄를 다스렸다 한다(『고려사』 열전 의상). 이 사건이 바로 의천이 요와 송 사이에 양면외교를 펼치면서 국익을 도모하고자 했던 의지를 엿볼 수 있는 증거이다.

화폐 유통을 건의하다

의천이 정치 문제에 간여한 적은 없으나 임금인 된 부왕과 형들에게 불교 개혁에 관한 건의 등을 때때로 하였다. 실천적 승려로서의 면모를 다시금 확인할 수 있는 대표적인 사례가 국가 재정을 위해 화폐의 통용을 강력하게 추진한 것이다. 송나라에서 유통되는 화폐를 보고 나라와 백성에게 이익이 됨을 알고서 그 지식을 익히고 돌아온 그는 형인 숙종에게 화폐를 통용하게 해 달라는 건의를 올렸다. 1097년 12월 숙종은 다음과 같은 분부를 내렸다.

> 예전부터 우리나라는 풍속이 순박했는데 문종 시대에 이르러 예악 문물이 성대했다. 짐이 선왕의 과업을 계승해 앞으로 민간이 크게 이익이 되는 돈 만드는 벼슬아치를 두고서 백성으로 하여금 돈을 통용하게 하겠노라.
>
> _『고려사』 식화지

그러고 나서 주전도감(鑄錢都監)을 두어 고려의 지형 모습을 한 은병(銀瓶, 활구)을 만들었고, "해동통보(海東通寶)"·"삼한통보(三韓通寶)"라는 돈을 찍어 냈다. 이어 개경에 주점을 열고 관가의 옆에 점포를 벌이게 해서 돈의 유통을 장려했다. 의천은 임금에게 다음과 같은 내용의 글을 올렸다.

> 돈이 몸은 하나이지만 그 역할은 네 가지입니다. 첫째, 생김새를 보면 몸은 둥글고 구멍은 네모집니다. 둥근 것은 하늘을 상징하고 네모난 것은 땅의 모양입니다. 이는 하늘이 온갖 것을

완전하게 덮고 땅이 완전하게 받쳐 주는 것을 나타냅니다. 둘째, 돈은 샘물처럼 끝없이 흘러나와 마르지 않습니다. 쓰면 없어지는 곡식과 다릅니다. 셋째, 돈을 백성에게 퍼뜨리면 위아래 어디고 돌아다녀 길이길이 막힘이 없습니다. 넷째, 돈은 이익을 부자와 가난한 사람 모두에게 나누어줍니다. 그 날카로움이 칼과 같으나 늘 써도 무디어지지 않습니다.

— 「청주전표(請鑄錢表)」, 『대각국사문집』

이처럼 그는 화폐를 고려에 널리 통용케 하여 민생에 도움을 주려는 의지에 차 있었다.

이렇듯 의천은 한국 화폐 발달사에 큰 이름을 올렸다. 그의 이러한 노력은 단순히 승려로서 정치권력에 개입하고자 한 것이 아니다. 나라의 재정과 중생 제도를 위한 하나의 방편이었던 것이다.

의천의 개혁 실패

의천은 나이가 들어 위병을 앓아 자주 배앓이를 했다. 위암인지 모를 일이다. 공부에 빠져 건강을 돌보지 않은 데에도 그 원인이 있었을 것이다. 그는 이를 이겨 내지 못하고 마흔일곱 살에 열반하여 화장한 뒤 영통사에 부도를 만들어 안치되었다. 뒷날 영통사는 의천과 관련하여 명찰로 여겨져 사람들의 발길이 끊어지지 않았다.

숙종은 그에게 "대각국사"라는 시호를 주려 했다. 그러자 중서문하성에서는 "대각은 부처를 뜻합니다. 부처의 호칭을 참람되게 쓰는 걸 죽은 '후'도 바라지 않을 것입니다."라며 반대했으나 숙종은 기어코 이 말을 따르지 않았다. 그만큼 의천의 존재를 높게 평가한 표현이었다. 그의 이름처럼 시호도 특이했다. 아무튼 그의 명망은 양식 있는 승려뿐만이 아니라 신도들에 있어서도 높았다. 그리하여 지눌이 나타나기 전까지 고려에서 가장 높은 고승으로 우러름을 받았다.

그는 젊은 나이에 열반하였으나 많은 일을 해냈다. 이는 결코 왕자라는 혈통에 힘입은 것만이 아니었으나 그 혐의를 벗어날 수는 없다.

의천의 사상을 정리하면 본질적으로 왕권 강화를 위한 의식 기반과 문벌 체제의 타파라는 안목에서 출발하여 불교의 전반적이고 구체적인 개혁 방향을 제시하지 못했다. 여전히 절들은 귀족의 원당으로 전락하여 재산 도피처가 되고, 정치권력 투쟁에 이용되는 따위의 현실적 모순에 휩싸여 있었지만 이를 전면적으로 개혁하는 방향으로 나아가지 못했던 것이다. 결국 개혁의 방향을 제시하지 못하여 귀족불교를 민중불교로 끌어내리는 데에 실패했고, 원효의 깊은 뜻을 올바르게 실현하지 못했다.

그가 열반한 뒤에 그가 추구하려 했던 원융사상은 빛이 바랬고 불교의 타락은 더욱 심화되었다. 그 까닭은 첫째, 밑으로부터의 개혁을 시도하지 않았다는 점을 들 수 있을 것이다. 광범위한 승려와 신도를 중심으로 결사운동을 벌이지 못했다. 둘째, 왕실의 권위를 이용해서라도 조직적인 개혁정책을 만들어 실현해 내지 못했다는 점도 지적할 수 있겠다.

의천이 머물다 간 자리

영통사는 개성 시내에서 북쪽으로 8킬로미터 정도 떨어진 개풍군 오관산 아래에 위치하고 있다. 고려 초기에 창건된 영통사는 의천이 다른 곳에 드나든 햇수를 빼고 헤아리면 30여 년 머물면서 천태종을 창설한 사찰로 유명하게 만들었다.

또한 이곳은 선종과 교종이 분열의 양상을 보일 때 의천이 교관 겸수의 이론을 지지하여 선교 통합을 도모했던 산실이다. 또한 원효의 화쟁사상의 맥을 이은 한국불교의 화합 이론 줄기가 뻗은 성지였다. 하지만 이 절은 많은 곡절을 겪어 왔다.

오늘날 겉으로 나타나는 의천의 흔적은 영통사에서 찾을 수밖에 없을 것이다. 영통사는 고려 초기인 919년에 왕건의 원력으로 세워졌다. 처음 이름은 "승복원(承福院)"이었다. 왕건의 조상들이 오관산 아래에 자리를 잡고 살았다 하여 그가 임금이 된 뒤 이 절을 짓고 조상의 초상화를 봉안하여 제사를 받들었다고 한다. 그런 뒤 1027년 정식으로 절을 짓고 "영통사"라 불렀다. 이 사찰은 조선 전기에 소실되었다고 전해지기는 하나 정확한 기록은 없다. 다만 고려시대는 물론 조선시대에 살던 문인들이 이곳 명성을 듣고 찾아가서 시를 남겼다. 고려시대 시인 중 첫손으로 꼽히는 이규보(李奎報)는 이런 시를 남겼다(『동국이상국집』).

線路縈紆接翠微　희미한 오솔길 꼬불꼬불 중턱 마루에 이르니
不煩問寺遂僧歸　절간이 어디메냐고 묻지 않고 스님만 따라왔네.
到山才聽淸溪響　산에 이르자마자 맑은 시냇물 소리 울려와
舂破人間百是非　인간들 벌이는 온갖 시비 방아 찧듯 깨지네.

현재 복원된 영통사 누각에는 이 시에 "유영통사(遊靈通寺)"라는 제목을 달아 원문 그대로 나무판에 새겨 걸어 놓았다. 그러니 고려 후기, 이규보가 살아 있을 적에도 이 절이 있었던 것이다. 무엇보다 주목을 끄는 이 절의 유물은 의천의 사적을 적어 1125년에 세운 비석인 증시대각국사비(贈諡大覺國師碑)이다. 이 빗돌은 금이 섞인 오석(烏石)으로 기단과 머리를 합해 높이 4.32미터, 본체 높이는 3.32미터, 너비 1.56미터인데 비문은 김부식이 썼다. 비록 오랜 풍상으로 훼손이 많이 되었으나 그 조각 솜씨로나 가치로 보아 최치원의 사산비명(四山碑銘) 중 하나가 새겨진 하동 쌍계사의 진감선사탑비와 함께 쌍벽을 이룬다 하겠다. 증시대각국사비는 절의 가장 앞쪽 오른편에 자리를 잡았다.

영통사 뒤쪽에는 의천의 부도가 있는데 원형이 그대로 보존되었다. 조각 예술품이라 할 수 있을 만큼 아름다움을 자랑하고 있다. 부도의 바로 뒤에는 의천의 화상을 봉안한 경선원(敬先院)을 배치했는데 그 앞에서 아래를 바라보면 절 경내가 한눈에 들어온다.

영통사는 2005년에 남쪽 천태종과 북한 사회과학원 고고학연구소가 공동으로 복원하여 봉불식과 낙성식을 거행해 예전의 모습을 찾았다. 2000년 북한에서 천태종에 복원 제의를 해 모든 자재는 천태종에서 공급하고, 북한에서 기술자를 동원해 완성했다. 이 일을 주관한 무원(務元)의 말에 따르면 기와 50만 장, 묘목 1만 그루 등 물자를 보내 29동의 건물을 지었고, 모든 경비는 합계 150억이 들었다 한다. 10여 년 전에 필자가 이 절을 돌아보니 복원한 건물과 단청 등이 어딘지 원형과는 다소 거리가 있는 것 같은 엉성하다는 느낌을 지울 수가 없었다. 북한 역사학자들과 기술자들이 고증을 철저하게 하지 않고 적당히 지은 탓으로 보였다.

　한편 중국의 개봉과 항주 서호 언저리에 그가 머물던 절에도 그의 행적을 기록해 둔 비석들이 보존되어 있다. 현재 이 절의 입구에 걸어 놓은 절 이름은 "혜인고려사(慧因高麗寺)"이다. 그가 이 절에서 『화엄경』을 공부할 때의 이야기는 중국 사람들의 입으로 전해졌고, 이 절이 퇴락해 있을 적인 1085년 의천이 시주를 내서 중창을 해 주었다는 이야기도 전한다. 또 조선 전기 최부가 쓴 『표해록』에는 중국 남쪽의 풍물을 소개하면서 의천과 이 절에 얽혀 전해지는 이야기가 기록되어 있다.

신채호가 인정한 자주진보파 승려

妙清　　　　　　　묘청

민족사학자 신채호는 최초로 묘청(妙淸, ?~1135)을 역사 인물로 평가했다. 그는 「조선역사상 일천년래 제일대사건」이라는 논문을 집필하면서 묘청의 자주국가 건설을 그중 하나로 들었다. 그는 묘청의 대위국(大爲國) 건설운동은 바로 자주파·진보파인 묘청 등과 사대파·보수파인 김부식 등과의 싸움에서 비롯됐고, 묘청이 실패하여 우리나라가 사대로 전락했다고 주장하며, 묘청을 웅대한 민족적 스케일을 지닌 인물로 서술했다.

　　역사적 사실에 비추어 보면 이러한 평가는 터무니없는 것이 아니다. 묘청은 분명히 승려의 몸으로 현실 정치에 뛰어들어 유학자 출신의 벼슬아치들과 맞서다 실패를 겪었다. 그는 고려시대에 승려로 권력을 잡은 첫 사례가 될 것이다. 그런 그는 어떤 인물이었으며 어떤 활동을 벌였던가?

묘청 등장의 배경

묘청은 역적으로 몰려 죽었기에 그의 출신 내력과 성장 배경에 대한 기록이 거의 없다. 다만 서경(평양) 출신의 승려로 불명이 묘청이었고, 뒤에 정심(淨心)으로 바꾸었다는 것과 풍수설에 해박한 지식을 가진 것으로만 알려져 있다. 다만 그가 죽었을 때 그의 처자식을 종으로 삼았다는 걸 보면 아내를 얻어 자식을 낳았으니 파계승이라 볼수도 있겠다.

　　이런 그가 중앙에 끈을 단 것은 같은 서경 출신인 정지상(鄭知常)의 천거에 따른 것이었다. 그 뒤 동지로 함께 일을 벌였고 죽음도 거의 때를 같이했다. 그러니 묘청을 이야기하면서 정지상을 빼놓을

82

수가 없을 것이다.

　정지상은 과거에 합격하여 중앙에서 벼슬살이를 하면서 시인으로도 명망이 높았다. 더욱이 개경 문벌가 출신인 김부식의 시샘을 받을 정도로 이름을 떨쳤다. 따라서 정지상과 김부식은 시를 매개로 라이벌 관계가 이루어졌고, 점점 정치적 라이벌 관계로 발전되었다.

　정지상이 지은「벗을 보내며[送友人]」라는 시는 개경 문사들 사이에 애송되던 시다.

　　雨歇長堤草色多　비 갠 긴 언덕에 풀빛 짙고
　　送君南浦動悲歌　남포에 임 보내노라니 매양 슬픈 노랫소리
　　大同江水何時盡　대동강 물 어느 때에 마르리
　　別淚年年添綠波　이별의 눈물, 해마다 푸른 물결에 보태네

김부식도 처음에는 청년 문사 정지상을 인정했다. 그런데 이 둘 사이에서 좋지 않은 감정이 일어난 일에 대해 다음과 같은 이야기가 전해진다. 정지상은 오언 절구를 지으면서 '절간에 염불 소리 그치니 하늘빛 바로 맑은 유리로세[琳宮梵語罷 天色爭琉璃]'라고 짓고 뒤 구절을 어떻게 마무리할지 고심했다. 이를 전해들은 김부식이 이 시구를 빌려 주면 자신이 짝을 채우겠다고 여러 차례 부탁했으나 정지상이 들어 주지 않고 무시하며 이 둘 사이에 감정이 일었다는 것이다. 오죽했으면 이런 이야기가 전해질까?

　이규보의『백운소설』에는 이러한 이야기도 씌여 있다.

　김부식의 손에 죽은 정지상은 음귀(陰鬼)가 되었다 한다. 어느 날 김부식이 시를 지었는데, "버들 빛 천 갈래 푸르고 복숭아꽃 만

점 붉네[柳色千絲綠 桃花萬點紅]."라고 읊조리자 공중에서 갑자기 정지상의 얼굴을 한 귀신이 나타나 김부식의 뺨을 후리치면서 "천 갈래니 만 점이니 씨불이냐, 누가 세어 보았더냐? 왜 버들 빛은 가지마다 푸르고 복숭아꽃은 송이마다 붉네[柳色絲絲綠 桃花點點紅]라 하지 못하느냐?"라고 꾸짖었다 한다.

이쯤해서 되돌아가자. 아무튼 정지상이 임금의 신임을 두터이 받으며 서경의 승려인 묘청을 성인이라고 일컬었고, 같은 곳 출신 점쟁이인 백수한(白壽翰)을 다음가는 성인으로 추앙하면서 조정에 추천했다. 이들은 서경 천도를 모의하고 중앙의 대신과 임금의 측근들을 하나하나 자기 세력으로 끌어들였다. 마침내 임금의 측근과 대신들은 연명으로 임금인 인종에게 "묘청은 성인이며 백수한도 그 다음가는 성인이오니 국가의 일을 낱낱이 이들에게 물어 시행하시고 그들의 소청은 어떤 것이든 받아들여야만 정사도 잘되고 국가도 보존됩니다."라는 건의를 올렸다(『고려사』 열전 묘청).

당시의 사회 분위기는 어떠했을까?

고려가 건국된 지 1백여 년이 지나자 특권층은 개경에 뿌리를 박고 많은 토지와 노비를 거느리며 발호했다. 그런 특권 문벌 중에 이자겸(李資謙)이라는 자가 있었다. 이자겸은 예종의 장인으로 높은 벼슬을 차지하고 많은 재산을 긁어모았다. 그는 예종이 죽자 외손자 인종을 왕위에 앉히고 또다시 자기 두 딸을 셋째, 넷째 왕비로 들어앉혔다.

한편 만주 땅에서 여진족의 우두머리인 아골타가 일어나 중국 북쪽을 차지하고 있던 요를 멸망시키고 금나라를 세운 뒤 이어 남쪽의 송나라까지 압박하고 있었다. 금나라는 배후에 도사리고 있는 고려에 대해 종래 형제의 맹약을 맺자는 요구에서 한걸음 나아가 군신의 관계를 강요해 왔다. 이 문제를 두고 토론을 벌였을 적에 이자겸은 '작은 나라가 큰 나라를 섬기는 것은 어쩔 수 없는 일'이라고 주장했고, 이자겸의 발호를 경계하던 개경의 기성세력들도 이에 동조하고 나섰다. 다시 말해서 개경의 관료 세력은 그 기득권을 누리기 위해 사대라는 굴욕을 감수하려 들었다. 이럴 적에 묘청의 말에 귀를 기울이라는 건의가 있었고, 또 서경 천도에 대한 필연성이 제기되었다.

서경은 어떤 곳인가? 왕건은 고려를 건국한 뒤 개경을 수도로 삼고 나서 고구려를 계승했다고 표방하였다. 그리하여 고구려의 수도인 평양을 서경으로 고쳐 제2의 수도로 삼았던 곳이다.

14세에 왕위에 오른 인종은 나이가 들면서 권신의 발호를 제거하고자 했다. 하지만 임금의 명을 받은 근신들이 이자겸을 제거하려다가 오히려 죽임을 당했고, 이에 이자겸은 인종을 자기 집에 감금했다. 이때 인종은 왕위를 물려주려고까지 했다. 그러다 마침내 1126년(인종 4) 임금은 이자겸의 심복인 탁준경(拓俊京)을 이용하여 이자겸을 제거했다. 그리고 이자겸이 권세로 빼앗은 토지를 모조리 거두어 그 주인에게 돌려주었다.

인종은 이자겸을 제거한 뒤 곧바로 서경에 행차했다. 이때 묘청의 건의로 15조목의 '유신정령(維新政令)'을 발표했는데 지방 수령의 부정을 고칠 것, 의복 및 수레제도의 간소화, 필요치 않은 관리의 축소와 급하지 않은 공사의 중지, 법이 정한 공물과 조세 외 수탈의 금지, 곡식을 강요하여 꾸어 주고 이자를 받는 짓이나 썩은 쌀을 백성에게 주어 찧어먹게 하지 말 것과 같은 내용(『고려사절요』 인종 5년)이 들어 있었다. 곧 기득권 세력의 호화 사치와 특권 관료의 부정을 제거하려는 것이었다.

인종은 이런 개혁정책을 서경에서 발표하고, 계속 그곳에 머물면서 묘청의 건의에 귀를 기울였으며, 정지상의 강론을 들었다. 백수한은 이 무렵 서경에 둔 "분사(分司)"라는 특수 기구에서 "검교소감(檢校少監)"이라는 직책을 받았다.

개경의 기득권 세력은 현저히 흔들리고 있었고, 김부식 등은 금나라에 대한 사대의 예를 충실히 이행하라고 주장하며 묘청 일파와 맞서 왔다. 두 세력의 골은 점점 깊어 가고 있었다.

서경에 지어진 궁궐과 여덟 수호신

묘청은 인종에게 "신들이 서경의 임원역(林原驛, 대동군 부산면, 현재 평양시 용성 구역)의 지세를 살펴보니 이곳이 곧 풍수들이 말하는 큰 꽃모양의 지세[大華勢]입니다. 만약 궁궐을 여기에 지어서 살게 되면 천하를 병합할 수 있으며 금나라가 폐백을 가지고 스스로 항복할 것이며 서른여섯 나라가 모두 신하가 될 것입니다."라고 아뢰었다(『고려사절요』 인종 6년). 인종은 이런 서경파의 계획대로 평양 부근 임원역에 새 궁궐을 짓게 했다. 여기서 서른여섯 나라의 서른여섯은 앞서 도선의 부분에서 살펴본 바와 같이 당나라 수도 장안의 도시 규모로 번영의 운세를 뜻하는 숫자이다.

대화궁이 이루어지자 인종은 흐뭇한 마음으로 새 궁궐에 행차했다. 인종이 대화궁에 새로 지은 건룡전(乾龍澱)에 앉아 정무를 보자 묘청, 백수한, 정지상 등은 "주상께서 건룡전에 앉으시니 공중에서 풍악 소리가 들려옵니다. 이게 어찌 새 궁궐로 오신 걸 경하하는 상서로움이 아니겠습니까?"라고 말했다. 이들은 이를 계기로 글을 되풀이 올려 임금을 황제라 부르라고 하기도 하고, 연호를 정하라 하기도 하였으며, 금나라를 협공하자고 하기도 했다. 묘청, 백수한, 정지상은 이를 하례하는 표문을 올리려 했다. 그러자 그동안 입을 다물고 있던 반대파들은 '공중에서 들려오는 풍악 소리를 들은 적이 없다.'고 하면서 표문 올리는 걸 한사코 반대했다. 만약 도읍지를 옮기게 되면 개경의 기득권 세력은 별 볼 일이 없게 된다.

하지만 인종은 기쁨을 이기지 못해 서경 백성들이 궁궐을 짓느라 노고가 많다고 칭송하고서 창고의 곡식을 풀어 나누어 주게 하고 그 해의 조세를 면제해 주기도 했다. 또 일대 사면을 내리고 임금이 지나가는 고을의 늙은이와 효자, 절부, 홀아비, 과부, 그리고 자식 없는 노인과 고아, 병자들에게 음식과 물품을 나누어 주었다. 더불어 궁궐을 지을 적에 동원된 벼슬아치들의 자리를 한 단계씩 올려 주고, 일꾼들에게도 은택을 베풀었다. 이렇게 서경은 온통 들떠 있었다.

인종은 개경과 서경을 오가면서 새로운 조치를 하나씩 내렸지만 아직 완전한 천도가 이루어진 건 아니었다. 묘청은 임원의 대화궁 주변에 성을 쌓게 하고 여덟 성인을 모신 팔성당(八聖堂)을 지었다. 그리고 성인마다 화상을 그려 걸게 했다. 대화궁에 여덟 수호신을 모시게 한 것이다. 그 명단을 보면 이러하다.

1) 호국백두악 태백선인 실덕 문수사리보살
   (護國白頭嶽太白仙人實德文殊師利菩薩)
2) 용원악 육통존자 실덕 서가불(龍圓嶽六通尊者實德釋迦佛)
3) 월성악 천선 실덕 대변천신(月城嶽天仙實德大辨天神)

4) 구려 평양선인 실덕 연등불(駒麗平壤仙人實德燃燈佛)

5) 구려 목멱선인 실덕 비바시불(駒麗木覓仙人實德毗婆尸佛)

6) 송악 진주거사 실덕 금강색보살(松嶽眞主居士實德金剛索菩薩)

7) 증성악 신인 실덕 늑차천왕(甑城嶽神人實德勒叉天王)

8) 두악 천녀 실덕 부동우바이(頭嶽天女實德不動優婆夷)

__『고려사』 열전 묘청

이 이름들은 파자로 된 비기를 읽는 것처럼 이해하기 힘들다. 대충 짐작해 보면 불보살이나 용왕과 산신은 있지만 공자 같은 성인의 이름은 보이지 않는다. 한편 용원(龍圓)은 용위(龍圍)로 보기도 하는데 이는 각자하는 사람이 나무판에 글자를 새기면서 헷갈리게 만든 탓일 게다. 그래도 나름대로 정리해 보면 이러하다.

처음 '백두산에 있는 호국신'이 자리를 잡았다. 곧 백두산이 우리 민족의 발상지이니 가장 높게 받들자는 것이요, 고려 건국 당시 고구려 옛 영토의 회복 의지를 다시금 나타낸 것이었다. 또 개경(송악)의 신을 서경(평양)의 신보다 아랫자리에 놓아 개경 우위를 잃게 했다.

월성은 경주, 목멱산은 서울 남산을 가리키는 것으로 보이며 용원악, 증성악, 두악 등은 대화궁 주변의 산 또는 후삼국 시기 도둑의 소굴 또는 궁예와 관련되는 지역이나 산악으로 보인다. 묘청이 도선의 비기를 탐독해 풍수설에 일가견이 있음을 보여 주는 대목일 것이다.

이 팔성당을 세우자 김안, 이중부, 정지상 등은 '성인의 법으로 나라를 이롭게 하고 왕궁을 연장하는 방술'이라 말했고, 김안 등이 팔성에 제사 지내기를 요청했다. 자기들이 짠 각본대로 움직이는 것

같았다. 그 제문은 정지상이 지었는데 요지는 이러하다.

> 달리지 않아도 빠르고 가지 않아도 이릅니다. 이게 하나를 얻는
> 신령이라 이름하며 곧 없으면서 있고 곧 채워 있으면서도 비워
> 있는 것은 대개 본래의 부처라 이르는 것입니다. 오직 천명만이
> 만물을 마련할 수 있으며 오직 땅의 덕만이 온 누리의 왕 노릇을
> 할 수 있습니다. 곧 평양의 한가운데에 이 대화의 텃세를 잡아서
> 궁궐을 새로 세워 삼가 음양을 순종했습니다. 팔선을 그 사이에
> 모시고 백두를 첫 신선으로 받들었습니다. 생각하건대 밝은 빛
> 이 곁에 계시는 듯하며 신묘한 동작이 앞에 나타나려 합니다. 황
> 홀합니다. 지극한 진실은 비록 나타낼 수 없어도 고요함은 실덕
> (實德)이니 바로 이게 여래(如來)로소이다. 화상을 그려 장엄하
> 게 했으니 현묘한 문을 두들기며 흠향하시기를 비나이다.
>
> ―『고려사』 열전 묘청

이처럼 서경 천도 세력들은 팔성당을 만들어 인종의 마음을 휘어잡
고 민심을 끌어 모으려는 방법을 쓰면서 더욱 기세를 올려 도읍 옮
기는 일을 진행시켰다. 천도라는 큰일에 마가 끼는 걸 조심하지 않
은 모양새이다.

여덟 호국신에 대한 후대의 관심

팔성당은 위에서 소개한 대로 실제 만들어져 묘청, 정지상 등 서경
세력이 받들었다. 그 내용은 위에서 소개한 『고려사』 열전의 묘청에

대한 글과『고려사절요』인종 시기 기사에 나온다(참고로 이 두 글은 글
자도 거의 다르지 않을 정도로 같다). 그럼 시대 순서에 따라 이에 대한 후
대의 관심과 평가를 알아보기로 한다.

　고려 후기에 살았던 이명(李茗)은 춘천 청평산에 은거했던 선파
(仙派)이다. 그는 묘청이 불승이었기 때문에 팔성의 명칭에 보살이
나 부처의 이름을 덧붙였을 뿐 산악을 중심으로 한 이 땅 고유의 신
명(神明)임을 주장했다. 그가 저술했다는『진역유기(震域遺紀)』에서
팔성을 다음과 같이 설명했다(이 책은 후세에 전해지지 않고 단편적 내용만
알려져 있다).

1) 호국백두악태백선인: 큰 지혜와 큰 덕이 있어 주신(主神)을
도와 큰 세계를 만들었으니, 곧 환웅천왕을 말한 것이다.

2) 용위악육통존자: 온갖 이치를 변화시키는 능력이 있어 인간
의 화복을 맡아 본다.

3) 월성악천선: 비바람을 맡아 보는 신이다.

4) 구려평양선인: 광명을 맡아 보는 신이다.

5) 구려목멱선인: 인간의 수명을 맡아 보는 신이다.

6) 송악진주: 큰 용기와 힘이 있어 신령한 군사를 맡아 보고 늘 국
토를 진수하여 외적을 몰아내니, 곧 옛 치우씨(蚩尤氏)의 신이다.

7) 증성악신인: 사시와 곡식, 채소와 초목에 관한 일을 맡아 보
니, 곧 옛 고시씨(高矢氏)의 신이다.

8) 두악천녀: 지상의 선악을 맡아 보니, 곧 신시씨(神市氏)의 왕
후이고, 환검신인(桓儉神人)의 어머니이다.

＿차주환,『한국도교사상연구』참고

이명은 도교를 중심으로 중국 상고의 신화를 이용해 팔성은 일대 주신(主神)인 환인(桓因)의 지시 아래 천하의 모든 일을 맡아 다스리는 신들이라고 주장했다. 환인은 단군신화에 나오는 하늘의 주재자를 말한다. 하지만 아전인수식의 자의적 해석인 것 같다.

한편 조선시대 유학자들 또한 나름의 해석을 내놓고 있다. 그 대표적인 사례가 안정복이 쓴 『동사강목(東史綱目)』과 이규경이 쓴 『오주연문장전산고(五洲衍文長箋散稿)』이다. 이규경의 글을 참고해 보자.

> 우리나라에서는 고려 예종 때에 복원궁(福源宮)을 세우고 우류(羽流, 도사) 10여 명을 두고 재초(齋醮)와 과의(科義)를 한결같이 송(宋)나라와 같이했다. 인종 때에는 정지상이 왕에게 청하여 팔성당을 궁중에 두고 모두 상을 수놓아 만드니, 이는 진시황이 임오년(시황 28, 서기전 219)에 산천의 여덟 신에게 제사한 따위이다. 첫째는 백두악 태백선인이고, 둘째는 용원악 육존자(六尊子)이고, 셋째는 월성악 천선이고, 넷째는 구려 평양선인이고, 다섯째는 구려 목멱선인이고, 여섯째는 송악(松岳) 진거사(震居士)이고, 일곱째는 증성악(甑城岳) 신인이고, 여덟째는 두악(頭岳) 선녀(仙女)이다. 곡령(鵠嶺, 송악산)은 여덟 신선이 거주하는 곳이라 하여 송악산에 팔선궁(八仙宮)을 짓고 정지상이 팔성문(八聖文)을 찬했는데, 여기에 '이 사이에 팔선을 모시되 백두를 받들어 우두머리로 삼았다.' 한 바, 팔선이란 곧 팔성이다.
>
> _『오주연문장전산고』 경사편 도장총설(道藏總說)

여기에는 요약해 소개하고 있지만 『고려사』의 기사와 조금 다른 내용도 있고, 새로운 내용도 있다. 팔성당을 만든 게 묘청이 아니라 정지상이라 했고, 팔선당을 팔선궁이라 표기해 도교의 유파에서 유래한 것으로 보았다. 또 이를 대화궁이 아닌 송악산에 세웠다고 했으며, 화상은 그린 게 아니라 수를 놓아 만들었다고 했다. 그러면서도 용원악과 두악 등이 어느 곳인지에 대해서는 밝히지 않고 있다.

그래서 필자는 나름대로 백두악이나 송악 등이 백두산이나 송악산임을 짐작하지만 나머지 산은 어떤 산인지 확인할 수 없었다. 오늘날 지리학자, 풍수학자 등 여러 전문가들도 이를 소개하면서 그 산명을 밝히지 못하고 있다. 다만 『한국도교사상연구』를 펴낸 차주환만 그 산명을 밝히고 있다.

그럼 우리나라 산악신앙에 대해 간단하게나마 알아보자. 중국에 음양오행설이 나돌면서 오악신앙이 일어났고, 중국 왕조에서 이를 받들어 산신제를 지냈다. 이를 우리나라 역대 왕조에서도 그대로 수용했다. 신라의 오악은 토함산, 지리산, 태백산, 계룡산, 부악(대구)이었으며, 조선시대에는 백두산, 금강산, 묘향산, 지리산, 삼각산을 꼽았다. 팔성당의 여덟 산악은 새롭게 보탠 것으로 보인다.

한편 『고려사』 열전에 담긴 팔성은 도가류의 팔선을 불보살로 변형시킨 모습이다. 여덟 수호신의 명칭 모두에 부처를 상징하는 '실덕'을 붙이고 있는데 바로 신선을 불보살로 변형시킨 것으로 풀이할 수 있겠다. 그러니까 승려인 묘청이 도교의 산악신앙을 불교신앙으로 결부시킨 것으로 보아 정지상이 그 추진의 주역은 아니었을 것으로 여겨진다.

차주환이 확인한 산악의 이름을 보면 이러하다. 차주환은 "팔성의 명칭을 살펴보면, 산악신앙과 직결되어 있는 우리 고유의 신선사상과 불교사상이 합류되어 있음을 곧 알 수 있다."고 했다. 그러면서 "우리 땅의 진산(鎭山)인 백두산을 비롯하여 거기서 약간 떨어져 있는 용위악(평안북도 용천(龍川)에 있는 용골산(龍骨山)), 월성악(고려 인종 때 송도에 속했던 토산(兎山)), 구려평양(고구려의 도읍지였던 평양의 진산이고 모란봉이 있는 금수산(錦繡山))과 한때 고구려 고국원왕이 머물렀던 평양 땅의 목멱산, 송도의 송악산, 증성악(평양에 인접해 있는 증산(甑山)의 국영산(國靈山)), 두악(경기도 강화의 마리산(摩利山)) 등 8개소의 산악이 내세워져 있다."라고 했다.

이어 "이 가운데 평양은 산 이름은 아니나 그 진산을 가리키는 것으로 볼 수 있고, 또 평양을 내세워 마땅한 곳으로 돋보이게 하려는 의도도 개재되어 있었을 것이다. 평양 이북의 산악이 5개소이고 송도의 그것은 2개소에 불과하며, 단군이 제천한 마리산이 하나 들어 있다. 마치 평양과 송도의 지기상(地氣上)의 우열을 드러내려는 저의가 깔려 있는 듯하다."라고도 했다(『한국도교사상연구』).

이 주장도 의심 가는 부분이 여럿 있지만 장황할 것 같아 접고 다음 이야기로 넘어가기로 한다.

꺾인 의지

1132년(인종 10), 묘청은 궁궐을 지을 때 최홍재, 문공인 등 대신급 벼슬아치 서너 명을 불러 차례대로 세우고, 장군 네 명에게 갑옷을 입히고 칼을 차게 하여 사방에 세웠으며, 군사 440명에게는 창이나 횃불, 혹은 촛불을 들려 둘러서게 했다. 묘청은 한가운데에 서서 흰 삼줄을 당기며 술법을 펼치고는 이렇게 외쳤다.

> 이는 태일옥장보법(太一玉帳步法)이다. 이를 선사 도선이 강정화에게 전했고 강정화가 나에게 전했다. 내가 늙으면 백수한에게 전하겠지만 여러 사람이 이 사실을 모르고 있다.
>
> __『고려사』 열전 묘청

위에서 말한 '태일옥장보법'의 내용은 알려져 있지 않지만 '보법', 곧 '걸음 걷는 법'이라 하는 걸 보아 축지법을 적은 것으로 보인다. 이 이름은 고대부터 전해진다는 『천부경』에도 보인다.

그런데 어느 봄날의 일이었다. 인종이 묘청의 권유에 따라 서경으로 갈 때 갑자기 비바람이 일고 캄캄해져 호위하던 군사들이 엎어지고 자빠졌으며 임금은 말고삐를 잡고 길을 잃은 채 진흙탕에 빠지기도 하고 나무와 돌에 부딪치기도 했다. 시종들은 임금이 간 곳을 몰라 우왕좌왕했고 궁녀들은 울부짖었다. 늦은 밤에는 날이 추워지고 눈까지 내려 말과 낙타가 죽기도 했다. 난처해진 묘청은 "내가 일찍이 이날 비바람이 불 걸 알고서 우사(雨師)와 풍백(風伯)을 달래며 말하길, 임금께서 행차하실 것이니 비바람을 일으키지 말라고 했는데 이처럼 약속을 지키지 않으니 매우 가증스럽다."고 말했다. 하지만이 우연한 일로 해서 인종은 묘청의 술수를 의심했다.

인종은 대화궁에서 임시로 정무를 보았다. 그러자 서경의 원로와 벼슬아치 50여 명은 임금에게 두 가지 일을 단행하라고 건의했다. 첫째는 '칭제건원(稱帝建元)'이요, 둘째는 '금나라 정벌'이었다. 칭제건원, 곧 임금을 황제라 일컫고 독자적인 연호를 쓰자는 것이요, 금나라 정벌, 즉 사대를 강요하는 금나라를 굴복시키자는 것이었다. 고려는 건국 초기와 달리 후기에 들어 강요에 의해 요에 복속하는 모습을 보였고, 새 황제의 나라 금에게도 같은 태도를 취했다. 시쳇말로 하면 고려가 남쪽에 옮겨간 송나라와 손을 잡고 금을 정벌케 되면 바로 국제적 발언권이 강화되어 민족 자주의 국가 기반을 공고히 할 수 있다는 것이었다. 이런 건의와 함께 완전한 서경 천도를 즉시 단행할 것을 끊임없이 요구했다.

이에 김부식 등 사대파들은 더욱 위기를 느끼고 있었다. 김부식 등은 이런 요구를 집요하게 반박하고 나섰고 용기를 내어 묘청을 죽이라고까지 요구했다. 임금도 대화궁을 짓고 난 뒤 계속 재앙이 따르고, 묘청 등이 이적을 말했으나 속임수가 있음을 간파해 서경 천도를 미루었다. 나중에는 정기적인 대화궁 행차를 중지하기에 이르렀고, 묘청은 절박한 처지에 놓였다.

묘청은 큰 떡을 만들어 기름을 넣고 대동강 가에 담가 두었다. 떡 속의 기름이 조금씩 새어 나와 물 위로 떠오르면서 찬란한 빛을 냈다. 묘청은 이를 가리켜 '신룡(神龍)이 흘린 침'이라고 떠들면서 서경이 상서로운 곳이라고 소문을 냈다. 인종은 의심을 품고 문공인 등을 보내 사실을 알아보게 했다. 마침 말다래에 기름칠을 하는 일꾼이 기름이 물에 뜨면 이상한 빛이 난다고 말했다. 그리하여 자맥

질을 잘하는 일꾼을 시켜 물속에 들어가 기름칠을 한 큰 떡을 찾아 냈다. 이는 반대파들이 묘청을 공격하는 빌미가 되었다. 이에 개경 파인 대신들은 연명으로 상소를 올렸다.

묘청, 백수한은 모두 요사스런 사람입니다. 그들의 말이 괴이하고 허망해 믿을 게 못됩니다. 근신인 김안, 정지상, 이중부, 환관인 유개를 복심으로 삼아 여러 번 서로 천거를 해서 성인이라고 가리켰습니다. 또 대신도 따라 믿는 자가 있습니다. 이래도 주상께서는 의심하지 않고 바른 사람과 곧은 선비를 원수처럼 미워했습니다. 바라옵건대 빨리 쫓아내소서.

_『고려사』 열전 묘청

인종은 귀가 솔깃했으나 신임의 끈을 완전히 놓지는 않아 묘청을 삼중대통(三重大統)으로 삼고 더 큰일을 맡겼다. 하지만 인종은 묘청이 서경에 순행(巡幸)해 달라는 요청을 미루기도 하고, 의심하기도 하면서 칭제건원을 실행하자는 요구를 깔아뭉갰다. 인종의 묘청에 대한 신임이 뜨악해지자, 김부식 등 개경파들은 민활하게 움직이면서 연달아 묘청을 비난하는 상소를 올렸다. 묘청은 일이 잘못 나아가고 있음을 느꼈고 결단을 내려야 했다.

동지의 배반

묘청은 1135년 1월 추운 겨울철, 동지인 유감, 조광 등과 함께 자신이 길러두었던 서경 지방의 군대를 동원, 개경에서 파견된 관리와 양반을 모조리 잡아 가두고 개성의 통로를 완전 차단했다. 북쪽으로 는 절령을 막아 북쪽의 침입 통로를 봉쇄하고 나서 군사를 두 길로 나누어 개경으로 쳐 올라가려 했다. 이들은 평양성 안에 있는 관풍 전에 모여 앉아 머리를 맞대고 나라 이름을 "대위(大爲)", 연호를 "천 개(天開)", 휘하 군대를 "천견충의(天遣忠義)"라 하여 국가 체계를 갖 추고 북쪽의 지방 수령을 새로 임명했다. 대위국은 모든 제도와 의 식에 황제의 나라임을 나타냈으나 묘청 자신이 황제의 자리에 나간 것은 아니었다. 다만 서경을 고려에서 떨어져 나간 독립 구역으로 만들어 버린 것이다. 해방구인 셈이다.

이때 백수한의 친구가 이 사실을 알고 백수한에게 몸을 빼서 개 경으로 오라는 내용의 서신을 보냈다. 백수한은 배반할 마음을 먹고 이 편지를 임금에게 올렸다. 인종은 이를 보고도 좀 더 사실을 알아 보라고 이르며 크게 놀라지 않았다. 적과 동지는 영원한 게 아니다. 이후 천견충의군이 주변 고을을 석권하면서 고을의 군사를 비롯해 물자와 말, 낙타를 거두어 간다는 보고가 연달아 들어왔다.

이때도 묘청은 인종을 여전히 황제로 받들고 있었는데 이는 아 마도 하나의 전략에서 나온 것인지도 모를 일이다. 그가 이렇게 일 대 사건을 일으키자 황해도 이북 지방이 이에 동조해 와서 그의 수 중에 떨어졌다. 묘청은 지방의 군사들을 속속 모아들였다. 별 준비 를 하지 않고 있던 조정에 뒤늦게야 이 소식이 전해지자 김부식 등 은 어찌할 줄 몰라 했다. 개경파에 사세가 불리하게 돌아간다고 판 단한 것이다.

인종은 반군을 회유하고자 사자를 서경으로 보냈다. 그러자 묘 청, 유감, 조광 등은 평양성 안에 있는 관풍전에서 사자를 맞이하였다. 그들은 뜰에 내려와 절을 하고 임금의 안부를 묻고서 술과 음식을 대접했다. 그러고 나서 봉서 하나를 주었는데 거기에는 '원하옵건대 주상께서는 서경으로 도읍을 옮기소서. 그러하지 않으면 틀림없이 변고가 있을 것입니다.'라고 쓰여 있었다. 이어 묘청은 임금에게 사자를 보내 거듭 임금이 서경으로 오면 인심이 진정된다는 건의를 보냈다. 여러 신하들이 이 사자의 목을 베라고 요구하자 인종은 도리어 그 사자에게 술과 음식과 폐백을 하사하고 벼슬까지 주어 돌려보냈다.

하지만 이후 인종은 어쩔 수 없이 김부식을 원수로 임명해 반군의 토벌에 나서게 하면서, 서경의 백성들도 모두 나의 적자이니 해치지 말고 수괴만 처단하라 일렀다. 그러나 김부식은 진상도 캐지 않고 왕의 당부도 저버린 채 개경에 있던 정지상, 백수한, 김안 등 세 사람을 잡아 궁궐 밖에서 목을 쳐 죽였다. 이 처사는 불법적 행동이었을 뿐만 아니라 전술적으로도 반란 세력을 더욱 자극하는 결과를 빚었다(당시 이 처사를 두고 많은 사람들이 김부식이 정지상보다 시작(詩作) 솜씨가 달리는 것에 앙갚음한 것이라는 비난을 받기도 했다).

토벌군 원수 김부식은 중앙의 군사로 서경의 주변을 포위하고 공격보다는 회유 작전을 썼다. 또한 육군 1만여 명 말고도 수군 4,600여 명과 전함 140여 척을 동원해 대동강을 압박하면서 일고여덟 차례나 항복을 권유하는 글을 보냈다. 이에 묘청과 거사를 함께했던 조광은 겁을 집어먹고 항복할 마음을 굳힌 채 기회를 엿보고 있었다.

이때 눈치를 살피던 서경의 토호들은 묘청과 유암 그리고 유암의 아들의 목을 베어 윤첨을 시켜 바쳤다. 김부식은 이 목을 저자 가운데에 매달아 조리 돌리고 윤첨을 가두고는 항복을 권유했다. 묘청의 목을 가져간 사자가 감옥에 갇히자 조광은 그 일을 후회하고 다시 맞섰으나 돌이킬 수 없는 일을 저질렀던 것이다. 게다가 김부식이 회유할 때와는 달리 사람을 마구 죽이자 조광은 다시 반란을 이어갔다.

이에 김부식은 서경의 사면을 완전 포위하고 총공격을 퍼부었지만 완강한 저항에 밀려났다. 관군은 한때 반군에 밀려 곤경에 빠지기도 했다. 반군은 몇 달 동안 서경을 굳게 지키고 고을을 점령해 출몰하면서 버텼다. 서경에 갇힌 반군은 때때로 성을 빠져 나와 노략질을 하기도 했다.

그들이 이렇게 가을까지 버티자 조정에서는 도원수 김부식에게 책임을 물으려는 분위기가 일어났다. 그리고 이 틈을 타서 금나라의 침입이 있을까 걱정하기도 했다. 그러자 김부식은 변명을 늘어놓는 글을 올렸다.

신이 서경을 보니 천연의 요새로 험하고 견고한 성곽이어서 쉽사리 격파해 빼앗기도 어렵거니와 더욱이 성안에는 병력도 많고 수비도 엄중해 매양 장사들이 먼저 올라가서 겨우 성 밑에 이르러서는 성첩을 뛰어 넘는 자가 없어 높은 사다리나 충거(衝車, 부딪쳐 파괴하는 무기)가 모두 소용이 없습니다. 어린애와 부녀자들도 벽돌과 기와를 던져 또한 완강한 적의 무리가 되었습니다. 그러므로 설사 5군들이 모두 성에 붙어 공격한다 해도 며칠이 지나지 못해 용맹 있는 장수와 정예한 병사가 모두 화살과 돌에 죽을 것입니다. 적이 우리의 힘이 꺾임을 알고 북을 울리고 고함치고 나온다면, 그 예봉을 당할 수 없을 것이니 어느 겨

를에 밖으로부터 오는 의외의 우환에 대비하겠습니까? 지금 수만의 병대를 연합하여 해가 차도록 결단을 내지 못한 것은 신이 마땅히 그 책임을 지겠습니다. 그러하오나 변방의 경비와 도적의 변란을 염려하지 않을 수 없으므로, 온전한 계책으로 이기어 사졸도 상하지 않고 국위도 꺾이지 않으려는 것입니다. 전쟁이란 본래 빠른 승리를 기약하지 않는 것이 있습니다. … 원하옵건대 적의 토벌은 신에게 맡기시어 신으로 하여금 편의종사(便宜從事)케 하시면 반드시 적을 격파하여 보답하겠습니다.

_『고려사절요』인종 13년

구차한 변명이었다. 평양성 안에서 조광의 지휘를 받는 반군들은 결코 녹록하지 않았다. 이렇게 지루한 8개월을 보냈다. 이해 11월에 들어 토벌군이 성 바깥에 토성을 쌓으려고 하자 반군은 반격을 거듭해 방해했다. 토산을 높이 8길, 길이 70여 길이 되게 겨우 쌓았으나 관군이 토성에 올라 불화살로 성안을 공격해도 별로 성과를 거두지 못했다. 이렇게 또 해를 넘겼다.

새해 2월에 들어 토벌군은 토성을 더욱 튼튼하게 하고, 성을 넘어가 불을 질렀다. 관군이 반복해서 공격을 펴자 인심이 동요를 일으켰다. 조광이 어찌할 바를 모르고 좌왕우왕할 때 가족들이 스스로 불을 질러 타 죽고 장수들도 목을 찔러 자살하는 자들이 늘어났다. 그리고 항복하는 자들도 점점 늘어나는 사이 조광의 모습은 보이지 않았다.

관군은 이 틈을 타 몰려 들어가서 성문을 지키고 창고를 봉인했다. 또 김정순이 군사 3천 명을 거느리고 관풍루에 자리를 잡고 질서를 잡아 나갔다.

마침내 도원수 김부식이 평양성 안에 들어가서 서낭당과 신묘(神廟)에 제사를 지내고 임금에게 글을 올려 반란을 평정했음을 알렸다. 묘청이 반란을 일으킨 지 꼬박 1년 2개월 만이다. 반군의 장수들은 거의 잡혀 현지에서 처형당했다. 또 나머지 많은 장수들은 잡혀 개경으로 압송되었다. 죽음을 면한 자들은 "서경역적(西京逆賊)"이라 자자(刺字, 얼굴에 먹물로 글자를 새겨 넣는 형벌)를 해 먼 섬으로 귀양보내고 그 다음 처벌이 가벼운 자는 "서경" 두 글자를 자자해 시골 산골로 귀양 보냈다. 그 나머지는 종으로 삼아 시골에 나누어 보냈다.

묘청, 조광, 유감 등 주모자급들의 가족은 모조리 종으로 삼아 동북 여러 성으로 보냈다. 이때 북쪽 여러 고을에서 잡혀 죽은 자가 수천 명이었다 한다. 평양성 전투에서 죽은 자는 이 숫자에 들지 않았다. 얼마나 죽였는지 김부식은 이를 이야기하지 않았다.

자주 세력의 좌절

김부식은 개경으로 돌아와 후한 상을 받았다. 공신 호칭은 수충(輸忠)으로 시작해 이부사(吏部事)로 끝나는데 글자가 모두 25자였다. 고려 건국 이래 가장 긴 공신 호칭을 받은 것이다. 이와 함께 서경의 벼슬아치를 줄이고 제2수도의 모든 규정을 철폐했다. 이로 해서 서북 사람들은 차별 정책에 시달려야 했다. 엄청난 국력의 소모를 가져온 이 사건으로 인해 평안도 주민을 "평한(平漢, 평안도 놈이란 뜻)"이라 불렀다는 말이 전해진다.

묘청은 동지의 손에 죽임을 당했으나 민중은 그를 잊지 않았다.

또 불교 세력이 지원 세력으로 등장하기도 했으나 그의 이단적 행동으로 말미암아 직접 압제가 가해지지는 않았다. 그는 비록 왕사로 추대되었으나 도선의 풍수설을 내세워 기존의 불교 세력과는 일정한 거리를 둔 탓이었을 것이다. 지금도 대화궁 터는 묘청의 이미지를 아련하게 전해 주고 있다.

이렇게 해서 대위국은 1년이 넘게 버틴 끝에 종말을 고했고, 인종의 꿈도 이와 더불어 무산되고 말았다. 당시 서경의 백성들은 끈질기게 맞섰는데 이에 대해 "서경 양반 관료들과 주민이 호응한 정변이 순전히 지배 계급 안의 정권 쟁탈전으로 끝나지 않고 봉건 지배 계급을 반대하는 투쟁으로 발전하게 된 중요한 원인은 서경과 그 부근의 민중들이 이 정변에 광범위하게 참여했다는 데에 있다."는 평가를 내릴 수가 있다.

이제 사대적 개경 세력은 묘청 또는 서경 세력이란 장애를 제거해 버린 마당에서 걸릴 것이 없었다. 그들은 더욱 많은 토지와 노비를 거느리고 호화 사치를 일삼았으며 특히 문신들의 발호는 이자겸에 못지않았다. 더욱이 이들은 철저한 사대적 태도를 취해 민족자주의식을 깔아뭉개며 현실 안존에 급급했다. 이런 탓으로 곧이어 무신 정권이 등장한 뒤에 몰락했고, 각지에서 일어난 농민 항쟁에 부딪혀야 했다.

물론 묘청이 서경으로의 천도를 추진하면서 지나치게 풍수설을 이용하려 했다는 비난을 받을 수도 있고, 또 당시 고려의 국력으로 보아 강력한 신흥국가 금나라를 정벌할 수 있었겠느냐 하는 의문이 제기될 수도 있다.

그러나 그가 고구려와 고려의 건국정신을 이어받아 나태와 안

일 속에 무기력을 드러낸 기득권층에 경종을 울리며 민족자주의식을 높이려 했다는 점은 결코 나무랄 일이 될 수 없다. 더욱이 이후의 고려와 조선이 외침으로 항복하거나 사대를 표방, 자기 비하를 일삼은 사실(史實)을 반성해 볼 때 그의 자주정신은 하나의 표상이 되고도 남는다. 그리하여 나라를 잃은 서러움이 뼈에 사무친 신채호는 사대모화를 질타하며 그의 정신을 기렸던 것이 아닌가.

신채호의 주장을 더 들어보면 이 사건을 "묘청의 서경 전역(戰役)"이라고 설명하면서 반역 사건이라고 표현하지 않았다. 이어 이 사건이 실패로 끝난 뒤 고려는 기상을 잃고 노예근성으로 전락했다고도 했다. 신채호의 논단이 과격하게 보일지 모르나 나라가 식민지가 된 마당에 누구보다도 민족사학을 추구한 역사학자로서 자주성을 강조하려는 의도로 읽힌다.

타락의 길 위에 핀 정혜결사

普照

보조

패기 넘치는 시골 출신의 청년 승려가 개성에 나타났다. 하지만 처음에는 승려 사회에서 별로 주목받지 못했다. 이 승려가 고려의 최고 고승이 된 과정은 고려 사회가 만들어 낸 것이나 다름없었다. 그는 바로 지눌(知訥, 1158~1210)이다. 지눌은 출신 배경이 높은 것도 아니요, 언변이 좋은 것도 아니요, 용모가 준수한 것도 아니었지만 굳은 신념에 차 있었다.

지눌은 불명으로 뒷날 스스로 지어 부른 소를 먹인다는 뜻의 목우자(牧牛子), 온 누리에 고루 불법을 비친다는 뜻을 따 붙여 준 보조(普照)로도 널리 알려졌다. 그는 이름에 걸맞는 삶을 살았다. 그리해 우리 역사에서 고려시대에 의천과 함께 나타난 2대 명승으로 우러름을 받는다.

참불자 노릇을 하자

지눌은 황해도 서흥에서 국학 학정(國學學正)이라는 낮은 벼슬을 한 정광우의 아들로 태어났다. 그러니 왕자인 의천과는 태어날 때부터 다른 환경에서 자랐다. 그는 태어나면서부터 병이 잦아 몸이 몹시 허약했다. 그리하여 여러 가지 약을 썼지만 잘 낫지 않았다. 그래서 그의 부모는 부처님께 발원하길 그가 건강해지면 출가를 시키겠다고 서약을 했다고 한다. 그는 이러한 운명에 따라 출가했다고 해야 맞을 것이다.

어린 지눌은 병이 나아 여덟 살의 나이에 아버지의 손에 이끌려 부모 곁을 떠나 출가했다. 지눌은 머리를 깎고 계를 받아 사미승이 되었지만 유명한 절에 들지 않아 일정한 스승이 없었다. 그리하여 스스로를 채찍질하며 정진을 거듭했다. 그는 스물다섯 살 되던 해

승과에 급제하여 승려로서의 출세 길에 발을 들여놓았다. 당시 승려로서 승과에 급제하는 것은 출세의 첫 단계였다.

당시 승려들은 명리를 탐하는 풍조로 가득했다. 많은 승려들 사이에 높은 자리를 차지하려는 풍조가 일었고, 파계를 일삼으면서 재물과 재산 늘리기에만 골몰해 있었다. 더욱이 나라에서는 큰 불사를 벌여 재정을 소모하고, 고승이라 자부하는 승려들도 불도의 실천보다 종파에 얽매여 분열을 조장하고 있었다. 당시 유자 출신의 최승로(崔承老)가 강한 어조로 질책한 바 있는 불교계의 비리는 심각한 지경이었다.

게다가 선종과 교종은 끊임없는 마찰을 빚었다. 불립문자 견성성불(不立文字 見性成佛)을 표방한 선종은 교종을 아주 낮게 보았고, 부처님 말씀을 토대로 중생을 제도해야 한다고 외치던 교종은 선종을 현실을 외면하고 있는 무리라고 매도했다. 앞서 살펴본 의천의 경우 이 둘의 조화를 꾀했으나 선종과 교종은 이미 신라 후기부터 대립해 온 터였다.

더욱이 당시 무신정권이 발호를 거듭하고 있어서 왕과 왕실은 숨을 죽이고 있었다. 무신정권은 때로 불교 세력을 이용하려 하기도 했으나 마찰을 자주 빚어 살육으로 이어지기도 했다. 이런 척박한 정치 현실 가운데 지눌에게 역사적 사명이 주어졌다.

지눌은 승려 사회의 개혁에 큰 관심을 쏟기 시작했다. 그리하여 처음부터 승과 합격에는 별 관심이 없었고, 오직 하나의 운동을 벌일 결심을 했다.

그는 승과에 합격하던 해 개경 보제사(普濟寺)의 담선법회(談禪法會)에 참석했다. 이 법회는 도반들이 모여 선의 이치를 토론하고 정진하는 모임이다. 이때 많은 불자들이 모여 있었는데 그는 같은 또래의 10여 명을 모아 놓고 이렇게 말했다.

우리는 법회가 끝난 뒤, 마땅히 명리를 버리고 산림에 은둔해서 뜻을 같이하는 결사(結社)를 만들자. 그리고 산속에서 늘 선정(禪定)을 익히고 지혜를 닦는 것으로 급선무를 삼고 예불과 경 공부를 하면서 직접 노동으로 운력(運力)하여 각각 맡은 바의 소임을 이룩해 나가자.

　　— 「권수정혜결사문(勸修定慧結社文)」, 『보조법어』

여기에서 '선정을 익힌다'는 것은 참선으로 자기 내면을 가꾸는 것, '지혜를 닦는다'는 것은 부처님 말씀을 공부하자는 것이요, 스스로 노동을 통해 고행을 하면서 몸소 실천하는 부처님 제자가 되자는 뜻이다. 이 말에 대해 이견들이 있었지만 그는 당시의 불교 폐단을 고치는 일에 열정을 가지고 설득해 나갔다. 그는 이때 벌써 정혜쌍수(定慧雙修)의 논리를 펴 선교의 합일을 찾았고, 그 운동을 진행시키기 위해 정혜결사(定慧結社)를 주장하고 나선 것이다.

　그는 모든 승직을 내던진 채 바리때를 짊어지고 번잡한 개경을 떠나 후진 남쪽 창평의 청원사(淸源寺)로 내려갔다. 그리고 그곳에서 매일 참선 수행을 하고 불경 읽기에 여념이 없었는데 하루는 혜능(慧能)의 설법을 모은 『육조단경(六祖檀經)』을 읽고 크게 깨달은 바가 있었다. 그는 여기에 부처의 참뜻이 담겨 있다고 생각했고, 특히 선정·지혜에 대한 명확한 간파에 크게 감동했으며, 갈등에서 벗어나 마음의 자유를 얻었다.

새 길을 찾아 나서다

그리하여 그는 자기의 갈 길을 이 설법에서 구했고, 따라서 이를 통해 자득의 경지에 들어섰다. 청년 나이인 지눌은 이렇게 몇 년을 보내고 거조사(居祖寺, 대구 팔공산에 있는 절)에 들었다. 그가 이곳에 오자 많은 동료들은 함께 머물러 주길 원했다. 그리하여 지눌은 거조사에 머물며 여러 종파의 승려들과 명사들을 접촉했다. 그리고 본격적으로 정혜결사운동을 벌였다. 1190년 그가 33세가 되던 해 「권수정혜결사문」을 찍어 돌렸는데 그 첫머리는 이렇게 시작했다.

> 삼가 들으니 땅에서 엎어진 자는 땅에서 일어나는 것이니 땅을 떠나 일어나기를 구하는 것은 옳음이 있을 수 없다.
>
> ＿「권수정혜결사문」, 『보조법어』

다음 이렇게 이어지고 있다.

> 한 마음이 미혹해 끝없는 번뇌를 일으키는 자는 중생이요, 한 마음을 깨달아 끝없는 묘용(妙用)을 일으키는 자는 모든 부처님이니 미혹하고 깨달음은 비록 다르나 요체가 한 마음에 말미암은 것이니 곧 마음을 여의고 부처를 구하는 자도 또한 옳음이 있음이 없도다.
>
> ＿「권수정혜결사문」, 『보조법어』

이 말처럼 마음을 떠나 부처를 구하는 것 또한 있을 수 없다는 논지를 편 것이다. 문답 형식으로 이루어진 이 글에서 정혜쌍수를 차분

하게 설득했고, 불자는 온갖 명리를 버리고 몸소 실천하며 불교의
혁신운동을 벌여야 한다고 했다. 마지막 구절을 보면 이러하다.

삼가 바라건대 선과 교와 유와 도를 닦으면서 세상을 싫어하는
고고한 사람이 티끌 세상을 벗어나고 높이 물외(物外)에 놀아서
안으로 행하는 도에 정밀해 이 뜻에 부합한다면 비록 지난 날
모임을 맺은 인연은 없으나 결사문의 뒤에 이름자 쓰는 걸 허락
하노라.

___「권수정혜결사문」, 『보조법어』

선과 교는 물론 유교의 선비와 도교의 도사들도 정혜결사에 동참해
달라는 요지이다. 그러니까 신라 시기에 제기된 유불선 합일사상마
저 수용한 것이다. 이 글은 인쇄되어 그의 제자와 동지들의 손으로
전국의 절에 배포되었다.

명쾌한 논리를 전개한 이 글이 퍼지자 불교계는 술렁이기 시작
했다. 지눌의 이름은 널리 퍼졌고, 그의 사상도 터전을 잡아갔다. 이
때에도 그는 정진을 거듭했고, 찾아오는 제자들을 가르치기에도 여
념이 없었던 것으로 보인다.

그는 또 새로운 돌파구를 찾아 나섰다. 그가 정혜결사의 이론을
좀 더 펴기 위해서는 내면의 깊이를 다져야 했다. 그리하여 1198년
몇몇 제자를 데리고 바리때 하나만을 든 채 지리산의 상무주암(上無
住庵)으로 거처를 옮겼다. 그는 조용한 이곳에서 피나는 정진을 거듭
했다.

그런 끝에 보각선사(寶角禪師)의 "선은 고요한 곳에 있지도 않고

매끄러운 곳에 있지도 않고 날로 쓰는 연줄이 닿는 곳에 있지도 않고 사량(思量)을 분별하는 곳에 있지도 않다."는 뜻을 터득했다. 참선은 진정 어디에 있는가. 그것은 은둔적 삶에만 있지 않고 현실에 뿌리를 박아야 한다는 것이었고, 진정한 보살행을 통해 중생 제도에 바탕을 두어야 한다는 뜻이기도 하다.

이제 그는 지리산에서의 산중 생활 3년을 끝내고 감연히 새로운 길을 찾아 나섰다. 그가 종래에는 은둔적 분위기를 갖고 있었지만 이때에 와서 대중과 접할 수 있는 곳을 찾아 나선 것이다. 그는 마흔이 갓 넘은 나이에 송광산 길상사(吉祥寺, 지금의 조계산 송광사)에 들었다. 그는 이 절에 자리를 잡고서는 정혜결사운동을 본격적으로 벌였다. 그는 또 이렇게 외쳤다.

참선과 지혜를 다 같이 공부하여 만행을 같이 닦으면 곧 어찌 헛되이 입을 꾹 다물고 있는 어리석은 선객(禪客)과 글만을 찾아 가르치는 미친 혜자(慧子)에 비하리오.
__「권수정혜결사문」, 『보조법어』

곧 참선만 일삼거나 불경만 가르치면서 각기 그것만이 옳다고 주장하는 폐단을 바로잡으려 한 것이다. 그러나 여기에는 한 가지 유의해 둘 것이 있다. 그는 비록 정혜쌍수를 주장했으나 참선을 윗자리에 두어야 함을 가르쳤다. 그의 선배인 의천이 교관겸수를 주장했을 적에 교를 우선해야 한다고 가르친 것과는 다소 상반된 시각이다. 아무튼 길상사에 그가 자리 잡고 있을 적의 광경을 이렇게 전한다.

…사방의 승려들이 풍문을 듣고 밀려와 길상사에 꽉 들어찼다. 심지어 높은 벼슬과 처자를 버리고 누더기 옷에 얼굴을 그을리며 동료와 함께 오는 자도 있었다. 명망 있는 귀인과 선비, 서민 수백 명이 밀려왔다.

__「보조국사비명」

이처럼 그가 설립한 정혜결사에는 많은 사람들이 몰렸다. 마침 길상사 옆에 정혜사라는 절이 있어서 그 혼동을 피하려 이름을 수선사(修禪社)로 바꾸었다. 그는 이 무렵 은둔적 모습을 걷어치우고 대중 속을 파고들며 현실 참여를 지향했다. 다시 말해 저술도 하고 제자도 가르치며 설법도 빠지지 않는 방법을 찾아 걸은 것이다. 이게 보살행이었다.

늘 그를 흠모해 왔던 왕자가 왕이 된 것은 1204년이었다. 새 왕희종(熙宗)은 친필로 "조계산 수선사(曹溪山修禪社)"라는 현판을 내려주었다. 그리하여 수선사는 국가가 공인한 결사운동의 중심지가 되었다.

부처란 곧 마음이다

그가 연달아 토해 내는 논리는 명쾌했다. 마치 원효의 재생을 보는 듯했다. 그가 비록 원효처럼 적극적으로 민중 속으로 파고들지는 않았으나 그 기저는 크게 다를 바가 없었다. 그가 마음에 대해 설파한 두 대목을 보자.

삼계(三界)의 뜨거운 번뇌가 마치 화택(火宅)과 같으니 차마 오래 머물러서 긴 고통 받음을 달게 여기랴. 윤회를 면하고자 할진대 부처를 구하는 것만 같음이 없나니 만일 부처를 구하고자 할진대 부처는 곧 이 마음이라. 마음을 어찌 멀리에서 찾겠는가? 마음은 몸속을 떠나지 않느니라. 색신(色身)은 거짓이라, 삶이 있고 없어짐이 있거니와 참마음은 허공과 같아서 끊어지지 않고 변하지 않음이라.

　_「수심결(修心訣)」, 『보조법어』

또 다른 문항에서는 이렇게 설파하고 있다.

지금 사람이 오래 미혹되어 있어서 자신의 마음이 참부처인 줄 알지 못하고 부처를 마음 밖에서 찾는다. 이렇게 되면 티끌처럼 많은 세월이 지나도록 몸을 사르고 팔을 태우며 뼈를 두드려 골수를 꺼내고 몸을 찔러 피를 내서 경을 베끼며, 밤을 지새우고 밥을 굶으면서 그 많은 대장경을 읽거나 여러 가지 고행을 한다 해도 이는 모래알을 삶아 밥을 지으려는 것과 같아 헛된 수고일 뿐이다.

　_「수심결」, 『보조법어』

비근한 비유를 들어 부처의 바른 가르침을 설파했다. 부처를 공부하지 않은 민중도 이를 알아먹을 수 있다. 아무리 경 공부를 하고 정진한다 한들 부처가 마음임을 알아야 바로 가는 것이라고 가르쳤다.

지눌을 찾아오는 이들 중에는 초심자도 많았다. 지눌에게는 이 초심
학인(初心學人)들을 어떻게 교육시켜야 할지 고심한 흔적이 보인다.
대뜸 고급 단계의 불경부터 공부를 하게 해서는 안 될 것이다. 그리
하여 그는 1205년 '초심의 학인들을 경계하는 글'인 「계초심학인문
(誡初心學人文)」을 지어 초보자들에게 배우고 외우게 했다. 그 앞부분
에서 이렇게 말문을 연다.

  무릇 처음 부처를 받들기로 마음먹은 사람은 모름지기 악한 사
  람을 멀리하고 어질고 착한 이를 가까이해야 한다.
  오계와 십계 같은 걸 받고 나서 잘 따르고 범하지 않고 지킬 줄
  을 알아야 한다.
  오로지 부처님의 거룩한 말씀에만 의지해 용렬한 무리들의 망
  령된 말을 따라서는 안 된다.
  이미 출가해 청정한 무리에 들었으니 늘 부드럽고 온화하고 착
  하고 공손함을 생각해야 한다.
  나만 잘난 척, 자신을 높이는 짓을 하지 말아야 한다.

위의 글 뒤에는 주변 사람들과 늘 화합할 것, 재물과 여색, 옳고 그름
을 잘 가리고 옷을 입거나 세수할 때도 조심할 것, 침을 함부로 뱉지
말 것 등을 적었다. 또 병든 이를 돌보아 주고 손님을 잘 맞이해 접대
할 것이며 생활은 검약하게, 음식은 절제할 것을 당부했다. 이처럼
불자가 아니라도 누구나 일상생활에서 지켜야 할 몸가짐과 덕목을
한 눈에 알 수 있게 적어 놓았다.
  그리하여 뒷사람들은 원효의 「발심수행장(發心修行章)」과 야운

의 「자경문(自警文)」을 묶어 『초발심자경문(初發心自警文)』이라는 교과서를 만들어 사미과에 든 학인을 가르쳤다. 지눌의 이 저술은 알기 쉽고 요령 있게 엮어 명저에 속한다.

어쨌든 이후 수선사는 바로 선교일치운동의 본고장이 되었고 당시 불교계에 새바람을 일으키는 본산이 되었다. 지눌은 쉰세 살의 나이에 46년의 법랍(法臘, 정식 승려가 된 후 지낸 세월)을 끝으로 수선사에서 열반했다. 이른 나이에 죽었으나 그래도 마흔일곱의 나이에 열반한 의천보다는 더 오래 살았다.

그는 살아서는 선교 일치를 위해 헌신한 고승으로, 죽은 뒤에는 나라에서 그의 공적을 기려 "불일보조(佛日普照)"라는 시호를 내려준 것으로도 명망을 얻었다. 예부상서 김군수가 왕명을 받아 쓴 비명의 한 구절을 읽어 보자. 먼저 그를 이렇게 평가했다.

만약 부허하고 거짓된 풍습을 물리치고 바르고 참다운 종지를 사모해 경전을 찾아 진리에 들어가도록 하고 마침내는 선정에 의지해 지혜를 내어 자기 몸에 얻어서 다른 사람에게까지 베풀어 선종의 기풍이 쇠했다가 다시 떨치게 하고 조사의 빛이 어두웠다가 다시 밝게 하는 사람이 있다면 그러한 사람은 가섭의 후손이며 달마의 종통으로 잘 계승하고 잘 전수한 자라고 이르지 않겠는가? 우리 국사가 바로 그분이다.

최고의 찬사로 보아야 할 것이다. 또 그가 설파한 쌍수(雙修)의 경지를 비명에서 이렇게 표현하기도 했다.

손가락으로 달을 가리킴이어, 달이 손가락에 있지 않네,

말씀으로 법을 설파함이어, 법이 말에 있지 않도다….

마음으로 마음을 전함이어, 둘이 아니요,

법으로 법을 줌이어, 이치가 가지런하도다….

대사의 몸은 둥우리에서 나온 학이요,

대사의 마음은 티끌 없는 거울이로다.

이 칭송은 지눌의 진면목을 잘 나타냈다고 볼 수 있겠다. 그는 결코 많은 나이를 산 것은 아니었지만 업적은 대단히 컸다. 그가 남긴 것은 현실운동 이외에 위의 결사문과 「수심결(修心訣)」·「진심직설(眞心直說)」 등의 글이 모아져 『보조법어』라는 이름으로 전해진다.

조계종에 끼친 영향

그가 열반한 뒤 고려의 불교계의 판도는 완연히 달라졌다. 명리를 좇던 승려들은 부끄러움을 느껴 타락의 길을 피했고, 선교의 우위 다툼은 뚜렷이 조화·화합의 길을 찾아가기 시작했다. 그리하여 고려의 불교계는 의천의 종지를 받드는 천태종과 보조의 종지를 받드는 조계종으로 양립하였다. 그 뒤 고려 말 고승으로 왕사를 지낸 태고화상 보우(普愚)와 이성계를 도와 조선조 건국에 공헌한 무학대사 자초(自超)도 보조국사 지눌의 맥을 이어 조계종의 조사가 되었다.

한편 송광사, 길상사 그리고 수선사는 조선조에 들어와 조계산 송광사로 명명되어 오늘날까지 이어져 오고 있다.

조선조의 불교는 유교국가의 지향으로 많은 압제를 받아 위축

되었다. 이런 마당에서 예전과는 달리 선교의 대립이 별로 첨예하지는 않았다. 그런 가운데 승려들 사이에서는 흔히 "선은 부처님의 마음이요, 교는 부처님의 말씀이라."는 말이 유행했는데 이는 모두 의천 또는 지눌의 가르침 때문이었다. 그리하여 조계종은 16국사가 배출되고, 또 조선시대 가장 큰 교단을 유지하며 내려왔다. 조일전쟁 때 구국의 길에 나선 서산대사, 사명대사도 모두 조계종 계통이었다.

현대는 어떤가? 비록 비구·대처의 이름 아래 많은 싸움을 벌였고, 또 외래종교로 불교의 교세가 위축되어 왔으나 지눌의 도맥은 불교의 중심 세력으로 자리 잡아 왔다. 하지만 오늘날 지눌이 살던 시대처럼 그가 실천한 중생 제도의 보살행을 거의 받들지 않고 일신의 안락과 명리를 추구하는 모습이 종종 눈에 띈다. 또 선교 일치와 화합정신은 거의 찾아볼 수 없고 싸움질로 세월을 보내고 있는 모습도 보게 된다. 지눌의 참된 정신을 되새겨 보아야 할 것이다.

우리 민족사의 시원을 밝힌 고려 국사

일

연

一
然

우리나라 사람 치고 일연(一然, 1206~1289)을 모르는 사람은 없을 것이다. 일연은 단군신화부터 삼국의 건국 설화인 선덕왕의 일화, 에밀레종에 얽힌 애잔한 이야기, 요석공주와 원효, 선화공주와 서동, 아사달과 아사녀의 무영탑 전설 등을 전한 인물이기 때문이다. 그는 정사에 기록되지 않은 재미있는 이야기를 우리에게 전하여 고대의 민족 설화와 민중 정서를 풍부하게 만들어 주었다.

이처럼 일연은 승려로 이름이 높다기보다 『삼국유사(三國遺事)』의 저자로 널리 알려져 있다. 그는 많은 저술을 남겼다고 하는데 오늘날 전해지는 것은 『삼국유사』뿐이다. 하지만 이 책 하나만으로도 민족문화에 큰 빛을 던져 주었다.

민속 설화 또는 불교 설화를 공부하는 사람들은 『삼국유사』의 줄거리를 따라 전국을 헤매고 있다. 이 책에만 기록되어 있는 저 남쪽 바닷가의 수로왕이나 허황옥의 설화가 담긴 가락국 이야기 등이 그 대상이다.

늦은 나이에 국사로 추앙된 승려

일연은 경상도 경산 땅에 살던 김씨 집안에서 태어났는데 해동 제일의 고승인 원효와 같은 고장 출신이다. 그는 여느 경우처럼 어릴 적에 출가했고 22세 때 승과에 수석으로 합격했다. 불명은 견명(見明)으로 불렀고 뒷날 일연으로 바꾸었다. 그 뒤 세속의 나이로 오래 살면서 전국의 절을 돌아다니며 정진을 거듭, 명망이 높은 고승으로 이름을 떨쳤다.

그는 1259년 대선사의 승계(僧階)를 받은 뒤, 1261년 56세의 나이에 원종의 부름을 받아 거처를 강화도 선월사(禪月寺)로 옮겼다. 이때부터 고려의 고승인 보조국사의 계통에 들게 되었다.

그가 살던 시대의 나라 사정은 참으로 위기의 연속이었다.

고려 후기는 무신정권이 들어서서 발호를 거듭했는데 그 시대 최고의 권력을 누렸던 최충헌은 후기 무신정권의 우두머리가 되었다. 많은 승려들은 무신정권에 맞서 줄기차게 항쟁을 벌였고, 무신정권과 불교 세력이 이렇게 갈등을 빚을 적에 몽골의 침략은 계속되었다.

1232년 최씨 무신정권은 고종과 왕실 사람, 그리고 벼슬아치들을 이끌고 몽골 침략에 장기전 태세를 갖추고자 도읍을 섬인 강화도로 옮겼다. 이어 1236년 호국의 의미를 담아 몽골군에 의해 불탄 대장경판을 다시 새기는 일에 착수했다. 이런 소용돌이 속에서 번뇌로 나날을 보냈던 일연은 마침내 대장경판 불사가 16년 만에 완성되자 이후 17년이 지난 1268년 왕명에 따라 그 낙성회를 주재했다. 그의 나이 63세 무렵이었다.

당시 전쟁은 끝나지 않았고 육지에서는 경상도와 전라도 아래 지역까지 몽골군이 석권하면서 백성들을 괴롭혔다. 몽골군은 곳곳에서 방화와 약탈을 자행하였다. 이런 암담한 나라의 현실을 몸소 겪고 보니 일연은 그의 정진이 한낱 부질없음을 뼈저리게 느꼈을 것이다.

고려는 40여 년 동안 강화도에서 버티다가 끝내 항복하고 왕은 개경으로 돌아왔다. 이는 고종이 무신정권을 무너뜨린 뒤에 단행된 것이다. 하지만 최씨 무신정권이 타도된 뒤에도 무신정권의 사병인 삼별초의 군사들은 끝까지 몽골에 항거하여 강화도를 벗어나 진도, 제주도로 옮기며 항전하다가 장렬한 최후를 마쳤다.

전쟁이 끝난 한참 뒤인 1277년 일연은 일흔두 살의 나이로 충렬왕의 배려에 따라 청도 운문사에서 기거하게 되었다. 그는 운문사에서 많은 제자를 길러 내 온 나라에 선풍을 일으켰다. 하지만 일연은 안타까운 현실을 외면할 수 없었다. 더욱이 원나라는 고려를 압박하여 연합군을 편성해 두 차례에 걸쳐 일본 정벌에 나섰다가 태풍을 만나 무수한 인명만을 잃으면서 실패를 거듭했다. 이런 일을 겪은 충렬왕은 원나라의 압박과 간섭을 받아 나라다운 나라를 지탱할 수 없었다. 충렬왕은 때때로 일연을 불러 가까이에 두고 설법을 들었다.

이 무렵부터 그가 『삼국유사』를 쓰기 시작했다고 보고 있다. 고희의 나이를 넘어, 더구나 승려의 신분으로 불교에서는 외전(外傳) 축에도 들지 않는 설화가 담긴 역사책을 쓴 뜻은 어디에 있었던가?

1282년 충렬왕은 그를 개경으로 불러 올려 직접 궁궐에 모시고 설법을 들었다. 이후 개경 광명사에 머무르게 하면서 때때로 강론을 들었다. 충렬왕은 왕비인 원나라 출신 공주를 데리고 광명사에 머물고 있는 일연을 네 차례 찾아갔고 내전으로 모시기도 했다. 다음 해 3월 충렬왕은 조정에 신하들을 모아 놓고 이렇게 말했다.

나의 선왕들은 모두 석문(釋門) 중에 덕이 높은 스님은 왕사로 모시고 더 큰 스님은 국사로 모셨거늘 덕이 모자란 나만이 그렇게 하지 않는다면 어찌 옳다고 할 수 있겠는가? 지금 운문 화상은 도가 높고 덕이 커서 모든 백성들이 함께 숭앙하거늘 과인이 어찌 스님의 자애로운 은택을 크게 입었음에랴. 마땅히 모든 백성들과 함께 높이 모시리라.

_ 민지, 「보각국사비명」

122

충렬왕은 일연을 국존(國尊)으로 추대하는 조치를 내렸다. 원나라에서도 최고 승직을 "국사"라 부르므로 고려에서는 종래의 국사를 "국존"이라 구별해 달리 불렀다. 그러니 국존은 한 등급 낮춘 호칭이라 볼 수 있다. 하지만 그가 죽고 난 뒤에 세워진 그의 비문 액제(額題)에는 이와 달리 "국사"라고 표기했다. 국가 자존을 지키려는 고육지책이었을 것이다.

아무튼 이 전갈을 받은 일연은 세 번 사양하다 결국 받아들였다. 그의 나이 일흔여덟, 받은 존호는 "원경충조(圓鏡沖照)"였다. 이는 '둥근 거울 골고루 비춘다'는 뜻이 아닌가. 이 무렵 충렬왕은 일연을 극진히 받들면서 구원을 얻으려 했고, 일연은 나라와 왕실을 구제할 방법을 찾느라 고심을 거듭했다. 무엇보다 그에게는 분주한 나날 속에서도 오랜 숙원인 『삼국유사』를 완성하는 일이 다급했다.

그는 국사로 추대된 뒤 늙은 어머니의 병환을 위해 간곡한 만류를 뿌리치고 개경을 떠나 고향 경산으로 내려갔다. 일연은 아흔여섯 살인 어머니를 극진하게 모셨으나 고령으로 작고했다. 이제야 한가한 시간을 갖게 되었다. 더욱이 조정에서는 군위 인각사(麟角寺)를 수리케 하고 전답 100경을 내려 주어 일연의 말년을 보내게 조치했다. 이렇게 하여 마지막으로 저술을 정리할 시간을 갖고 정열을 쏟을 수 있었다.

유사를 집필한 뜻

자기 민족이 외침을 받고 고난을 당할 적에는 어김없이 자주의식이 싹트기 마련이다. 고려가 몽골에게 고난을 겪은 뒤에 오늘날 전해지는 민족 서사시라 할 수 있는 두 편의 장편시가 나왔다. 하나는 이규보의 「동명왕편(東明王篇)」으로 고구려 건국 신화를 시 형식을 빌려 담았다. 다른 하나는 이승휴(李承休)의 『제왕운기(帝王韻記)』로 우리나라 역대 사실을 시로 읊었는데 여기에 단군, 삼국, 발해의 내용이 들어 있다.

일연은 이 두 민족서사시를 틀림없이 읽었을 것이다. 또 그가 태어나기 60여 년 전에 이루어진 김부식의 『삼국사기』도 읽었을 것이다. 사대유학자 김부식이 자기 나라의 역사를 기록하면서 중국 중심으로 얽어 짐(朕, 천자의 호칭)을 과인(寡人, 제후의 호칭)이라고 기술하는 따위의 사대의식과 단군, 발해 그리고 민속과 불교 이야기를 빼버린 편파적인 기술을 보고 분통을 터뜨렸을지도 모른다.

이런 두 가지 역사 분위기에 그 나름의 생각이 깊었던 이유로 새로운 책을 쓰려 한 게 아닐까? 일단 그가 엮은 『삼국유사』를 보면 다음과 같이 아홉 편으로 나뉘어져 있다.

왕력(王曆)편에는 삼국과 가락(駕洛)의 왕대(王代) 및 연표(年表)를 만들어 놓았고, 기이(紀異)편에는 고조선, 위만조선, 마한, 부여, 고구려, 백제, 진한, 신라, 발해, 후백제의 흥망성쇠를 담았다. 흥법(興法)편에는 불교 전래의 사실, 탑상(塔像)편에는 불상, 불탑에 관한 설화나 사찰의 유래, 의해(義解)편에는 신라 고승의 전기, 신주(神呪)편에는 밀교승의 신통, 감통(感通)편에는 수행의 설화, 피은(避隱)편에는 숨은 승려들의 일화, 효선(孝善)편에는 효행과 미담을 실었다.

위의 각 편에 나타난 대로 정사체인『삼국사기』와는 그 수록 내용을 전혀 달리하고 있음을 확인할 수 있다. 그는 지난 역사를 다시 쓰려는 의도보다『삼국사기』에 빠진 사실을 새로 담아 전하려 했던 것으로 보인다. 그는『고기(古記)』와 금석문(金石文) 등을 인용하기도 하고, 때로는 향가와 견문을 수집해 놓기도 했다. 그가 정사체의 기술 방법을 모를 리 없었을 테지만 그 체제를 완전히 달리하려 한 의도를 엿볼 수 있다.

그는 이 책의 이름을 '남겨진 이야기'라는 뜻의 "유사(遺事)"라 했다. 이는 기사본말체(紀事本末體)나 기전체(紀傳體), 편년체(編年體) 등 정사의 편찬 형식을 따르지 않았다는 뜻을 나타낸 것이다. 게다가『삼국사기』처럼 본기(本紀), 열전(列傳)으로 나누지도 않았다. 그러나 정사의 체제만을 갖추었다고 의미 있는 역사가 아님은 새삼 말할 필요도 없겠다.

『삼국유사』에는 일연이 후세에 전해 주고 싶은 이야기,『삼국사기』에는 기록되지 않은 이야기를 담으려 무진 노력한 흔적을 찾아볼 수 있다. 이들 이야기는 때로는 합리적이지 못하고 과학적 사실과 어긋나기도 하지만 거기에는 인간 정서가 깔려 있다.

유일한 민중 민속의 기록

흔히『삼국사기』는 문장이 유려하고 체계가 잡혀 있으나『삼국유사』는 문장이 경색하고 체계가 엉성하다고 말한다. 틀린 말은 아니지만 일연은 문장가가 아니었고,『삼국사기』편찬자들은 고정관념에 잡혀 있는 역사 교육을 받은 사관들이었다. 일연으로서는 자신의 생각을 담아내려 했지, 기왕의 역사책을 흉내 내고 싶지 않았을 것이다.

이 책은 무엇보다 앞에 단군 사적을 『고기』의 기록을 인용해 수록하여 민족사의 시원을 밝힌 점에 큰 가치가 있다. 그가 인용한 『고기』는 전해지지 않아 오늘을 사는 우리가 알아낼 수 없지만 이것이 단군에 관한 유일하고도 가장 오래된 기록이다. 만약 이 기록이 없었다면 우리는 개국 설화를 잃은 민족이 되었을 것이요, 홍익인간(弘益人間)의 이념이나 천손족(天孫族)의 자부심을 갖지 못하게 되었을 것이다.

이 대목에서 무엇보다 기억해 두어야 할 내용을 좀 더 설명해 보려 한다. 첫 머리 고조선 편에 『고기』를 인용하여 단군 사적에 대해 다음과 같이 기록하고 있다.

> 까마득한 예전 환인(桓因)의 서자 환웅(桓雄)이 자주 하늘 아래에 뜻을 두어 인간 세상을 탐냈다. 아버지가 아들의 뜻을 알고 아래로 삼위(三危)를 내려다보니 태백(太伯)이 인간을 널리 이롭게 할 수 있었다. 이에 천부인(天符印) 세 개를 주어 내려가서 다스리게 했다. 웅이 무리 3천을 거느리고 태백산 마루(곧 태백은 지금 묘향산)의 신단수(神壇樹) 아래에 내려오니 이곳을 신시(神市)라 이른다. 이분이 환웅천왕이다.

여기 '서자'는 장자가 아닌 다음 아들, '삼위'는 세 높은 산을 뜻할 것이다. 흔히 '아래로 삼위태백을 내려다보니…'라고 해석한다. '태백'이 뒤에도 나오니 삼위는 세 높은 산, 태백은 세 높은 산 중의 하나인 태백산으로 보아야 순리에 맞을 것이다. 태백산은 묘향산일 수도 있고, 백두산일 수도 있고, 태백산일 수도 있을 것이다. 이렇게 해석해야 순리에 맞다. 여기에는 환인, 환웅, 그리고 환웅이 가화(假化)해 곰과 혼인하여 단군(檀君, 또는 壇君)이 탄생해 세 주인공이 등장한다. 이것이 고조선 개국 설화요, 단군신화이다. 인용된 『고기』는 전해지지 않는다고 했으니 이 기록이 유일하다. 단군을 우리 겨레 시조로 만들어 준 기록이다.

다음 기록에는 마한과 낙랑국, 말갈과 발해, 부여 등의 건국 설화와 발생의 사실을 적어 까마득한 고대국가의 편린을 알려 주고 있다. 여기에서 말갈과 발해를 기록해 우리 역사와 겨레의 뿌리를 넓게 잡았다. 특히 남쪽 삼한(三韓)의 이야기는 우리 겨레의 또 하나의 뿌리를 알려 주는 내용이며, 오늘날 우리나라의 먼 유래의 근거를 제공하고 있다.

다음 삼국의 건국 설화를 적어 우리 겨레의 의식과 고대사상을 전해 주었다. 고구려 건국 설화로서 주몽이 알에서 태어난 이야기와 압록강 언저리에서 나라를 세웠음을 밝혀 또다시 천손족의 기원을 밝혔다. 신라는 육촌(六村)에서 시작되어 알에서 태어난 혁거세를 나라의 시조로 받든 이야기를 통해 신라의 기원을 알려 주었다. 백제는 주몽의 후손으로 고구려에서 떨어져 나온 비류와 온조가 남쪽으로 내려와 나라를 세웠다는 사실도 알려 주었다. 그리하여 백제는 고구려와 신라의 건국 설화와는 달리 사람이 힘을 길러 고대국가로 발전한 경우임을 알려 준다.

특히 여기에 실린 「가락국기(駕洛國記)」는 가야 나라들의 역사를 '복원'한 공로를 세웠다. 앞서 이야기한 바와 같이 인용한 『고기』

127

의 원본이 지금 전해지지 않기 때문이다.

「가락국기」의 내용을 요약해 설명하면, 하늘에서 내려온 황금 알에서 수로왕이 출현해 임금으로 삼았다는 것, 멀리 남쪽 바다로 들어온 허황옥을 왕비로 삼았다는 것, 마지막 단계에서 520년간 나라를 유지하다가 신라에 항복했다는 사실을 기록했다. 게다가 가락국 역대 왕들의 이름도 적어 놓았다.

여섯 가야의 나라로 이루어진 가락국은 독특한 정치 체제와 특이한 문화를 이룩한 사실도 담겨 있어서 오늘날의 유적 발굴에 기본 사료가 되고 있다.

한편 『삼국유사』에 수록된 열네 수의 향가는 고대 신라인의 정서를 전해 주는 보고이다. 또 민간의 다양한 전설은 당시 우리 겨레의 정서만이 아니라 의식의 원형을 알려주기도 한다. 아무튼 이 책의 내용은 고대의 역사만이 아니라 고대의 신앙, 사랑, 풍속, 언어, 예술, 인생관이 망라되어 있고, 정치, 경제, 사회의 편린을 전하고 있다.

이 책에 대해 안계현은 "『삼국사기』의 모습이 마치 요리해 놓은 채소와 같은 것이라면, 『삼국유사』는 밭에서 갓 뽑아낸 흙내 나는 싱싱한 채소와 같은 것"이라고 비교했다. 또 고운기는 "그 많은 기록 가운데 상당수가 그의 현지 답사와 더불어 이루어졌다는 사실이다. … 지은이의 발길이 애정 어리게 주어진 다음 치밀함과 정성이 배어 기록되었다는 점일 것이다."(『일연』)라고 평가했다.

이 평가는 저자의 집필이 골방에 앉아서 이루어진 게 아니라 현지 답사를 통해 이루어졌다는 걸 강조한 것이다. 다시 말해 발로 썼다는 뜻일 것이다. 하지만 이 말이 맞다 하더라도 본문에 『고기』 등 중국 기록을 참고한 걸 간과해서는 안 된다.

아무튼『삼국사기』는 비록 오늘날 전해지는 유일한 정사의 역사책이기는 하지만 사가(史家)가 재단하고 왜곡한 상처투성이의 조각품이요,『삼국유사』는 비록 엉성할지는 모르나 있는 원형 그대로를 고이 간수하여 전한 자연의 암석과 같다고 풀이할 수 있으리라.

우리는 이 책 속에서 고대인의 숨결을 느끼고 그들의 풋풋한 냄새를 맡는다. 그리고 한 사상가의 시대적 고뇌와 민족의식을 접할 수 있다.

그의 사적을 적은 비명에 이 책의 저술 사실이 빠져 있다. 그만큼 당시 승려들도 이 책에 별 가치를 두지 않았던 게 아닌가 싶다. 유불에서 말하는 외전(外傳)이기 때문일 것이다. 다만 그의 제자 혼구(混丘)가 마지막 권 첫머리에 "국존조계종가지산하인각사주지원경충조대선사일연찬(國尊曹溪宗迦智山下麟角寺住持圓鏡沖照大禪師一然撰)"이라고 기록해 이 책의 저자가 일연임을 적어 두었다.

우리 민족사의 보고

『삼국유사』에 대한 비판은 크게 두어 가지의 견해가 따른다. 첫째는 단군신화에 관한 것이다. 여기에『고기』의 기록에 따라 신수설(神授說), 천수설(天授說)을 설정하면서 하늘에 있는 환인을 불교의 제석천(帝釋天)으로 해석하는 등 불교적 색채를 가미했다는 것이다. 그리고 아무 비판이 없이 단군이 중국인 기자(箕子)에게 조선을 물려주고 산신이 되었다고 적은 것도 역사의식의 한계를 보여준다는 점이다.

둘째, 많은 이야기 속에 불교적인 것을 중심으로 다루었고, 불승, 불탑에 관해 지나치게 비중을 두었다는 점이다. 유가 사학자들이 공자의 가르침대로 역사서에 괴력난신(怪力亂神, 이성의 잣대로 설명하기 어려운 불가사의한 존재나 현상)의 내용을 쓰지 않은 것과는 그 뜻을 달리한다. 결국 고유의 신도(神道)사상 등 민간신앙이나 원형을 배제하고, 불교 관련 사적에 비중을 둔 탓으로 불승의 의식을 넘어서지 못했다는 나무람을 들을 수 있을 것이다. 그리고 『삼국사기』에서 고의로 빼거나 삭제한 사실을 역사가의 안목으로 더욱 보충하거나 수정하여 다시 수록하지 못한 것도 지적될 부분이다. 이런 부분에 좀 더 관심을 돌렸더라면 그 가치는 더욱 빛났을 것이다.

그에게 늘 의지하던 충렬왕은 앞에서 말한 대로 그에게 국사의 칭호를 주려 했다. 이때 일연이 원나라에서 쓰는 국사의 칭호를 거부한 탓으로 "국존"이라는 이름으로 바꾸어 주었다 한다. 이는 아주 철저한 자주의식의 발로였다. 그는 이런 의식을 가지고 이 책을 편찬했을 것이다.

그 뒤 그는 여든네 살 나이로 온갖 풍상을 겪은 끝에 인각사에서 조용히 열반했다. 지금 인각사에는 1295년 세운 비가 깨진 상태로 사리탑과 함께 보존되어 있다. 2006년 탄생 800주기를 맞이해 본디 모습의 비를 재현해 원래의 비 옆에 세워 놓았다.

『삼국유사』의 첫 간행 시기는 확실하지 않다. 현존하는 가장 오래된 판본은 1394년 경 간행된 것이다. 그 다음 오래된 1512년(중종 7)의 판본도 현존하고 있다. 이 두 판본은 모두 유교를 통치 이념으로 한 조선시대에 간행·보급된 것이다. 더구나 1512년 판본은 경주부윤 이계복이 새로이 발문도 붙였다.

이러한 모습은 유자들도 이 책의 가치를 인정했음을 보여준다. 그뿐만 아니라 조선시대 유자들이 영숭전(永崇殿) 등에서 단군을 기자 아래에 두어 국가의식을 거행했는데 세종·세조대에 이르러 이를 소목(昭穆, 세습의 계통을 구분하는 것)의 차례대로 수정해 제자리를 잡게 했다. 그리고 정두경(鄭斗卿) 등에 의해 단군이 찬양되고 안정복(安鼎福) 등에 의해 단군이 국조로 추앙되었다. 또 이 책에 발해를 민족사에 포함시킨 사실에 유의하여 18세기 유득공(柳得恭)은 발해사를 우리나라 역사로 포함시켜야 한다고 주장했다.

이는 모두 『삼국유사』의 기록에 근거한 것으로서 이것만으로도 그는 민족사에 큰 공헌을 한 것이리라. 그 뒤에도 일제 시기 이 책에 대한 연구가 줄기차게 이어졌고 오늘날에는 문화인류학적인 접근, 민속학적인 규명이 아울러 이루어지고 있다.

이런 그를 두고 누가 민족사학자·민중사학자라고 부르는 데 인색하겠는가. 그래서 고승이라는 평가보다도 이 책의 저자로 더욱 알려지게 되었다.

고려 개혁정치의 선봉장

遍照　　　　　변조

공민왕은 임금이 된 뒤 많은 과제를 안고 있었다. 바깥으로는 원나라의 내정 간섭을 어떻게 벗어나야 할지, 안으로는 기득권 세력의 횡포를 어떻게 막아야 할지를 두고 골머리를 앓았다.

공민왕은 왕실 전통에 따라 부처를 받들면서도 승려들이 누리는 특권을 제한하려는 의지를 가지고 있었다. 공민왕은 과감한 결단을 내려 절의 토지에 조세를 거두고, 거기에 소속된 노비들은 부역에 동원케 했으며, 함부로 절을 짓지 못하게 하고, 승려가 된 자는 반드시 도첩을 받되 집에서 거처하지 못하게 했다.

이 과정에서 때로는 이색 등 신진 유학자를 등장시키기도 했으나 별 성과를 내지 못했다. 그러던 중 변조(遍照, 속명 辛旽, ?~1371)를 등장시켜 새 기풍을 불어넣고 개혁을 단행하려 했다. 그리해 많은 풍파가 일어났다. 이 이야기를 끌어가면서 한 가지 미리 밝혀둘 것은 변조에 대한 지난 역사 기록이 객관성을 잃고 왜곡한 내용이 넘쳐난다는 사실이다. 여기에서는 되도록 객관성을 유지하면서 흥미진진한 그의 이야기를 나름대로 풀어 보려 한다.

새 왕사, 보우와 혜근

공민왕은 먼저 보우(普愚, 호 太古)를 불러 올렸다. 보우는 원나라에 들어가 불법을 익힌 뒤 중국의 남쪽 지방을 두루 여행하고 돌아온 승려였다. 그는 왕실의 비호를 받으면서 고승으로 우러름을 받았고, 많은 불교 세력을 거느려 새로운 바람을 일으켰다.

유학자들의 모함일 것 같지만 보우에 관한 기록 중 부처님에게 공덕을 쌓기보다 국가 경영에 더 힘쓰라고 임금에게 당부했다는 내용과 토호처럼 행세하고 사판승으로서 권력을 쥐었다는 내용이 있다.

공민왕이 보우를 불러 불법을 묻자 "임금의 도리는 교화를 밝히는 데 있지 꼭 부처를 믿을 필요는 없습니다. 만일 국가를 다스리지 못한다면 비록 부처를 근실히 받들더라도 무슨 공덕이 있겠습니까? 이를 못한다면 태조(왕건)께서 배치한 절 외에 새로 짓지 마십시오. 또 임금이 삿된 사람을 버리고 바른 사람을 쓴다면 나라를 다스리기에 어렵지 않을 것입니다."라고 말했다. 아리송한 대답 같지만 좋은 말로 들린다.

한편 보우가 내원당과 봉은사에서 설법할 때에는 왕과 왕비가 예물을 바치고 극진히 모셨으며 그의 제자 300여 명에게도 옷감과 가사를 골고루 선물했다고 한다. 1356년(공민왕 5) 그는 공민왕에 의해 왕사로 추대되었고, 그 뒤 선종, 교종의 절을 가릴 것 없이 주지 임명권을 쥐고 흔들었다. 그는 이제 고승으로서보다 불교 행정권을 거머쥔 사판승으로 군림하게 되었다.

보우가 국가정책에 직접 간여한 중요한 사건이 있었다. 보우는 남경(한양)에 천도하면 36국이 조회를 올 것이라고 건의했고, 공민왕은 이 말에 따라 남경에 궁궐을 지으라고 지시했다. 남경 천도론은 고려 중기인 숙종 때부터 추진되다가 중단된 적이 있어서 이때 처음 시도한 것은 아니었다. 천도는 바로 개경에 근거를 튼 기득권 세력의 뿌리를 흔드는 조치일 것이다. 이때 천도는 중단되었으나 뒤에 이성계에 의해 실현을 보았다.

한편 공민왕은 후기에 혜근(惠勤, 호 懶翁)을 발탁하여 왕사로 받들었다. 혜근도 회암사에서 수도하다가 보우처럼 북경에 가서 15년 동안 인도승인 지공(指空)의 가르침을 받고 중국 남방불교를 익힌 고승이었다. 그가 고국으로 돌아올 때 지공은 "그대의 나라 고려로 돌아가라. 돌아가서 산이 세 개 모여 있고 강줄기 둘이 흘러가고 있는 자리에서 불법을 펴면 불법은 자연스레 일어나리라." 했다. 그는 회암사에서 수도한 탓으로 회암사를 삼산이강지지(三山二江之地, 세 산과 두 강이 모인 땅)라고 믿고 자신의 근거지로 삼았다. 따라서 보우, 혜근은 둘 다 회암사파라고 말할 수 있다.

공민왕은 혜근을 왕사로 받들고 송광사를 동방 제일의 도량으로 지정하며 선풍과 교풍을 크게 일으키기를 당부했다. 공민왕은 그러면서 그가 고려 사회의 새로운 기풍을 떨치기를 바랐지만 혜근은 57세의 나이로 열반하고 말았다.

신돈의 화려한 등장

1365년 노국대장공주가 죽었다. 공민왕은 노국대장공주를 무척 아꼈는데 그 슬픔을 이기지 못해 정사를 돌보지 않고 7일마다 의식을 벌여 많은 승려들을 동원했다. 또 빈소가 있는 곳에서 절 문에 이르기까지 찬란한 깃발이 길을 덮었으며 비단으로 절 건물을 휘감았다. 게다가 공주의 무덤을 꾸미느라 나라 살림이 거덜나고 있었다. 이로해서 공민왕의 개혁정치는 빛을 잃었으며 곧은 벼슬아치와 백성들의 원망이 치솟았다. 새로운 돌파구가 요구되었다.

공민왕은 정신을 가다듬고 새로운 활로를 모색했다. 공민왕이 임금에 오른 지 열네 해 되던 해인 1365년 5월, 변조를 조정으로 불렀다.

변조는 "변조광명(遍照光明)"에서 따온 말이다. 이는 '시방 세계에 두루 비치어 이르지 않는 데가 없는 아미타불의 광명'을 뜻한다.

변조의 내력에 대한 기록을 보면 "영산 사람으로 어머니는 계성현 옥천사의 계집종이다. 어려서 중 이름이 변조, 자는 요공인데 어머니가 천한 신분이라고 해서 그 무리들과 어울리지 못해 늘 산방(山房)에서 지냈다."(『고려사』 열전)라 했다. 그의 출생 배경이 이러했으니 세상 살아가는 데 여간 험난하지 않았을 것이다.

변조는 영산 출신이라 했고 옥천사는 계성에 있다고 했으니 두 곳은 지금 창녕에 속하는 면 단위 지역이다. 아마도 그의 아버지는 이곳 토호로 계집종을 첩으로 얻어 변조를 낳고서 절간에 내팽개친 것으로 보인다. 그러니까 어린 변조의 삶이 너무나 고달팠음을 넉넉히 짐작할 수 있을 것이다.

변조는 어린 나이에 출가했으나 다른 승려들과 잘 어울리지 않고 늘 외롭게 지냈다 한다. 그는 장년의 나이에 무슨 청운의 꿈을 꾸었는지 머나먼 송도로 올라왔다. 수려한 송악산 아래에 자리 잡고 있는 고려의 도읍지 개경은 화려했다. 그가 처음 이곳으로 발길을 옮겼을 때 자신이 이곳을 손바닥에 올려놓고 가지고 놀 줄은 스스로도 몰랐을 것이다. 관계 기록을 종합해 보면 변조는 개경으로 올라와 이곳저곳을 기웃거리면서 안면을 텄던 것으로 보인다. 그의 능란한 변설과 잘생긴 용모는 사람들의 마음을 휘어잡았던 것으로도 보인다. 그들 중에는 김원명이라는 한 벼슬아치가 있었다.

공민왕의 근신인 김원명은 변조를 '큰 인물'이라고 해 공민왕에게 추천했고, 시골의 천한 승려는 마침내 공민왕을 만나게 되었다. 변조는 문자를 몰랐으나 장부다운 기상이 있었고, 남을 설득시키는 변설이 좋았다고 한다. 겨울이든 여름이든 늘 해진 납의(衲衣) 한 벌만을 입었다고도 한다. 공민왕은 변조를 불러 사부로 삼고 정사를 맡기고는 늘 애지중지했다. 그런 뒤 변조를 속명인 "신돈(辛旽)"으로 불렀다. 변조는 이때부터 벼슬아치로 대우를 받은 것이다. 이제부터 그를 "신돈"이라 부르기로 하자.

공민왕이 신돈을 불러 나라 정사를 맡긴 것은 공민왕의 정책에 대해 반대만 하는 세력을 제거하려는 데에 초점을 맞춘 것이다. 이에 대해 실학자 안정복은 '공민왕이 대족 출신의 세신(世臣)과 초야 출신의 신진과 문생(門生) 좌주(座主)로 패거리를 짓는 유생 등 세 부류는 쓸 만하지 못하다고 여겼다'라고 썼다. 또 이렇게 기록했다.

세상을 떠나 우뚝 홀로 서 있는 사람을 얻어 인습으로 굳어진 폐단을 개혁하려고 했다. 그러던 즈음 신돈을 보고 나서, '그는 도를 얻어 욕심이 적으며 또 미천한 출신인데다가 일가친척이 없으므로 일을 맡기면 마음 내키는 대로 하여 눈치를 살피거나 거리낄 것이 없으리라'고 생각했다.

_『동사강목』

안정복의 이런 기술은 당시의 사정을 정확하게 이해하고 신돈의 발탁 배경을 잘 짚었다는 평가를 들을 만할 것이다. 후세의 유학자들도 누구를 가릴 것 없이 신돈을 나무라고 깎아내리기에 열중했는데 안정복은 조금 달랐던 것이다.

신돈은 조정에 들어오면서 먼저 공민왕의 약속을 받아냈다. 공민왕은 손수 '스승과 나는 사생을 같이할 것을 부처님과 하늘에 맹세한다'는 글을 썼다.

신돈은 먼저 조정 인사를 단행하여 많은 고관을 유배 보내거나 좌천시켰다. 그는 먼저 최영을 조정에서 쫓아 버리는 일을 벌였다. 최영은 그해 가뭄이 들고 병충해와 지진이 일어났는데도 사냥을 다녔다. 공민왕은 신돈의 말을 듣고 최영을 계림윤(鷄林尹, 경주 수령)으로 쫓아냈다.

이 일의 배경이라 알려진 사건이 있었다. 신돈이 밀직 벼슬을 하는 김란의 집에 머물고 있었는데 김란이 두 처녀를 들여보내 주었다 한다. 그런데 최영이 이를 보고 김란을 꾸짖자 신돈이 악감을 가져 이런 일을 저질렀다 전한다. 하지만 개혁에 방해가 되는 기성세력의 우두머리를 쳐낸 것이 아니겠는가?

신돈은 임금과 함께 여러 행사에 참여했다. 여러 왕릉에 함께 참배하기도 하고, 절에서 설법을 벌일 때에도 자리를 함께하였으며, 격구를 구경할 때에도, 궁중에서 잔치를 벌일 때에도 임금과 나란히 앉았다. 그는 임금에게 절을 하지 않았고, 말을 타고 다닐 적에도 임금과 나란히 몰았다. 그가 나들이할 때에는 기마 100여 기가 따랐다. 이를 두고 벼슬아치들은 임금과 같은 행세를 한다고 지탄하면서 '군신의 예가 없어졌다'고 나무랐다. 하지만 국사·왕사에게는 임금이 절을 하고 상좌에 모시는 고려 왕실의 전례가 있음을 기억해 둘 필요가 있다.

이래저래 기성세력은 그를 철저하게 매도했다. 신돈을 가리켜 서슴없이 요승이라고 손가락질하면서 '나라를 망치고 있다'고 꾸짖었다. 원로대신인 이제현이 신돈을 향해 '흉측한 사람으로 화를 불러 올 것'이라고 나무라자 신돈은 이에 맞서 다음과 같이 외쳤다.

유학자들은 좌주 문생이라 일컬으며 조정 안팎에서 서로 끌어 주고 밀어 준다. 그래서 멋대로 자기네들 하고 싶은 대로 한다. 이제현의 문생들은 세력을 넓혀 드디어 온 나라에 가득한 도둑이 되었다. 유학자의 해독이 이와 같다.

_『고려사』 열전 이제현

이제현과 그를 추종하는 유학자들을 '유자 도둑'으로 몰아붙인 것이다. 어쨌거나 이 도둑이나 저 도둑이나 도둑인 것은 매한가지 아닌가.

또 재상 임군보는 공민왕에게 "변조는 출신이 중입니다. 아무리 나라에 인재가 부족하다고 한들 미천한 중에게 정사를 돌보게 하여 천하에 웃음을 삽니까?"라고 말하면서 신돈을 헐뜯었다.

이와 달리 아래 벼슬아치들은 신돈의 곁으로 몰려들었다. 그의 행동은 신속했고 인사 처리도 일사불란하였다. 신돈은 집권한 지 석 달 만에 공민왕이 늘 불안하게 느끼던 대신들을 거의 파면·축출하고 좌주 문생의 파벌도 없애 버렸으며 최영과 함께 무신들마저 조정에서 쫓아 버렸다. 신돈은 김부식보다 긴 51자의 직함을 받았는데 대체로 '공신으로서 행정의 총 책임을 맡고 관리의 비리를 적발하는 감찰 업무와 승려에 관련된 일과 천문과 기상과 복서를 보는 책임을 맡긴다'는 뜻이었다.

그는 자신의 저택을 갖지 않고 남의 집에서 거처하며 조정에 나올 적에는 관복을 입고 머리를 길렀으므로 사람들은 "비승비속(非僧非俗)"이라 불렀다. 유생 출신인 이존오는 용감하게도 공민왕에게 이렇게 외쳤다.

전하께서 이 사람을 공경하고 백성에게 재앙이 없게 하려면 그의 머리를 깎이고 승복을 입힌 뒤 관직을 빼앗아 절로 보내야 합니다.

_『고려사』열전 이존오

공민왕은 곧바로 이존오를 감옥에 가두었다가 시골로 쫓아 보냈다. 공민왕의 의지는 이처럼 단호했다. 이런 일이 있은 뒤 한동안 누구도 신돈을 함부로 꾸짖고 나서지 못했다. 그저 뒷전에서 앙앙불락할 뿐이었다.

양인·천민의 성인

신돈이 조정에 나온 지 1년이 되는 때인 1366년 5월, 신돈은 마침내 전민변정도감(田民辨整都監)을 설치하고 자신이 이를 총괄하는 판사의 자리에 앉았다. '전민'은 토지와 여기에 딸린 노비 등 일꾼을 뜻한다. 이를 알리는 유시를 적은 방문(榜文)이 방방곡곡에 내걸렸다. 그 글의 요지는 이러하다.

근래에 기강이 크게 무너지고 탐학이 풍조를 이루었다. 종묘, 학교, 창고, 사사(寺社)의 녹전(祿轉, 녹봉의 재원), 군수전(軍需田, 군사 경비로 쓰는 토지) 및 나라 사람이 대대로 일구던 토지와 백성을 호강(豪強)의 집들이 거의 깡그리 차지했다. 더러 이미 돌려주기로 결정된 것도 돌려주지 않고 곧바로 집어 갔으며 더러 양민으로 인정했어도 종으로 삼는다. 주현의 역리(驛吏), 관노(官奴) 그

리고 역을 피한 백성이 크게 설치한 농장에 숨어들었다. 그리
해 백성을 병들게 하고 나라를 삐쩍 마르게 했으며 홍수와 가뭄
을 불러오고 역질이 그치지 않았다. 지금 도감(都監, 임시 기구)을
설치해 서울은 15일을 한도로, 여러 도는 40일 동안 조사해 바
로 잡으려 한다. 이를 알고도 스스로 고치지 않는 자는 기한이
지난 걸 묻지 않고 일이 발각되는 대로 다스릴 것이며 거짓으로
소송하는 자는 반좌(反坐)로 다스린다.

_『고려사』 열전 신돈

많은 사람들이 떨면서 귀추를 엿보고 있었지만 공민왕은 느긋이 이
를 바라보고 있었다. 이인임, 이춘부 등이 일을 처결했고, 신돈의 부
하인 최사원, 기현 등은 민활하게 움직여 산더미 같은 자료를 쌓아
놓고 낱낱이 검토하고 분석했다. 신돈은 하루 걸러 도감에 나와 일
을 낱낱이 처결했다.

그는 불법 점거한 토지, 농장에 불법으로 소속된 노비와 부역을
도피한 양민을 찾아내 정리하는 작업을 시작했다. 거대 사찰도 예
외가 아니었다. 전국은 달군 가마솥처럼 들끓었다. 많은 농장주들이
겁을 집어 먹고 빼앗은 토지와 양민을 본래 주인에게 돌려주었다.
좋아 날뛰는 사람이 있는가 하면 속이 부글부글 끓는 사람도 있었
다. 귀족과 토호 출신 농장주들은 벌벌 떨면서 그 귀추를 엿보았다.
한편 토지를 빼앗겼던 소지주들은 자기 것을 되찾는다는 희망에, 농
장에 강제로 투입된 노비들은 자유민이 된다는 기대에 부풀었다.

신돈의 인기는 송악산 높은 줄 모를 정도로 치솟았다. 많은 천
민과 노비들이 신돈을 직접 찾아와 양인이 되게 해 달라고 간청했

다. 신돈은 이들의 요구를 거의 들어 주었다. 그는 강제로 노비가 된 자 이외에 본래 노비였던 사람들도 양인으로 만들어 주었다. 어느 종은 낭장(郎將)이 되었는데 어느 날 말을 타고 가다가 옛 상전을 만났으나 말에서 내리지 않자 상전이 채찍으로 내리쳤다. 그 낭장이 신돈을 찾아가 호소하자 신돈은 그 상전과 그의 가족을 감옥에 가두었다.

이 사건을 두고 사람들은 '신돈이 한쪽의 주장만을 들어 바르게 가려내지 않았다'고 비난했다. 반면 양인과 노비들은 이곳저곳 떼지어 몰려다니며 "성인이 출현하였다."고 외쳤다. 그 무렵 개경에는 "진년 사년에 성인이 나온다[辰巳聖人出]"라는 말이 떠돌았다. 진년은 갑진년, 사년은 을사년, 곧 공민왕 13년과 14년을 뜻한다고 풀이했다. 신돈이 개경으로 올라와 조정에 불려 나온 시기와 맞아 떨어진다. 이를 두고 사람들은 그 성인이 신돈을 가리킨다고 했으며 신돈 자신도 이를 인정했다. 아무튼 양인이나 노비들의 처지로 보면 너무나 당연했으나 지주와 양반들은 세상이 막돼간다고 여겼다.

부녀자들도 억울한 일을 송사(訟事)하고자 신돈을 찾아가면 그 일을 반드시 해결해 주었다. 부녀자들은 신돈을 만나기 위해 끝없이 그의 집 앞으로 몰려들었다.

연복사에서 문수회를 벌일 때 일이다. 신돈이 설법을 하다가 비가 오는데도 전(殿) 밖에 몰려 서 있는 여자들을 보았다. 그는 공민왕에게 "선남선녀들이 윗자리로 올라와 문수보살과 인연 맺기를 원합니다. 부녀자들로 하여금 전 안으로 들어와 설법을 듣게 해 주십시오."라고 요청했다. 설법을 베풀 때 부녀자들은 전의 바깥에 있는 것이 당시의 의례였다. 그런데 이때 처음으로 부녀자들이 전 안에 들어와 설법을 듣는 관례를 만들었다. 설법이 끝난 뒤 신돈이 부녀자들에게 떡과 과일을 나누어주자 기뻐하며 "첨의(僉議, 신돈의 직책)께서는 문수보살의 후신이십니다."라고 감격해 했다. 이에 대해 다음과 같은 기록도 있다.

> 신돈이 겉으로는 공의를 빙자하고 있으나 실상은 사람들에게 환심을 사려고 하여 무릇 천한 노비들이 양민이 되겠다고 호소한 자는 한결같이 이를 양민으로 만들었다.
>
> ―『고려사절요』 공민왕 15년

고려의 역사를 국왕 중심으로 적은 『고려사』 세가(世家)에는 이 사실을 한 줄도 다루지 않고 신돈을 반역자로 다룬 열전에만 소개했다. 신돈이 한 일은 모조리 반역 질로 다룬 것이다.

신돈은 자주 불사를 벌였으며 장단에 낙산사를 지어 원찰로 삼았다. 이 절을 짓고 난 뒤 연이은 흉년 끝에 풍년이 들어 공민왕을 흡족하게 했다.

한편 공민왕은 30대 중반의 나이인데도 아들이 없자 연복사에서 문수회를 베풀어 아들 두기를 기원했다. 이때 명주로 수미산을 만들고 산을 둘러 큰 촛불을 밝혔다. 초의 굵기가 기둥만 하고 높이가 한 발이나 되었다 한다. 진귀한 음식과 조화(造花)가 넘쳐흐르는 속에 승려 3백 명이 범패를 부르며 산을 돌았다 한다. 이 행사에 참여한 승려가 8천여 명이었다 하니 얼마나 많은 경비를 쏟아 부었겠는가(『고려사』 열전 신돈). 공민왕과 신돈은 이 정도의 불사를 자주 벌였다고 했으나 이것도 유학자들이 흠집을 내려 왜곡하고 과장했을

144

것이다.

이 무렵 신돈은 또 하나 큰일을 꾸미려 했다. '개경은 정기가 쇠했으니 도읍지를 평양으로 옮겨야 한다'고 주장한 것이다. 신돈은 예전 묘청이 풍수설을 내걸고 서경천도운동을 벌인 사실을 잘 알고 있었을 것이다. 다음의 기록을 보자.

> 이때 신돈이 『도선비기』에 '송도는 왕기가 쇠진했다'는 말을 내세워 임금에게 평양으로 도읍 옮길 것을 권유했다. 임금은 마침 노국공주 영전(影殿)을 짓는 일에 정신이 빠져서 듣지 않았다.
>
> _『고려사절요』 공민왕 16년

한데 실제로 공민왕은 신돈을 평양에 보내 터를 보게 했다. 신돈은 이춘부 등을 데리고 평양의 지세를 돌아보았다. 그의 일행이 평양에 갈 적에 임금의 행차와 같을 정도로 위의가 성대했다고 한다. 다만 신돈은 늘 자신의 일을 반대하는 개경 세력을 꺾으려는 의도로 천도를 계획했을 것이지만, 공민왕은 이를 머뭇거리다가 받아들이지 않았던 것이다.

기득권 세력을 향한 개혁의 칼날

공민왕은 신돈의 천거로 천희(千禧)를 국사, 선현(禪顯)을 왕사로 삼았다. 불교 개편을 예고하는 조치였다. 그동안 공민왕은 여러 모로 보우의 자문을 받았고, 또 보우에게 선종의 구산을 통합하여 하나의 종(宗)으로 개편하게 했으나 뜻을 이루지 못했다. 사실 보우는 불교

145

개혁의 의지는 있었으나 과감하게 추진하지 못하는 한계를 지녔다.

아무튼 천희와 선현은 신돈과 가까이 지내고 있었다. 천희는 일찍이 화엄종에 들어 부인사, 개태사 등의 절에서 수도했고, 중국 남쪽인 절강성에 가서 불법을 배우고 돌아온 뒤에는 치악산에 머물러 있으면서 정진했다. 공민왕은 그에게 대화엄종사 선교도총섭(禪敎都摠攝)의 직함을 주어 불교를 총괄하는 책임을 맡겼다.

선현의 내력은 자세히 알려져 있지 않으나 유학자 출신의 벼슬아치 윤소종이 이름을 들었다고 말한 것으로 보아 명망이 있었던 것으로 보인다. 공민왕이 선현을 왕사로 추대하면서 절을 할 때 서서 받았다고 한다. 그의 기개가 남달랐던 것으로 짐작된다. 역사 기록에 그의 이름이 자주 등장하지 않은 것은 그의 활약이 미미한 탓으로 볼 수도 있다.

아무튼 두 승려는 모두 화엄종 출신이라 했다. 선종 승려들은 그동안 무신과 협조 관계를 유지하면서 지원을 받았고 원나라에도 복종하는 분위기로 흘러 초기 결사운동의 빛이 바랬다. 이 무렵 선종의 참신성은 거의 찾아볼 수 없었다.

신돈은 화엄종 인물을 불교 개혁의 중심 세력으로 받들었다. 불교의 중생 구제를 『화엄경』의 보편적 평등관에서 찾으려 했던 것으로 보인다. 다만 천희와 선현은 신돈의 조종을 받아 독자적 행보를 별로 하지 못했던 것으로 추측된다.

이런 분위기 속에서 보우는 소설암에 들어 은거했다. 아마 신돈의 압력에 견디지 못해 은거했던 것으로 볼 수도 있겠다. 신돈이 그를 미워한 증거는 여러 가지로 나타난다. 신돈은 보우를 별 연고가 없는 속리산에 가두어 출입을 제한했다. 따라서 혜근 등 회암사 세력은 위축될 수밖에 없었다.

신돈은 한편 신진 유학 세력을 등장시키고 과거제도를 개선하는 정책을 추진했다. 원나라 침입 때 불탄 성균관의 건물을 복구하고 1백 명의 유생을 두었다. 신돈은 건물을 기공하는 자리에 나가 공자의 화상에 절을 하고 정성을 다해 중건할 것을 맹세했다. 이 조치는 정치적으로 큰 의미가 있었다. 성리학 진흥과 개혁정치는 맞물려 돌아가야 실질적 성과를 있을 것이다.

성균관을 재건하고 나서 이색을 성균관의 총책임자인 대사성으로, 정몽주를 교육 책임자인 박사로, 이숭인을 학생을 직접 훈육하는 학관으로 삼았다. 이들은 비교적 온건한 유학자들이었다. 신진 유학자들은 성균관을 이끌면서 새로운 학문 기풍을 진작시키고 유생들에게 성리학을 체계 있게 교육시켜 다음 세대를 이끌 지도자로 키웠다. 종래 과거 출신의 벼슬아치들이 좌주 문생이라 일컬으며 파벌을 조성하던 유생들은 배제되었다.

벼슬아치의 승진에는 순자(徇資)의 자격법을 적용했다. 이는 벼슬을 받아 오래 근무한 사람의 연공을 인정해 주고 시험을 보여 먼저 승진할 수 있게 해 주는 제도이다. 이 제도를 도입해 종래 어진 이를 요직에 맡긴다는 명분으로 순서를 뛰어넘어 승진시켜 온 것을 막았다. 권문세가나 좌주 문생들은 이런 명분을 내세워 자신들의 동료나 자제들을 끌어 주고 있었다. 이 조치에 대해 "옥과 돌이 섞이고 향기와 누린내의 구별이 없어졌다."고 떠들었으나 관리 승진에 일정한 준칙을 세웠다는 데 큰 의의가 있었다.

1369년에는 과거제를 개정해 향시(鄕試), 회시(會試), 전시(殿試) 세 단계로 설정하여 관리 시험을 치르게 했다. 진사과(進士科), 명경과(明經科)로 나누어 보던 과거제도를 전면 개편한 것이다.

향시를 통과한 응시자들을 대상으로 임금이 직접 참여하여 시험 내용을 검토하고 합격자를 뽑았다. 그동안에는 시험 담당 관리들이 감독으로 나가 부정으로 응시자를 합격시키기 일쑤였다. 그리해 좌주 문생들이 결탁하여 부정으로 합격자를 만들어 내는 폐단이 사라졌다.

이어 권문세가의 공신 자제들에게 베풀었던 음서(蔭敍)라는 벼슬길의 특혜를 없앴다. 오직 과거를 통해서만 벼슬길에 나오게 한 것이다.

과거제 개정은 기득권 세력의 팔다리를 자른 조치로서 반발도 거셌다. 하지만 신진 사대부들은 개정된 과거제를 통해 성장했다.

개혁정치의 종말

6년쯤 추진된 공민왕과 신돈의 개혁정치에 어둠이 드리워지는 조짐이 보였다. 물론 조정에는 그동안 최사원, 기현 등 신돈을 추종하는 인물로 꽉 들어차 있었다. 이때까지는 요지부동의 권력 기반을 다져 놓은 듯이 보였다. 하지만 신돈 자신의 행실에 꼬투리가 잡혔다.

그는 여자를 너무 좋아했다. 신돈은 처음 개경에 올라와 기현의 집에 머물렀는데 틈만 나면 기현의 아내와 사통했다는 이야기도 전한다. 게다가 사람들이 뇌물을 주면 처음과는 달리 거두어 들여 축재했다고도 한다.

공민왕은 여느 통치자가 흔히 하는 방식대로 어느 신하에게 일을 맡겨 진행시키다가 그 세력이 커지면 제거해 버리는 수법을 곧잘 써먹었다. 그는 나이가 들어서 친히 정사를 꾸리려는 욕심이 일어났다. 신돈을 죽일 때에 공민왕은 이렇게 질책했다.

> 네가 늘 부녀자를 가까이함은 기운을 기르려는 것이지 감히 사
> 통하려는 것이 아니라고 했는데 지금 들으니 아이를 낳았다고
> 한다. 이것이 맹세한 글에 있는 것이냐? 또 성안에 화려한 집을
> 일곱 채나 갖고 있는데 이 역시 맹세한 글에 있는 것이냐?
> _『고려사』 열전 신돈

신돈은 공민왕의 신임이 흐려지는 걸 직감했을 것이다. 게다가 끊임
없는 모략으로 궁지에 몰렸다. 그러자 반역을 도모했다. 아마 '에라'
하는 심정이었을지 모른다. 그러나 그가 반역의 음모를 꾸몄다는 것
은 반대파들이 꾸며낸 음모일 것이다. 여러 정황으로 보아 구체성이
없고 사리에 부합되지 않는 이야기이지만 한번 그 내용을 살펴보자.
　　그는 공민왕이 능으로 행차하는 길가에 복병을 숨겨 두었다가
죽일 계획을 세웠지만 실패했고, 다시 모의를 하다가 고발자에 의해
탄로가 나 수원에 유배되었다.
　　엉뚱하게도 신돈의 충실한 부하였던 이인이 그가 반역을 도모
한다는 엉성한 고변의 글을 올렸다. 그리해 신돈의 도당을 신속하게
잡아들여 또한 엉성한 자백을 받아냈다.
　　그는 사건의 진상이 제대로 밝혀지기 전 수원에 유배되었다.
그러자 먼저 유생 출신의 벼슬아치들이 들고 일어나 봄 논에서 개
구리 울어대듯 외쳐댔다. 이때 올린 상소의 내용은 이러하다.

> 대역(大逆)을 도모한 죄인은 천하 만세에 용납되지 않습니다. 신

돈은 본디 한낱 미천한 중입니다. 그런데도 외람되게 상(上, 당시
의 임금을 가리킴)의 알아주심을 만나 신하로서 지위가 가장 높은
곳에 이르러 모든 벼슬아치를 나아가게 하기도 하고 물러나게
하기도 했으며 턱짓으로 가리키고 낯빛으로 드러내서 자기에
게 아첨하는지 아닌지를 따져 보고 벼슬을 주거나 떼기도 했습
니다. 흉측한 무리를 널리 심어 두고 분수에 맞지 않는 걸 엿보
기도 했습니다. 그러나 다행히 조종의 영령과 전하의 밝으심에
힘입어 은밀한 모의가 드러났습니다. 그런데 관대한 형벌을 쓰
시어 유배를 보내는 정도에 그쳐 온 나라가 불만스러워 하고 원
망하고 있습니다. 게다가 신돈을 감싸고 도는 무리가 어찌 최사
원, 기현 따위 일곱 명뿐이겠습니까? 바라옵건대 전하께서 대
의로 결단하시어 신돈을 극형에 처하시고 가산을 모조리 몰수
하시며 그 무리를 모조리 죽이시어 온 나라 사람들의 마음을 통
쾌하게 풀어 주십시오.

_『고려사절요』 공민왕 20년

이 상소가 올라간 뒤 공민왕은 신돈을 가장 미워하던 성균관 대사성
임박을 불러 예전 신돈과 맹세한 글을 주면서, 이를 신돈에게 보여
주고 신돈의 죄를 낱낱이 늘어놓으라고 일렀다.

　임박이 수원에 가서 사람을 신돈에게 보내 임금의 분부로 개경
으로 불러오라 했다고 거짓말을 했다. 그러자 신돈은 기뻐서 "오늘
부르시는 것은 아마도 아기(阿只)를 위해 나를 돌보시는 것이다."라
고 말했다(『고려사절요』 공민왕 20년).

　임박은 신돈의 목을 베고 사지를 찢어 조리를 돌렸고 머리는 개

경의 동문 밖에 내걸었다. 공민왕은 신돈을 이처럼 잡은 지 4일 만에 죽여 해명할 기회를 주지 않았다. 그의 아들이라는 두 살 난 어린애도 죽였으며, 노비를 비롯해 그의 충실한 부하들도 제거되었다. 조작의 냄새가 짙게 풍긴다. 이를 한자어로 표현해 보면 '숙능지지(孰能知之)리오?'이다.

여기 등장하는 '아기'는 이두로 어린 아이를 높여 가리키는 말이다. 이 아기는 절간의 계집종인 반야가 낳았다는 공민왕의 아들을 가리킨다. 이 아기의 이름은 모니노(牟尼奴)인데 뒷날 우왕(禑王)이 되었으나 이성계 일파가 신돈의 아들이라고 지목하여 역적으로 몰았다. 이씨 조선은 『고려사』를 편찬하면서 이 우왕을 역대 왕으로 올리지 않고, 열전 역적에 올렸다.

공민왕은 성인으로 떠받들면서 섬기던 신돈을 왜 죽였을까?

첫째, 공민왕은 신돈의 개혁정책으로 권력과 경제 기반을 상실한 권문세가와 군사권을 쥔 무장 세력의 빗발치는 반대를 더 이상 막아 낼 수가 없었다. 자칫 잘못하면 왕권의 기반마저 흔들릴 위험이 있었다. 공민왕은 그 책임을 모조리 신돈에게 덮어씌우려 한 것이다.

둘째, 신돈이 키운 신진 유학자들이 성장하여 공민왕에게 친정 체제를 요구한 데서 직접적 계기를 찾을 수 있다. 유자의 눈으로 볼 때 신돈은 어디까지나 불교 세력이었다. 신돈은 신진 세력들이 불경처럼 받드는 성리학의 소양이 별로 없었다.

셋째, 신돈은 비록 화엄종 승려를 기반으로 불교 개혁을 이룩하려 했으나 선종 세력의 지원을 받기는커녕 선종은 오히려 반대 세력으로 돌아섰다. 가장 명망을 누렸던 보우를 반대파로 만든 것이다.

151

그가 지원을 받았던 노비와 여성들은 경제적 기반이 없었으며 정치적 지원 세력이 되어 주지 못했다.

넷째, 새롭게 전개되는 국제 정세와도 관련이 깊었다. 원나라는 연경에서 쫓겨나고 명나라는 정식으로 새 제국을 선포하여 중국의 실체로 떠올랐는데 공민왕은 친명 외교 노선을 추구하면서도 양면 외교를 벌였다. 신돈은 급변하는 국제 정세에 별 관심을 기울이지 않았다. 공민왕은 새 인물로 이에 대처하려는 의도가 있었다.

이로써 신돈의 개혁정책이 중단되고 공민왕은 다시 보수 세력과 손을 잡았다. 신돈에 의해 쫓겨났거나 견제를 받았던 최영, 이성계, 경복흥 등 무장들과 이색, 백문보 등 유학자들이 대거 불려 나와 다시 등용되었다. 이들은 고려 말기 역사의 주인이 되었다.

신돈이 제거된 뒤 토지제도는 다시 문란해지고, 고리대가 횡행했으며, 천민과 노비들의 사회적 지위도 격하되었다. 하지만 토지와 노비정책은 뒷날 전면적 토지 개혁이 단행될 때에 하나의 모델이 되었으며 또 노비의 대우가 개선되는 결정적 단초를 만들었다. 또 신돈이 추진한 순자법과 과거제는 조선에 들어서도 그대로 유지되었다. 신돈을 불교의 자비사상 또는 중생 구제의 가르침과 유학의 정치 운용 원리, 그리고 실천 도덕을 접목시킨 우리나라 최초의 개혁가라고 말하는 것은 무리일까? 더욱이 정치의 중심인물이 되어 강력한 개혁을 이루고 민중의 고통을 풀려한 실천적 승려는 우리 역사에서 그를 빼고 별로 찾아볼 수 없다.

신돈은 역사에서 막된 인물로 기록되어 있다. 그가 키운 신진사대부들은 그가 단순히 불승이라는 이유로, 불교 세력은 선종을 견제한 승려로 치부하여 이런 현상을 빚었던 것이다.

불교계도 과거로 돌아갔다. 그가 죽은 뒤 보우는 국사로, 혜근은 왕사로 추대되었다. 그러나 이들은 곧 죽어서 불교 개혁에 공로를 세우지 못했다.

죽어서 노호정이 되다

신돈에 얽힌 뒷이야기가 민간전설로 엮여 많이 떠돌았다. 『고려사』 열전 반역에 실려 있는 신돈에 관한 마지막 구절에는 이렇게 쓰여 있다.

> 신돈의 성품이 사냥개를 무서워하고 활을 쏘아 짐승 잡는 걸 싫어했다. 게다가 방종하고 음란하여 늘 오계(烏鷄)와 백마(白馬)를 잡아먹어 양도(陽道, 양기)를 도왔다. 그때 사람들이 신돈을 노호정(老狐精)이라 불렀다.

또 조선시대의 야담집인 『용재총화』에는 위와 조금 달리 '신돈은 양도가 쇠약해질까 걱정을 해서 흰 말의 자지를 자르거나 지렁이를 잡아 회를 쳐 먹었다. 늘 누런 개나 흰 매를 보면 소리쳐 놀라고 두려워했다. 그때 사람들은 그를 노호정이라 불렀다.'라고 기록했다. 이를 풀이해 보기로 하자.

조선 도깨비 종류의 하나로 노호정이 있다. 이를 그린 그림에는 머리를 기른 잘생긴 승려의 모습으로 등장한다. 그 곁에는 여인이 받들고 있다. 또 뿔이 난 노호정을 승려들과 여인들이 받드는 모습을 그린 그림도 있다. 노호정은 승려로 둔갑한 늙은 여우로 요괴라고도 했다. 또 여인들에게 인기가 있고 오리고기를 즐겨 먹는다고도 했다. 위 인용문에서 '오계'는 검은 닭인 오골계가 아니라 오리로 나타난다.

'백마'는 용의 미끼라는 전설이 있다. 당나라 장수 소정방이 백제를 치면서 백마강에서 흰 말을 미끼로 삼아 용을 낚았다고 한다. 용이 백마강에 살면서 백제를 지켜준다고 해서 잡았다는 것이다. 그러니 백마는 미끼를 뜻한다. 이처럼 신돈은 죽어서도 노호정이 되어 도깨비에 끼어든 것이다.

다음 『한국의 요괴』에는 "노호정은 여인들에게 인기가 많고 지혜로운 사람의 모습으로 여느 때에는 승려의 모습과 비슷하지만 머리를 기른 행색이다. 그러나 이는 사람의 아들이 아니라 늙은 여우의 기운이 피어올린 것이다. 사람과 모든 면에서 차이가 없으나 다만 누런 개나 흰 매를 보면 사냥 당할까 두려워 갑자기 놀란다. 고려 때 신돈이 노호정이라는 소문이 있다."라고 했다. 민중은 왜 이런 도깨비 또는 요괴 전설을 만들어 냈을까? 위의 이야기들은 신돈의 행적에 비추어 보면 끼워 맞춘 냄새가 물씬 난다.

신돈이 민간 전설에서 요괴가 된 까닭을 짚어 보자.

이씨 조선은 창업 과정의 정당성을 만들기 위해 온갖 역사 조작을 벌여 왔다. 그런 사실이 『고려사』 편찬 과정에서 단적으로 드러나고 있다.

이씨 조선을 세운 주역인 이성계를 중심으로 한 무인 세력과 정도전을 중심으로 한 신진 성리학자들은 이씨 조선의 이미지 조작에 나섰다. 그들은 『고려사』에서 공민왕과 신돈의 모든 정책을 왜곡하고 공민왕이 내세운 임금인 우왕(아명 모니노)을 쫓아낸 뒤 아홉 살짜리 창왕(昌王)을 핍박하다가 1년 만에 다시 쫓아낸 일을 그럴 듯하게 꾸며냈다. 그 구실은 우왕과 창왕이 모두 공민왕의 계통이 아니라 신돈의 혈통이라는 것이다.

그런데 그 방법이 너무 치졸했다. 다시 뒤풀이하면 우왕과 창왕이 유배지에서 음모를 꾸몄다고 하여 죽음을 내렸다. 아무 힘도 없는 그들이 무슨 방법으로 이성계 일파를 죽일 수 있겠는가? 이 과정을 기록하면서 역사 조작이 이루어졌고, 다시 대중 이미지를 조작함으로써 민간에 떠돌게 했던 것이다. 신돈이 요괴가 된 것도 같은 맥락에 의한 것일 거다. 뒷날 정도전도 이런 이미지 조작의 희생물이 되었다. 독자들은 이 이야기를 어떻게 생각하는가?

한 톨 티끌 없던 조선 건국의 조력자

無

學

무

학

양주 천보산에 자리 잡은 회암사에는 이성계와 그의 아들 이방원, 그리고 무학(無學, 1327~1405)에 얽힌 이야기가 많이 떠돌고 있다. 이 절터에는 무학의 사리를 보존한 아름다운 부도도 세워져 있다.

또 서울에 도읍터를 정할 적에 얽힌 이야기도 많이 떠돈다. 이처럼 무학은 이씨 왕조를 건설하는 과정에서 많은 일화를 남기고 있다. 그를 요승이라 말하기도 하지만 때로는 대사·왕사라 높이기도 한다. 아무튼 그는 이성계와 친분이 두터운 인물로 알려져 있다.

대개 민간 설화를 통해 전해지는 이야기들 속에는 그를 신비스런 승려로 보기도 하지만 부정적 인물로 보는 경우도 눈에 띈다. 유학자들의 영향을 받은 탓이다. 그러나 실제 그는 고매한 선승이었고, 명리를 멀리한 인물이었음을 여기에서 말하고자 한다.

신라 말기의 도선은 풍수지리설로 왕씨 왕조의 창업에 크게 기여했다. 이와 달리 무학은 이씨 왕조 건설에 공로를 세웠다. 하지만 뒷날 은둔의 나날을 보냈다. 그러므로 도선과 무학을 같은 선에서 바라보는 것은 온당하지 못할 것이다.

이성계와의 만남

무학은 일반 사람에게 널리 통하는 호요, 불명은 자초(自超), 속성은 박이다. 그는 삼기군(三岐郡, 지금의 합천)에서 태어났는데, 아버지의 출신은 자세히 알려져 있지 않으나 평범한 농부였던 것으로 보인다. 그의 관계 기록에는 그의 부모에 대한 이야기를 자세히 기술하지 않고 있다.

그는 열여덟 살에 출가해서 소지(小止)에게서 구족계를 받고 승려가 된 뒤 용문산 혜명(慧明)에게서 불법을 배웠다. 이때 혜명은 그에게 "바른 길을 걸을 자, 너 아니면 누구리오."라고 말하고 부도암에 거처하도록 허락했다. 그가 부도암에서 참선에 들 적에 마침 불이 났는데도 허수아비처럼 꼼짝도 하지 않고 정진하자 모두들 그가 여느 사람과 다름을 알았다고 한다. 이후 그는 진주의 길상사, 묘향산의 금강굴 등지에서 정진을 거듭했다.

1353년 그는 홀연히 원나라의 수도인 북경으로 가 그곳에서 불법을 펴고 있던 인도 출신의 고승인 지공을 찾아갔다. 그리고 그의 제자가 되어 불법을 배웠다. 그곳에서 그는 고려의 승려로 마침 원나라에 와 있던 나옹을 만나 많은 가르침을 받았고, 나옹과 함께 원나라 남쪽 지방의 풍물을 돌아보았다. 그는 중국 남쪽 절강성을 돌아보다가 민란이 일어나는 모습을 보기도 했다.

1356년 그가 먼저 귀국했고, 곧이어 나옹도 귀국했다. 무학은 나옹을 찾아 더욱 불법을 배웠고, 나옹이 공민왕의 왕사가 되어 송광사에 머무를 적에 나옹에게서 의발(衣鉢)을 전수받아 법통을 이었다. 그 뒤 나옹이 양주 회암사를 창건하고 낙성회를 크게 열면서 무학을 불러 수좌로 삼았으나 이를 사양했다. 나옹이 회암사에서 죽자 여러 곳을 돌아다니며 수도했고, 당시 고려 마지막 왕인 공양왕이 그를 불러 왕사로 삼고자 했으나 모든 명리를 끊고 응하지 않았다. 그 뒤 8년간의 그의 행적은 별로 알려진 것이 없다. 이런 행적이 뒷날 이성계의 왕사가 되는 계기가 될 줄은 몰랐을 것이다.

다만 변계량이 그의 탑비에 "임신년의 만남이 있었으니 스님의 거취가 어찌 우연이겠는가?"라고 쓴 것으로 보아 조선조를 건국하던 해 이성계를 만난 것으로 보인다. 이성계와 무학이 언제 만났는지는 확실하지 않으나 위의 기록으로 보면 조선조가 건국된 해인 1392년이 된다. 그러나 민간에 떠도는 이야기는 훨씬 이전으로 엮어 있다.

이성계가 한창 일을 꾸미고 있을 적에 무학은 안변의 토굴에 살았다고 한다. 어느 날 이성계가 꿈을 꾸었는데 '여러 집의 닭이 한꺼번에 울고, 허물어지는 집에서 잠을 자는데 서까래 세 개가 등에 떨어져 걸쳤다. 또 꽃이 떨어져 날리고 거울이 떨어져 깨졌다'는 줄거리였다.

이성계가 꿈에서 깨고 나니 마침 한 노파가 곁에 있어서 꿈을 풀어 달라고 했다. 그 노파가 말하기를 "장부의 일은 이 노파가 알 바 아니오. 서쪽으로 가면 설봉산 굴 안에 신승(神僧)이 있으니 가서 물어 보시오." 하더라는 것이다. 그래서 이성계가 산속을 헤매다가 그 승려를 찾아 물으니 이렇게 해몽해 주었다.

여러 집의 닭이 한꺼번에 운 것은 '고귀위(高貴位)'요, 서까래 세 개를 등에 진 것은 왕(王)의 글자요, 꽃이 떨어지면 열매를 맺고 거울이 깨지면 소리가 나니 이것은 왕이 될 징조요. 이를 입 밖에 내지 마시오.

_홍만종,『순오지』

'고귀위'는 닭 우는 소리를 음차한 것으로 '높이 된다'는 뜻이다. 이성계가 왕위에 오를 적에 여러 설화가 있었는데 이 대목이 가장 널리 퍼졌다. 이는 고려를 건국할 적에 왕건에 얽힌 설화와도 유사하고, 공통되게 전설적인 승려가 등장한다. 이것이 새 왕조를 위한 이미지 조작이 아니겠는가. 그리하여 뒷날 이곳에 절을 지어 '왕 자를 풀이해 준 절'이란 뜻으로 "석왕사(釋王寺)"라 이름 지었다고 한다.

어쨌든 무학은 이성계가 새로운 왕조 건설의 꿈은 있으나 그 결심과 계획을 제대로 옮기지 못할 적에 새로운 운이 열릴 것을 예언하고 술법을 일러 주어 그 계획을 실천에 옮기도록 했다는 것이다.

또 이런 이야기도 있다. 이성계가 왕이 된 뒤 경기·황해·평안 감사를 시켜 무학을 찾게 했다. 곡산 고달산의 초막에 유명한 승려가 살고 있다는 말을 듣고 세 감사가 찾아가서 "왜 이런 곳에 사시오?"라고 물었다. 승려가 대답하기를 "저 삼인봉(三印峯) 때문이오."라고 했다. 세 감사가 신분을 숨기기 위해 관인을 산비탈 나뭇가지에 걸어두고 온 것을 두고 하는 말임을 알고 곧 무학임을 알아차려 이성계에게 데려갔다고 한다(성현, 『용재총화』).

이때 돌아와 이성계를 만나게 되었는지는 모른다. 하지만 조선 왕조가 개국한 뒤 이성계는 무학을 왕사로 모셨다. 무학의 직함은 대조계종사선교도총섭(大曹溪宗師禪敎都摠攝)으로 불교 최고 책임자가 되어 "묘엄존자(妙嚴尊者)"라는 호를 받아 큰 높임을 받았다. 당시 무학의 명성이 어느 정도였는지 짐작할 수 있는 일화가 있다. 무학은 자신이 머물던 회암사에 전염병이 돌자 그곳에서 나와 연복사에서 벌이는 문수회에 참석해 설법하였다. 이후 회암사로 돌아가지 않고 대구 팔공산의 불국장에 머물자 이성계는 그를 불러 개경의 광명사에 머물게 했다. 그 무렵 불자들이 무학을 만나기 위해 날마다 몇백 명씩 몰려들었다고 한다.

정도전을 비롯한 유학자 출신의 벼슬아치들은 쉴 새 없이 불교를 이단으로 몰면서 그를 헐뜯고 비난을 퍼부어 댔지만 이성계의 속내는 달랐다.

이성계는 유자들의 눈치를 아랑곳하지 않고, 자기의 생일에 무학을 초청하여 전국의 불교 지도자들을 모아 모시게 했으며, 또 설법을 벌이도록 했다. 무학은 불교의 자비와 유교의 인(仁)이 한 길이라고 설법했다고 전한다. 또 이성계에게 일시동인(一示同仁)의 정신을 강조, 많은 죄수들을 풀어 주라고 타일러 당시 많은 죄수들이 이로 인해 풀려났다고 한다.

한양 천도에 얽힌 이야기

조선 왕조가 개국한 다음 해 이성계는 도읍을 옮길 계획을 세우고 그 지상(地相)을 무학에게 보아 달라고 부탁했다 한다. 이에 이성계와 무학은 계룡산을 올라 보기도 하고 남경(한양) 땅을 밟기도 했다. 마침내 한양으로 도읍을 정했는데, 적어도 이러한 결정에는 무학의 일정한 조언이 있었던 것으로 보인다. 그런데 민간에는 이를 무학이 모두 주관했다는 전설이 떠돌았다.

하지만 이런 야사의 줄거리에는 상당한 오류가 끼어 있다. 정도전과 얽힌 정치적 분란과 풍수설, 비기 등을 빌려 사람들을 현혹시키려는 음모에서 지어내 떠돈 것이다. 이방원이 왕이 된 이후 정도전이 역적으로 몰려 죽은 뒤 그의 공적을 모조리 없애려는 음모가 있었는데 여기에 무학이 이용되었던 것이다.

진실은 이렇다. 『태조실록』에 따르면 한양 천도는 이성계의 강력한 추진과 정도전의 적극적 협조로 결실을 본 것이다. 무학은 이 과정에서 조연급 조언을 한 정도에 지나지 않는다. 이성계는 즉위 다음 해 성석린 등 몇 신하를 데리고 계룡산으로 떠나면서 도중에 회암사에 있는 무학을 불러 동행했다. 이성계가 계룡산의 높은 곳에 올라 도읍지로 어떻겠느냐고 묻자, 무학은 잘 알지 못하겠다고 대답했다. 하륜이 계룡산은 남쪽에 치우쳐져 있어서 도읍지로 마땅치 않다고 말하고 모악산 남쪽(지금의 신촌 일대)이 좋다고 건의했으나 권중화는 이곳 지형이 좁다는 말로 반대했다.

이성계는 예전 고려의 이궁이 있던 한양을 돌아보고 확신에 차서 무학의 의견을 물으니 무학은 "이곳은 주변의 산이 높으며 가운데가 평평하고 넓어서 도읍지가 될 수 있습니다. 그러나 여러 사람의 의견에 따라 결정해야 할 것입니다."라고 대답했다. 이성계는 이 말대로 여러 사람들의 의견을 들어 한양으로 수도를 결정했던 것이다(『태조실록』 3년).

그런데 이에 얽힌 민간 전설은 이와 다르다. 첫 번째 이야기는 이러하다. 무학이 새 도읍지를 찾아 온 나라를 돌아다니다가 어느 곳에 이르러 지세를 살펴보니 도읍지로 알맞다는 생각이 들었다. 그가 천천히 주변 형세를 살펴보고 있는데 밭을 갈던 농부가 소를 꾸짖으며 "이려, 이 놈의 소야. 미련하기가 무학 같구나." 하는 것이 아닌가. 무학이 깜짝 놀라 농부에게 왜 그렇게 말했는지 공손하게 묻자 이곳에서 10리쯤 더 가야 명당이 있다고 대답해 주었다 한다. 그 말대로 10리를 더 가니 더할 나위 없이 훌륭한 명당 자리가 있었다. 그 명당이 경복궁 터이고 농부가 밭을 갈던 곳은 왕십리이다. 그 농부는 도선의 화신이었다고 전한다.

두 번째 이야기는 이러하다. 무학이 한양 근방에 이르러 도봉산 백운대에서 시작, 맥을 찾아 비봉까지 이르렀는데 그곳에 돌비 하나가 세워져 있었다. 그 비에 '무학이 길을 잘못 찾아 여기에 이를 것이다.'라는 글이 쓰여 있었다 한다. 무학이 이를 보고 발길을 돌려 똑바로 남쪽 산줄기를 따라 백악 아래에 이르러 세 산 줄기가 하나로 모인 곳을 궁궐터로 잡았다. 이 돌비는 오늘날에도 보존되어 있는 진흥왕 순수비(巡狩碑)인데 이를 빌려 와서 말을 만들어 낸 것이다.

세 번째 이야기는 이러하다. 무학이 태조, 정도전과 함께 한양에 이르러 인왕산을 뒤의 진산(鎭山)으로 삼아 백악이 좌청룡(左靑龍), 남산이 우백호(右白虎)가 되어야 한다고 말했다. 앞에 섰던 정도전이 임금은 모두 남쪽을 바라보며 나라를 다스리지 동쪽을 향했다는 말은 듣지 못했다고 반대 의견을 냈다. 그런데 무학이 임금에게 "내 말을 따르지 않으면 200년에 걸쳐 거듭 후회하게 될 것입니다. 예전에 의명(義明) 대사가 한양에 도읍을 정할 때 정씨 성을 가진 사람이 시비를 걸면 5대를 지나지 못하고 왕위를 빼앗기는 화가 일어날 것이요, 200년 만에 온 나라에 분탕질이 일어나리라고 했습니다."라고 강력하게 말했다(『용재총화』).

이들 이야기는 모두 사실과 다르다. 전해 듣는 사람들로 하여금 현혹시키려고 꾸며 낸 말에 지나지 않는다. 다시금 말하지만 위에서 『태조실록』의 기록을 인용한 대로 한양 천도는 이성계의 강력한 추진과 정도전의 적극적인 협조, 그리고 무학의 조언으로 이루어진 것이다(이이화, 『한국사 이야기 9 - 조선의 건국』).

정도전과 무학의 관계를 다소 짐작해 볼 수 있는 이야기도 있다. 무악재에 깃든 이야기가 그것이다. 무악재는 안산과 인왕산 사이에 놓인 고개인데 어린 아이를 업고 있는 모양이라고 해서 "무악(毋岳)"이라고도 불렀다. 그런데 어느 때부터 "무학재"라고도 불렀다. 도성을 쌓을 적에 무학은 성곽을 북악산 밖으로 쌓아야 한다고 주장했고, 정도전은 안으로 쌓아야 한다고 주장을 했다고 해서 무학재로 부른다고 했다. 무학은 불교를, 정도전은 유학을 일으킨다는 풍수설로 맞섰다는 것이다.

아무튼 이때 유자인 정도전과 불승인 무학의 보이지 않는 갈등이 있었던 것만은 사실일 것이다. 적어도 무학은 정도전에게 밀렸고 모든 것은 정도전 뜻대로 이루어졌다. 조선 왕조가 불교를 억압하고 유교를 진흥시킨 점이라든지, 서울의 진산을 북악산으로 하고 경복궁 등의 궁궐 이름을 정도전이 모두 지었다든지 하는 점들이 그 증거가 될 것이다.

한편 정도전은 『조선경국전(朝鮮經國典)』을 지어 조선왕조 기틀을 다졌고, 『불씨잡변(佛氏雜辨)』, 『심기이삼편(心氣理三篇)』을 지어 불교와 도교를 배척하며 유교 국가의 이념을 제시했다. 이러한 가운데 이성계와 정도전, 무학, 이방원의 갈등 관계 속에서 한양 천도에 관련된 이미지 조작이 이루어졌던 것이다.

한양으로 도읍이 정해진 뒤 이성계는 회암사에 무학의 스승인 지공과 나옹의 탑을 세우게 했고, 무학을 왕사로 극진히 대접했다. 이때 이성계는 또한 연곡사에 불사를 벌이고 그를 머물게 했다. 이렇게 5년을 지낸 뒤 무학은 나이듦을 핑계로 모든 직책과 설법 요청을 사양하며 용문산으로 들어갔다. 이 해에 정도전은 피살되었고 새로운 왕 정종이 즉위했다.

함흥차사는 없었다

또 한 가지 민중 사이에 떠도는 이야기가 있다. 그 이야기를 보기 전에 실록에 기록된 내용을 살펴보자.

이방원은 임금 자리를 탐내 형제를 죽이고 형 정종을 압박해 왕위를 물려받았다. 태상왕(太上王)이 된 이성계는 궁궐을 떠나 함경도 일대를 떠돌았다. 이성계는 이방원을 미워해 서울을 떠난 것이다. 당시 이성계를 추종하는 세력이 동북 지방에서 반란을 도모해 활동을 벌이고 있었다. 태종은 여러 신하를 보내 이성계의 귀환을 설득하게 했다. 그들 중에는 성석린과 무학이 있었다. 성석린은 이성계와 함께 한양으로 돌아온 적이 있었다. 하지만 이성계는 한양에 잠시 머물다가 다시 반란군이 활동하는 안변으로 갔다가 함흥의 행재소에 머물렀다.

이때 태종은 다시 무학을 불러 이성계에게 보냈다. 무학은 겨우 철령까지 갔다가 길이 막혀 돌아왔다. 이성계는 반란군이 진압된 뒤 개성을 거쳐 돌아와 한양에 머물렀다. 대세는 태종 편으로 기울어 이성계도 모든 걸 운명으로 돌리고 태종을 인정하는 수밖에 없었다. 이게 『태조실록』에 기재된 사건의 전말이다.

그런데 함흥차사(咸興差使) 이야기가 떠돌았다. 이를 정리해 보면 이렇다. 이성계는 함흥으로 가 살면서 한양에 돌아오지 않았다. 그래서 태종이 아버지의 마음을 돌리려고 사자를 보내자 족족 죽여 버렸다고 한다. 마지막으로 무학을 보냈는데 무학이 "방원에게 죄가 있지만 지금 사랑하는 아들들이 다 죽었으니 누구에게 임금 자리를 넘기겠습니까?"라고 설득했고 결국 이성계가 마음을 고쳐먹고 돌아왔다고 한다.

태종은 교외에 천막을 치고 이성계를 기다렸다. 이때 하륜이 천막 안에 큰 기둥을 세우게 했다. 이성계가 태종을 향해 화살을 쏘자 태종은 재빨리 기둥 뒤로 피했다. 이성계가 체념을 하고 옥새를 내주면서 "네가 갖고 싶어 하는 게 이것이니 가지고 가라."라고 말했다 한다. 잔치 자리에서 태종이 잔을 직접 올리지 않고 내시를 시켜 올리자 소매 속에 감추어 두었던 쇠방망이를 꺼내 옆에 놓으면서 "모든 게 하늘이 시킨 것이다."라고 탄식했다고도 했다.

이게 떠도는 이야기의 줄거리이다. 이 이야기는 본디 차천로가 모아놓은 『오산설림(五山說林)』과 같은 야담집에 실려 있었는데 이를 이긍익이 『연려실기술』에 모아 놓아 전해졌다. 이성계가 아무리 과단성이 있었다고 해도 무고한 큰 신하들을 찾아오는 대로 족족 죽였겠는가? 더구나 이들 이야기 속에 나오는 옥새는 이미 정종이 가지고 있던 것을 태종이 차지했을 것이다. 그러니 함흥차사는 있을 수 없고, 무학과 얽힌 이야기도 허구이다.

명리를 초탈한 삶

1402년 5월에는 새 왕 태종이 무학을 다시 회암사로 나오게 하여 강설을 맡게 했으나 불과 반 년 만에 다시 이를 사양하고 금강산으로 들어갔다. 그는 회암사의 일을 사양할 적부터 많은 대중과 가까이하기를 싫어했고 조용히 참선에 드는 것을 즐겨 했다. 그는 금강산에 들어가 진불암에서 수도에 열중했고 병이 들어 약을 내와도 이를 거절하였으며 금강산 금장암에서 열반했다. 속세의 나이 79세 때였다.

그는 문자 남기는 것을 싫어해서 오직 『인공음(印空吟)』 1천 편만을 지었다. 그리하여 그가 남긴 저술이 없다. 오늘날 전해지는 비기인 『무학비결』도 그가 지었다고 볼 수 없다. 그러기에 그에 대한 많은 설화들이 떠돌고 있을 것이요, 또 유자들이 그를 애써 요승이라고 지목하고, 그의 설법을 두고 '요령부득'이니, '불교 지식에 무지하다'라느니 헐뜯었을 것이다. 그러나 이색은 그를 두고 이렇게 평가했다.

> 스님의 성품은 본질을 숭상하고 꾸미는 것은 싫어했다. 스스로 먹는 음식은 매우 소찬이었고 나머지는 모두 나누어 주었다. 늘 스스로 말하기를 "8만 가지 행실 중에 아이들 하는 짓이 첫째간다."고 했는데 무릇 베푸는 일이 아이와 같지 않은 것이 없었다. 또 사람을 대할 적의 공경함과 사물을 아끼는 정성은 지극한 마음에서 나왔고 억지로 하려 하지 않는 것은 모두 천성에서 나왔다.
> _『목은집』

이 말처럼 그는 인간다운 사람이었다. 물욕도, 권력욕도 없었기에 그는 만년에 세상을 등지고 살았다. 이성계는 명망이 높은 그를 기성의 불교 세력을 끌어들이기 위한 이용물로 삼았던 것 같다. 그런 가운데 큰 공을 세웠지만 명리를 끊고 조용한 만년을 보냈다.

의심이 많았던 태종도 그의 행동과 인품을 높이 평가하여 회암사에 그의 탑비를 세우게 하고 변계량으로 하여금 찬양의 비명을 짓게 했다. 그는 유자들로부터 많은 비난을 당해야 했지만 그가 권세를 부렸다든지, 축재를 했다든지, 음란을 일삼았다는 비난은 없었다. 다만 그는 새로운 유교 세력에 맞서지도 않았고 조용히 산간에서 지냈던 것이다.

뒷날 무당들이 서울 남산 위에 국사당(國師堂)을 세워 떠받들고 아낙네들이 복을 빌었는데 이곳에 모신 화상이 무학이었다 한다. 이는 민중에게 있어 무학이 어떤 존재였는지를 가늠케 하는 모습이다.

부처에 귀의한 슬픈 충신

雪 설

———

岑 잠

김시습(金時習, 1435~1493)은 승려인가, 선비인가라는 화두를 놓고 수백 년 동안 사람들의 입에 올랐다. 그는 젊을 적부터 생애의 대부분을 불명을 가지고 승려의 옷을 걸치고서 살았다. 그는 많은 절에 옮겨 다니면서 밥을 얻어먹으며 더부살이로 살다가 마침내 절에서 입적했다. 이로 보아서 그를 승려의 대열에 끼워 주기로 하자. 김시습을 방외(方外)에서 노닐던 승려로 보면 무리가 없을 것이다. 그의 법호는 설잠(雪岑)이다.

그가 도대체 어떤 생각으로 어떤 행동을 하며 살았기에 오랜 세월을 두고 그 많은 사람들의 입에 오르내렸는가? 사람들은 그를 방랑의 삶을 산 천재 시인으로 꼽기도 하고, 절의를 지킨 생육신(生六臣)의 한 사람으로 치기도 하며, 선비 출신이면서 승려가 되어 기행을 벌인 기인으로 보기도 한다. 한편 그를 농민의 고통을 대변한 저항 시인으로 평가하기도 한다. 어느 하나 틀린 것이 없다. 이런 행적을 두고 한때 승려 노릇을 했다는 이이는 그가 '부처의 행적을 보였다'고 지적했다. 이이는 김시습의 전기를 최초로 쓴 명신이기도 하다.

한편 김시습의 시문집을 수집하고 또한 그의 전기를 쓴 윤춘년 등도 그를 흠모해 공자에 비길 정도로 극찬했다.

김시습은 불행한 삶을 살았지만 죽은 지 1백 년도 안 되어 이런 흠모와 찬탄을 받았다. 그러므로 그를 단순히 시인으로서나 그의 절의로만 평가해서는 깊은 삶을 제대로 조명하지 못할 것이다.

장안을 떠들썩하게 한 천재

이제부터 출가해 승려의 삶을 산 그의 궤적을 찾아 참모습을 그려보기로 한다. 김시습은 스물한 살 때인 1455년(단종 3) 여름 삼각산 중흥사(重興寺)에서 글을 읽고 있었다. 그는 한 가지 일에 빠지면 몰두하는 성격이었으니 시원한 산속에서 독서삼매경에 빠져 있었을 것이다. 그런데 어느 날 서울 나들이를 하고 온 사람이 말했다.

"수양대군이 금상(今上)이 되었다 하오. 금상은 상왕으로 모셔지고…."

김시습은 '올 것이 왔구나.' 생각하고 책을 덮고 문을 닫았다. 그리고 사흘 동안 번민을 하면서 문 밖으로 나오지 않았다. 이때 그는 무엇을 생각했을까? 지난 어린 시절도 돌아보고 오늘의 현실도 떠올려 보았을 것이다. 어찌됐든 그는 사흘째 되던 저녁, 갑자기 통곡해 마지않았다. 그리고 읽던 책을 모두 불살라 버리고 미친 척하면서 측간에 빠져 있다가 중흥사를 빠져나왔다(윤춘년, 「매월당전」). 이때부터 그가 통곡하거나 거름통에 빠지는 일이 버릇처럼 자주 되풀이된다. 이런 김시습은 당시 어떤 청년이었고, 어떤 출생 배경을 지니고 있었던가?

그는 서울 성균관이 있는 북쪽 마을 반궁리(泮宮里)에서 태어났다. 그가 태어날 적에 성균관에 있던 사람들이 모두 공자의 꿈을 꾸었다고 한다(이런 과장된 이야기는 앞으로도 많이 보인다. 김시습 자신도 과장되거나 잘못 전해지는 이야기들이 있다고 말했다).

그는 강릉 김씨인 김일성(金日省)의 첫 아들로 태어났다. 이 집안은 신라 알지왕의 후예였고, 고려 때에 그의 선조들은 시중(侍中)과 같은 높은 벼슬을 했으며, 그의 증조부 윤주(允柱)는 안주목사, 아

173

버지 일성은 조상의 덕분으로 음직의 낮은 벼슬을 받았다. 이러니 그의 집안은 뼈대는 조금 있으나 별로 행세를 하지는 못했던 것 같다. 세도도 별로 없고 재산도 넉넉하지 못했던 것이 아니겠는가. 마침 이웃에 먼 할아버지뻘 되는 최치운이라는 학자가 살았다. 그는 이조참판을 지낸 명신으로 세종의 총애를 받았다. 그런 최치운이 어린 김시습의 재주를 보고 그의 외할아버지에게 "시습"이라는 이름을 지어 주었다고 한다. '시습'의 뜻은 바로 『논어』의 첫머리에 나오는 '배우고 때로 익히면 또한 기쁘지 않은가[學而時習之 不亦說乎]'에서 따온 것이니, 재주만 믿지 말고 끊임없이 노력하라는 뜻이 담겨 있다.

김시습은 다섯 살에 이웃에 사는 수찬 이계전(李季甸)의 문하에서 『중용』과 『대학』을 배웠다. 보통 10대 무렵에 배우는 사서 중 두 가지를 다섯 살에 배운 셈이 된다. 이계전은 고려의 학자 이색의 손자요, 사육신의 한 사람인 이개의 아버지이다. 소문을 들은 정승 허조(許稠)가 그의 집으로 찾아와 그를 시험했다.

"내가 늙었으니 늙을 노 자를 넣어 시를 지어 보아라."

"늙은 나무에 꽃이 피었으나 마음은 늙지 않았네[老木開花心不老]."

이렇게 해서 그는 신동으로 소문이 자자하게 나 대궐에까지 불려 가게 되었다. 세종 임금은 신동 시습의 이야기가 사실인지 알아보라며 지식이 많은 벼슬아치인 박이창에게 분부했다. 박이창은 대궐에서 어린 시습을 무릎에 앉히고 말했다.

"동자의 공부는 백학이 푸른 하늘 끝에서 춤추는 것 같도다."

"성주(聖主)의 덕은 황룡이 푸른 바다 가운데를 뒤집는 형국이로다."

박이창은 벽에 걸린 산수도를 가리키며 시를 지어 보라고 말했다. 이에 또 대답했다.

"작은 정자와 배 안에는 어떤 사람이 있을지[小亭舟宅何人在]."

이 말을 들은 세종은 탄복해 이런 전지를 내렸다.

내가 불러 보고자 하나 남들이 해괴하게 여길까 두렵다. 너무 드러내지 말고 잘 가르치도록 하라. 나이가 들고 학업이 성취되면 내가 크게 쓰겠노라.

그리고 비단 50필을 내려 주면서 혼자 힘으로 가져가라 일렀다. 모든 벼슬아치들이 그가 어떻게 하는지를 바라보고 있을 때 비단의 끝을 모두 묶고서 끌고 나갔다. 이로 하여 그의 이름을 부르지 않고 "오세"라고 불렀다. 이는 실제 그에게 평생 붙어 다녀 '오세암'이 생기기도 했다(김시습이 양양부사 유자신에게 보낸 편지, 『해동명신록』·『율곡집』·『매월당집』).

불행했던 가정

그의 나이 열다섯 살 적에 어머니가 세상을 떠났다. 그리하여 그는 외가로 옮겨 가 외할머니의 손에서 자랐다. 외할머니는 어머니를 잃은 시습을 애지중지 키워 그 자신이 뒷날 "아들처럼 길러 주었다."라고 감회에 젖어 쓰고 있다. 그의 어머니가 죽자, 병골인 그의 아버지는 가족을 거느리고 양양의 농장으로 내려가서 그를 서울로 보내지

175

않았다. 어린 시습은 3년 동안 관례대로 어머니의 묘소에서 상복을 입고 지냈는데, 이 기간을 채 마치기도 전에 외할머니마저 세상을 떠났다.

이에 홀아비인 그의 아버지는 병석에 누워 가사를 돌볼 수가 없었다. 가세가 기울어질 수밖에 없었을 것이다. 그리하여 계모를 얻었고, 그 자신도 당시로서는 늦은 나이인 스물에 장가를 들었다. 그의 아내에 대한 이야기와 아버지의 죽음에 대해서는 뒷날 더 이상 알려진 것이 없다. 그는 이 무렵 서울로 올라와 다시 글공부를 하고 친구들을 사귀었다. 이때의 심사를 그는 이렇게 말하고 있다.

어릴 적부터 영달은 좋아하지 않았으며 또 친척과 이웃이 지나치게 칭찬을 하여 부끄러웠다. 이미 심사가 어긋나서 꼬꾸라지고 엎어질 무렵 세종과 문종이 연이어 승하하셨다.

_「상유양양진정서」

여기에서 왜 심사가 어긋났다고 했을까? 그것은 가정적인 불행보다도 시세를 한탄한 것이리라. 그는 불의를 보면 참지 못하는 성미였고 또 누구보다도 애민의식에 철저했으며 불우한 사람들의 벗이었다.

당시 조선 왕조가 건국된 뒤 토지제도가 개혁되어 지주의 토지와 사찰의 토지가 몰수돼 공전으로 편입되었다. 따라서 농민들이 토지를 경작할 수 있는 제도적 조건이 이루어졌다. 그러나 공신이나 벼슬아치들에게 다시 토지를 나누어 주고 보니, 새로운 지주가 생겨나고 따라서 조세·지대 따위로 농민들은 점차 토지를 잃고 조세에 뜯기면서 비참한 생활로 돌아가고 있었다.

또 공신들과 그 자제들은 많은 토지와 큰 저택을 가지고 있으면서 권세를 잡고 위세를 부리고 있었다. 그들은 과거제도를 문란하게 하며 할아버지, 아버지의 덕으로 벼슬을 받았다. 이런 가운데 수양대군은 정인지, 한명회, 정창손 같은 무리들과 음모를 꾸미고 자신이 영의정으로 앉아 권력을 흔들면서 세종이 기르고 아끼던 학자·문사들을 압제하고 있었다.

이와 같은 현실에서 그는 영달을 누릴 수 있는 벼슬을 포기했고 심사가 틀어져 있었던 것이다. 그가 삼각산에서 글을 읽었던 것도 과거 공부를 하기 위한 것이 아니었다.

마침내 수양대군이 왕위에 오르자 그에게는 생애의 새 계기가 만들어졌고, 끝내 현실에 저항하는 방법으로 방랑의 길을 떠난 것이다. 결코 세종에 대한 은의와 충성, 그리고 단종에 대한 충절만으로 삼각산을 나와 방랑의 길을 떠난 것이 아니었다. 그 뒤의 그의 행적을 살펴보면 이런 이야기를 충분히 납득할 것이다.

사육신의 시체를 거두다

그는 삼각산에서 나와 어디로 발길을 돌렸던가? 그는 일단 서울로 나왔다. 그러니 세상 돌아가는 꼴을 여기저기에서 얻어들었을 것이다. 그는 몇 사람들과 뜻을 맞추었다. 조상치는 집현전 부제학으로 있었고, 박도는 깨끗한 선비로 처신하고 있었다. 이 두 사람은 김시습의 선배였다. 이들과 함께 강원도 금화로 발길을 돌렸는데 이때 대여섯 명이 따라왔다. 모두 김시습보다 나이가 많았다.

그들 아홉 사람은 금화현에서 남쪽 10리 지점인 사곡촌(沙谷村)

산골짜기에 초막을 지었다. 그리고 나무 잎사귀에 시를 쓰며 통곡하다가 물에 띄워 버렸다. 이들은 때로 담소를 나누고, 한탄도 하고, 바람 소리와 물소리를 들으며 스스로 방외인(方外人)을 자처했다.

방외인은 어떤 사람들인가? 한마디로 세상을 등지고 사는 사람이다. 사림은 조정에서 벼슬을 하다가 마음에 맞지 않으면 향리로 돌아가 독서에 열중했다. 그러다가 시세가 흡족하다고 생각되면 다시 조정에 슬슬 나와 절개와 지조를 은근히 자랑했다. 방외인은 이들과 결코 달랐다. 시속의 통념에 맞추지 않고 몸가짐을 흐트러뜨려서 아무렇게나 사는 사람처럼 되어 버리는 것이다. 그들은 산속에서 갓끈을 씻다가 싫증이 나면 바위에 올라 석각(石刻)으로 시를 새기기도 했다. 박효손은 김시습의 화상을 바위에 새겼고, 김시습은 시구를 손수 새겼다고 한다(『매월당집』 부록). 그들은 이곳에 오래 머물지 않았다.

서울에서는 수양대군이 임금이 된 이듬해 상왕 복위의 음모를 꾸민 이들을 김질이 장인인 정창손에게 고해바쳤다. 이에 정창손이 주동이 되어 재빨리 성삼문, 박팽년, 이개 등을 잡아들여 참형시켰다. 김종서, 황보인 등을 죽인 뒤에 이어진 2차의 대량 살육이었다. 이런 상황에서 이들 아홉 은사들은 뿔뿔이 흩어졌다. 각기 새로운 행로를 모색한 것이리라. 그리고 나날이 닥치는 위험도 느꼈을 법하다.

사육신의 시체는 길가에 버려져 있었다. 그들의 가족은 모두 잡혀가 있었으니 누가 시체를 거두지도 못할 절박한 처지였다. 이때 어느 승려가 이들 시체를 거두어 노량진 길가 남쪽 언덕에 묻었다고 전한다. 그가 바로 김시습이라 한다(『연려실기술』 세조조본말). 이때에 김시습은 승려가 되어 있었다. 이제부터 김시습을 설잠으로 부르기로 한다.

필자는 관계 기록을 검토한 끝에 이때 그가 승려가 된 것으로 판단했다. 물론 삼각산에서 나와 바로 승려가 되었다고 기록된 경우도 있었다.

'눈이 덮인 등성이'라는 뜻을 지닌 "설잠"이라는 이름은 스스로 지은 것이다. 그런데 승려치고는 형상이 괴이했다. 머리는 깎았으되 수염은 기르고 있었다. 이에 대해 그 자신은 "머리를 깎은 것은 세상을 피하기 위해서요, 수염을 기른 것은 장부의 기상을 나타낸 것이다."고 말했다(『계곡만필』). 그래서 그를 두고 사람들은 "비승비속"이라고도 불렀다.

설잠 자신이 그린 자화상을 보면 키는 작았을 것으로 생각되고, 얼굴은 종종하여 못생겼다. 이런 모습에 머리에는 승려의 것이 아닌 검은 벙거지를 쓰고 다녔다. 형색도 기인의 차림이었다.

이제부터 그의 방랑과 기행이 본격적으로 시작된다.

방랑과 기행

방랑객이 된 설잠은 가장 먼저 평안도 지방으로 발길을 돌렸다. 그는 개성을 거쳐 평양에 이르렀다. 그리고 이어 청천강을 거쳐 압록강 언저리에서 백두산을 바라보기도 했다. 이때 그는 중국에 사신으로 가는 김수온(金守溫)을 만나기도 했다. 그들은 아마 이 만남에서 학문을 토론했을 것이고, 김수온은 그가 승려가 된 것을 타일렀던 것 같다. 김수온의 형도 고승 신미(信眉)였다. 그 뒤 김수온은 남달리 설잠을 돌봐주었다.

그는 스물네 살 되던 가을, 이 지방의 여행을 마치면서 역사의 흥망, 곧 고조선·고구려·고려의 성쇠를 시로 남겼다(「유관서록(遊關

179

西錄)」,『매월당집』). 이어 그는 발길을 강원도로 돌려 임진강 상류를 건너 금강산에 닿았다. 그는 금강산 만폭동의 절벽에 이런 글을 석각해 두었다고 한다.

樂山樂水 人之常情而 我則 登山而笑 臨水而哭
산수를 좋아하는 것은 사람의 상정이다. 하지만 나는 산에 올라서는 웃고 물에 다다라서는 통곡한다.

최남선이 이를 보고 나서 「금강예찬」에서 "이 새긴 글씨를 보고 그를 조상하는 동시에 도로 그 눈물로써 저를 조상하게 됩니다. 아름다움의 덤불이요 기쁨의 더덕인 금강산에서 오직 한 군데 눈물로 대할 곳이 여기입니다."라고 쓰고 있다.

그는 금강산에 이어 오대산과 강릉을 돌아보고 돌아왔다. 이 여행을 통해 산수(山水)의 장관을 본 뒤 자신을 '창해의 좁쌀 한 알'로 비유했다.

이 두 지방을 여행하고 돌아와서 각기 『관서록(關西錄)』과 『관동록(關東錄)』의 시집을 꾸미고 그 내력을 썼다. 이것이 자신의 시를 손수 모아 꾸민 최초의 시집일 것이다. 그는 시를 쓰면 모두 불태우거나 내버리거나 물에 띄워 버렸는데 이들 시는 기행시라서 시세와 관계없는 탓으로 엮어둔 것 아닌가 생각된다.

그는 이제 발길을 남쪽으로 돌렸다. 그리하여 청주를 거쳐 전주, 금산사를 비롯해 나주, 영광, 무등산, 송광사, 지리산 그리고 함양을 거쳐 해인사를 두루 돌아보았다. 이 지방에서 그는 매화와 대나무가 무성한 남도의 정취를 보았고, 그곳 물산이 풍부한 것에 감탄했다.

　설잠은 다시 발길을 돌려 경상도로 향해 경주를 두루 구경했다. 이제 그는 나라 안의 사정을 두루 돌아보았고 따라서 세상물정도 알 만했다. 그리고 나라 안을 돌아다니며 말로만 듣거나 관념으로만 알고 있었던 농민의 참상을 목도했다. 이 무렵 그는 이런 시를 남기고 있다.

　　10년 동안 떠돌이 되어 이리저리 떠돌아다니다 보니
　　이내 몸은 도시 밭둑가의 쑥대로구나.
　　세상 살아가는 길은 모두 험하고 위태로우니
　　아무 말 없이 꽃떨기나 냄새 맡고 지내는 것이 좋으리로다.

신세는 고단했다. 술을 통음하며 울어 보았자 마음에 얼마만큼 위안을 얻겠는가.

　그가 데리고 다니는 상좌는 목소리가 아주 밝으면서 구슬픈 소리를 곧잘 했다. 그는 달 밝은 밤에는 이 상좌를 시켜서 초사인 『이소경(離騷經)』을 읽게 했다. 그는 구슬픈 소리를 들으며 울음으로 옷깃을 적셨다. 하지만 그리해 본들 무슨 소용이랴.

　설잠은 이때쯤 어딘가 머물고 싶다는 소망을 마음속에 품고 있어서 새로운 심적 갈등을 겪으며 정착을 결심했다. 그런 가운데 1463년(세조9) 책을 사러 서울로 올라왔다.

　이때 임금 세조는 당시 불사를 크게 벌이고 있었다. 자기 손에 죽은 사람들의 명복을 빌기 위함이었다. 당초에 이성계는 많은 사람을 살육하며 새 나라를 건설했다. 그러고 나서 불사를 벌였는데 그중의 하나가 『묘법연화경(妙法蓮花經)』의 간행이다. 그 뒤 세종은 소현

181

왕후가 죽자 효령대군의 도움을 받아 내불당을 세웠고, 이어 수양대군의 도움으로 『석보상절(釋譜詳節)』을 언문으로 지어 반포했다.

세조는 다시 효령대군의 도움으로 『묘법연화경』의 번역사업을 벌이고 있었다. 이때에 많은 승려들은 이 일을 맡을 사람으로 설잠을 추천했다. 효령대군이 설잠에게 이 일을 간청해서 신미, 학조 등 이름난 승려들과 함께 내불당에 들었다.

설잠은 관례대로 먼저 임금의 공덕을 칭송했다. 그 답지 않게 굴절하는 모습을 보이는 듯했다.

임금은 그에게 큰 우대를 했다. 때는 가을이었다. 임금은 햇과일이 들어오면 관례대로 궁중 사람과 종친에게 나누어 주었는데 내불당에 있는 설잠에게 포도, 배 따위를 번번이 보내 주었다. 이에 설잠은 "물건은 비록 작은 것이지만 성의는 크다."고 쓰고 있다.

그가 내불당에 열흘쯤 머물고 있었을 때의 일화도 전해진다. 임금이 내전에 승려들을 불러들여 법회를 열었는데 설잠도 여기에 끼여 있었다. 그런데 설잠이 이른 새벽에 도망쳐 버려 간 곳이 없었다. 사람을 시켜 행방을 찾으니 거리의 거름 구덩이에 빠져 얼굴만 내놓고 있었다 한다(김안로, 『용천담적기』). 아무튼 그는 10여 일쯤 내불당에 있다가 다시 금오산으로 돌아왔다. 그는 돌아올 적에 유교·도교 책인 『성리대전』, 『도덕경』 같은 책을 사 왔다. 그가 유불선 합일사상의 제창자임을 이에서도 짐작할 수 있겠다.

아무튼 왜 그는 내불당에 들었다가 다시 나왔을까? 당시에는 영의정 정창손 등 이른바 공신들이 조정을 판치고 있었다. 또 많은 권신들은 서울 주변에 많은 농장과 노비를 거느리고 대지주 노릇을 하기도 했다. 이런 가운데 그가 조정 일에 무관심한 것이 결코 아니었다. 어떤 벼슬아치가 다시 자리를 받으면 늘 "이 따위 인물이 이런 자리를 차지하다니, 이 백성이 무슨 죄인가?"라고 한탄했다 한다.

당시 그의 동료들도 높은 관직을 차지하며 출세를 하고 있었다. 그러나 깨끗한 선비들이 고향이나 시골에 숨어 살고 있는 판에 자신이 초라한 모습으로 조정에 기웃거릴 수가 없었을 것 아닌가.

금오산 용장사에 우거하다

그는 경주를 돌아보고 복거지(卜居地, 살 곳을 찾는 것)를 했다. 경주의 남산, 곧 금오산에 폐허가 된 절 하나가 비어 있었는데 이것이 용장사(茸長寺)였다. 용장사는 금오산의 남쪽 동구에 터를 잡고 있었다. 절이 폐허가 된데다 골짜기가 깊어서 사람의 발길이 거의 닿지 않았다. 그는 이곳에 토굴을 짓고 매화를 심었다.

그리하여 이 토굴을 "금오산실"이라고도 하고, "매월당"이라고도 했다. 이렇게 해서 그의 호가 매월당이 되었다.

그의 나이 서른한 살이 되었을 적이다. 남향의 금오산실에는 봄볕이 따스하게 들고, 매화도 망울을 잘 맺고 있었다. 그런데 3월 그믐날 서울에서 종자가 말 한 필을 끌고 내려와서 말했다.

효령대군께서 보내서 왔습니다. 성상께서 옛 흥복사를 새로이 세우고 이름을 원각사(圓覺寺)라고 지었습니다. 스님들을 모시고 낙성회를 갖는데 여기에 참석하시게 하라는 분부를 받고 왔습니다.

_『매월당속집』

183

이 낙성회에 효령대군이 그를 설법사로 천거함에 따라 임금이 이를 승낙하여 그를 불러올리라 이른 것이다. 이에 효령대군은 "단단히 어기지 말고 올라오라."는 당부를 내렸다. 그는 "이런 좋은 모임이 늘 있지 않을 것이요, 훌륭한 세상을 만나기 어렵다."고 말하고 그날로 말을 타고 서울로 올라왔다. 당시 그는 "남은 나이를 마치겠다."는 기록을 남기고 있다. 그는 이때 어떤 기대를 걸고 있었던지, 아니면 보신을 위한 얕은꾀를 쓴 것인지, 이와 같은 몸짓을 보인 사실이 오늘을 사는 사람들로는 짐작 가지 않는다.

그는 서울로 올라와서 세조의 성덕을 칭송하는 시를 지었고, 또 낙성회 첫날 임금이 대사령을 내리자 이를 찬탄하는 시도 지었다. 이어 효령대군이 그에게 원각사 찬시를 지어 임금에게 올리라고 부탁했다. 이에 찬시를 지어 올리자 임금은 이를 보고 효령대군에게 분부했다.

"이 찬시는 매우 아름답소. 내가 궁으로 돌아가 만나볼 터이니 이 절에 거처하게 하시오."

그러나 그는 뒷날 "내가 그때에 무심히 임금을 우연한 기회에 만나기는 했으나 오직 천석(泉石)에 노닐기로 뜻을 삼았기에 서울에 있은 지 며칠이 못 되어 끝내 길을 떠났다."(『매월당속집』 권2)라고 기록하고 있다(지금 이 찬시는 전해지지 않는다). 잠시 고단한 삶속에서 번민을 한 것으로 풀이할 수 있겠다.

그는 느릿하게 경주로 내려가는 길에 임금이 보낸 사자를 중간 길에서 만나 다시 올라오라는 전갈을 받았으나 병을 핑계로 끝내 올라가지 않았다. 이때 그는 또 "설법의 일이 이미 끝났으므로 홀연히 돌아왔다."라고 쓰기도 했다. 이런 행적이 정신적 방황인가, 아니면

10년의 세월로 해서 감정이 무뎌진 탓인가? 아니면 높은 벼슬을 얻지 못한 처지에서 다시 방외인으로 돌아온 것인가?

설잠은 이 무렵 절박하기는 했다. 방랑 생활을 하면서 절간에 기식하기도 하고, 관가에 밥을 청해 먹기도 하고, 때로는 마을의 여염에서 잠자리와 밥을 얻기도 했다. 그런 속에서 추위와 굶주림에 떨었다. 이런 탓인지 금오산실에 있을 적에 실제로 그는 건강이 좋지 않았다. 하지만 그 와중에도 술에 취해 차가운 달빛 아래에서 매화를 바라보기도 하고, 대나무에 부는 바람 소리를 듣기도 하면서 시를 토해 냈다.

그의 시 짓는 버릇은 괴상했다. 서 있는 나무를 깎아 시를 써 놓고는 한동안 읊고 나서 한바탕 통곡을 하며 깎아 버렸다. 또는 종이에 시를 써서 한참 바라보다가 물에 던져 버렸다. 특히 금오산실에서부터 이런 버릇이 유난히 들기 시작한 것으로 보인다. 그는 틈틈이 바닷가를 거닐기도 하고 또 교외나 시전에 나가 구경하기도 했다. 그는 체질적으로 방 안이나 산속에만 처박혀 시나 짓고 책이나 읽는 꽁생원은 아니었다.

그러면서도 그는 일하지 않고 먹는 사람을 싫어했다. 그는 지주를 싫어하듯 유식(遊食) 무리를 미워했다. 그러므로 그는 약한 몸으로 손수 밭을 일구고 씨를 뿌리면서 농사를 지었다. 승려들이 하는 울력을 그 스스로 한 것이다. 그는 누구보다 애민의식이 투철한 사람이었다. 그의 애민의식을 실천으로 보여주는 것이 그의 노동이었다. 그 자신이 노동을 하여 먹고 살려는 의지가 평생을 통해 나타나고 있으니 그는 결코 기생(寄生)의 존재가 아니었다. 그는 산가(山家)의 고통을 이렇게 읊고 있다.

물 건너 등성이 너머 십 리쯤에
비탈진 쪽 눈에 띄는 작은 띠집.
소 부리는 소리 허공에 울리니
화전민이 늦갈이하는 줄을 알겠노라.
해 지면 호랑이 무서워 사립문 닫아걸고
동이 트면 움직여 고사리나물 삶도다.
깊숙한 산골 더 깊은 골일지라도
부역이나 조세를 안 내고야 못 배기지.

화전민의 고단한 삶을 읊은 것이다. 밭에 싹이 나면 산짐승이 먹어
대고, 남은 곡식 거두어들이면 새나 쥐가 훔쳐 먹고, 그러고 나서 관
가에 세금 바치면 남는 것이 없고, 빚 때문에 소와 말을 빼앗긴다고
한탄했다. 이어 이렇게 읊었다.

원님이 어질고 자애로운들 허덕이는 살림일 텐데
이리 같은 벼슬아치 만났으니 백성은 정말 가엾구나.
며느리 짐 이고 시아비 손자 끌어 길에 가득하니
어찌 주리고 얼어 죽는 것이 풍년 아니기 때문이랴.

수탈에 못 이겨 유랑하는 농민의 참상을 이렇게 그렸다. 그는 농민
의 고통을 여러모로 따져 고발하고 있다. 이것은 부정한 관리만을
고발한 것이 아니라 토지를 마구잡이로 늘리고 빚 대신 땅을 빼앗는
대지주와 사치와 음탕으로 지새우는 위정자를 질타한 것이다. 또 그
가 겪었음직한 사실을 다음과 같이 읊기도 했다.

186

자갈밭에 바윗돌이 울퉁불퉁

온통 가시덤불 등 넝쿨 얽혀 있네.

땅은 토박해 잡목만 자라고

밭고랑 비탈져 곡식 자라지 못하는구나.

굶주린 까마귀 나무 끝에서 울어 대고

여윈 송아지 둔덕에 누워 있네.

이같이 깊은 산골인데도

해마다 세금이야 면할 수 있으랴.

이것은 금오산 일대의 화전민 참상만이 아니라 그가 오대산·지리산에서 본 화전민의 실상이었고 그 자신도 겪은 고통이었다. 이런 농민 수탈에 대한 시들을 그는 당대의 어느 누구보다도 많이 남기고 있다. 이런 시를 지어 놓고 통곡하다가 찢어 버리지 않았겠는가.

그가 어떤 때는 나무로 농부의 모양을 새겨서 책상 위에 두고는 하루 종일 바라보고 통곡하다가 불태우기도 했고, 어떤 때는 자기가 심은 벼가 자라 이삭이 탐스러운데도 술에 취해 낫을 휘둘러 한 이랑을 다 베어 놓고 목 놓아 울기도 했다 한다(『장릉지』). 이런 행동이 광인의 짓일까? 그는 그의 애민의식을 이런 방식으로 표현한 것이다.

다만 그가 농민을 소재로 형상화한 시는 극히 일부분에 지나지 않는다. 어쨌든 그는 금오산실에서 많은 시를 남겼고 다른 저작에도 몰두했다.

토굴에서 탄생한 사랑 이야기, 『금오신화』

금오산실에 사는 설잠은 몸은 병들었으나 동가식서가숙할 때보다 고달프지는 않았을 것이다. 그리하여 저술에 몰두할 수 있었을 것이다. 이때 그는 소설을 썼다. 그 소설에는 다음과 같은 것들이 있다.

첫째, 「만복사저포기」이다. 남원 땅 늙은 총각 양생(梁生)은 부처님과 처녀를 얻는 내기놀이를 하여 이겼다. 이에 한 처녀가 부처님께 배필을 점지해 달라고 기도하자 양생이 구애해 허락을 받았다. 두 남녀는 며칠 함께 지내며 사랑을 나누었으나 그 여자는 원통하게 죽은 영혼이었다. 그 여자는 인연이 다하였다 하고 사라졌는데 양생은 여자의 부모를 만나 재물을 얻고 또 죽은 혼을 위로해 주었다는 이야기이다.

둘째, 「이생규장전」이다. 개성 땅에 사는 이생은 글도 잘하고 외모도 잘생긴 총각이었다. 선죽교 옆에 사는 양반 최씨 집 딸은 아름다움과 손 맵시로 소문이 났다. 어느 날 이생이 연모의 시를 써서 던지자, 최씨 처녀는 늦은 저녁에 만나자고 약속을 해 그날 밤 그들은 가연을 맺었다. 이 일이 발각되어 이생은 울주 땅으로 쫓겨 가고 최씨 딸은 병이 들었다. 이에 다시 혼인을 하게 해서 행복하게 살았다. 하지만 난리 때 아내가 죽게 된다. 이생이 고향에 돌아오자 아내의 망령이 찾아와 다시 몇 년 살다가 이별하였고, 이생도 곧 죽었다.

셋째는 「취유부벽정기」이다. 개성 부호인 아들 홍생이 부벽루에 올라 시를 읊조리자 난데없이 시녀를 거느린 여자가 나타났다. 그 여자는 예전 기자(箕子)의 딸로 천계(天界)에 있다가 부왕의 묘를 돌아보고 가는 길에 홍생이 읊는 시를 듣고 반하여 왔다는 것이다. 그들은 서로 사랑의 시를 주고받다가 헤어졌다. 홍생이 그 뒤 병이

들어 누웠는데, 꿈에 한 미인이 나타나 "우리 아가씨께서 당신을 견우성 아랫자리에 벼슬을 주었으니 속히 가자."라고 한다. 이에 홍생이 목욕을 하고 자리에 눕자 곧 죽었다.

다음의 「남염부주지」는 경주 선비 박생이 꿈에서 염라대왕과 세상일이나 치도(治道), 이단 등을 문답한 내용이요, 「용궁부연록」은 개성의 한생이 꿈에 용왕에게서 극진한 대접을 받고 깼는데 용왕이 준 선물이 실제로 있어 이것을 가지고 명산에 들어가 세상과 인연을 끊었다는 줄거리이다.

이것을 묶어 『금오신화』라 이름 지은 설잠은 이것을 석실(石室)에 간직하고 뒷날 이 소설을 알아줄 사람이 있을 것이라고 말했다 한다.

『금오신화』의 앞 세 작품은 자유연애를 구가한 것이요, 뒤의 두 작품은 자신의 정치관 그리고 자기 자신을 이상화한 것으로 보인다.

그는 어려서 부모를 여의고 또 사랑하는 아내마저 본의 아니게 버렸다. 세상을 떠돌면서 이름은 떨쳤으나 남녀의 오붓한 사랑을 나누지 못했다. 그런 그는 소설에서 남녀에 대한 유교의 철저한 속박을 빗대어 자유연애를 구가했던 것인데 이것은 또 사랑을 주제로 한 최초의 소설이기도 했다. 이들 작품이 중국의 『전등신화』를 모방했다고 하나 그의 인생관과 사상이 짙게 깔려 있음은 말할 나위도 없을 것이다.

태평성대의 시대에 들다

그가 육칠 년을 금오산실에서 보낼 적에 세조도 죽고 그 뒤를 이은 예종도 죽고, 새 임금 성종이 문치를 표방하고 널리 인재를 구하고 있었다. 설잠이 다시 서울로 올라올 무렵 정창손, 한명회, 노사신 등 이른바 공신들은 많은 권세를 누리고 있었고, 선배인 신숙주, 김수온, 서거정 등은 고관의 대열에 있었다. 반면 그와 가까이 지내던 남효온, 홍유손, 이정은 등은 영락하여 서울 언저리에서 맴돌고 있었다. 그의 지기들은 그에게 서울로 올라오라고 당부했다. 그리고 새로운 기운을 맞고 있으니 벼슬살이를 하라고 권고하기도 했다.

이런 사람들의 주선 탓인지 그는 서울 변두리 성동에 폭천정사(瀑泉精舍)를 지어 거처할 곳을 마련했고, 궁방전(宮房田, 왕자·공주에 딸린 토지) 몇 뙈기도 갈아먹게 되었다. 그는 일단 폭천정사에 거처하면서 서울 생활을 준비하고 있었다. 이곳에서 그는 동쪽으로 흐르는 시냇가를 거닐기도 하고, 얼마 떨어지지 않은 남산에 올라가 약초도 캤다(「화정절귀원전시」, 『매월당집』). 이때 그는 도연명의 「귀거래사」를 본받아 이런 시를 남겼다.

나 벼슬하는 영화 없노라니
내 마음 한가로워 편안하구려.
개미 쳇바퀴 돌고 돌 듯이
이 세상 사람들 괴로워하나.
홀로 푸른 산 병풍 삼고
밤이면 달빛 촛불처럼 비치네.
가야금 줄 당기며 옛글 익히니
어느덧 동녘에 날 밝아 오네.

이는 완연히 도연명의 한가로운 전원생활을 본받으려는 뜻을 드러낸 것이다. 그러나 이곳은 번잡한 서울과 너무 가깝지 않은가. 도연명이 고향으로 돌아가 버드나무를 심으며 산 뜻과는 사뭇 다르다. 세상은 그의 뜻대로 돌아가 주지 않는다.

어쨌든 그가 정든 금오산을 버리고 행장을 말끔히 챙겨 폭천정사로 옮긴 때는 서른아홉 살 적의 봄이었다. 성종이 한창 문치를 펴고 있을 적이었으니 태평성대라 말하는 시대였다. 그를 늘 아끼던 김수온, 서거정이 그에게 벼슬을 하라고 권고했다. 당시 김수온은 판서의 자리에, 서거정은 대제학으로 있었다(「상유양양진정서」).

설잠은 비록 폭천정사에 은거한다고 말했지만 가끔 서울 거리를 휘젓고 다녔다. 당시의 한 일화는 그의 꼿꼿한 기개를 보여주는 듯하다.

그가 지난 날, 서울에 올 적에 거처로 삼은 곳은 남소문동의 이정은의 집이었다. 이정은은 종친이었다. 이곳은 폭천정사와 가까운 곳이니 늘 들렀음직하다. 이 집의 주인이 선비를 좋아하고 또 시 읊기를 즐겼기에 많은 방외인들로 사랑방이 가득 찼다. 먹고살 만도 했으니 술이나 음식 대접도 소홀하지 않았다. 어느 날, 설잠이 이 집에 들러 보니 사랑방은 손님들로 가득 차 있었다. 그는 방 안에 들어서면서 조우(祖雨)라는 승려가 있음을 알아차렸다. 설잠은 큰 소리로 떠들었다.

"조우는 노사신에게 글을 배운 중놈이오. 이 자리에 낄 수가 없소. 만일 여기에 오기만 하면 내가 죽여 버리겠소."

이 소리를 곁에서 들은 조우는 분을 이기지 못하여 설잠 앞에 불쑥 튀어나와 외쳤다.

"생원이 감히 드러내 놓고 큰 재상을 두고 욕을 퍼부어도 되는가. 만약 나를 죽이고 싶으면 마음대로 죽여 보시오."

이에 설잠은 조우의 목을 틀어쥐고 때리려는 시늉을 했다. 옆 사람들이 모두 떼어 말려 조우는 겨우 몸을 빼서 도망쳤다(『월정만필』).

노사신은 권신으로 당시 재상의 자리에 있었다. 이런 노사신에게 조우가 『장자』를 배우러 간 사실을 알고 설잠은 이런 행패를 부린 것이다. 어떻게 권신에게 『장자』의 소요유(逍遙遊)를 배우려는 것이냐? 필시 아첨하려는 것으로 생각한 것이다. 조우는 조계산 송광사의 주지로 있으면서 설잠과는 오랜 인연이 있었고 또 신세도 지고 있었다.

권신들에 대한 조롱

정승 정창손이 벽제소리를 울리며 거리를 지나가고 있었다. 마침 술이 거나하게 취해 이를 본 설잠이 길에 썩 나서며 소리쳤다.

"너 이놈, 그만 해 먹어라."

정창손은 그 위인이 설잠인 줄 알고 못들은 체하며 지나갔다. 이 이야기를 들은 그의 벗들은 설잠과 사귀면 위태롭다고 여겨 하나둘 발길을 끊었다(남효온, 『사우명행록』).

권신 한명회는 한강 가에 화려한 압구정을 짓고, 서강 가에 별장을 두어 이를 찬탄하는 현판들을 걸어 놓았다. 여느 사람들은 감히 함부로 여기에 오르지 못했다. 어느 날 설잠이 서강에 놀러 갔다가 한명회 별장의 현판을 보았다. 그 현판에는 이런 시가 씌어 있었다.

青春扶社稷 청춘에는 사직을 붙들고
白首臥江湖 늙어서는 강호에 누웠네.

설잠은 재빨리 이렇게 고쳐놓았다.

青春危社稷 청춘에는 사직을 위태롭게 하고
白首汚江湖 늙어서는 강호를 더럽혔네.

곧 부(扶) 자를 위(危) 자로, 와(臥) 자를 오(汚) 자로 고쳐 놓으니 영락
없이 맞아떨어졌다. 사람들이 이를 보고 그럴 듯하다고 수군거리자
한명회는 나중에 이를 알고 현판을 아예 없애 버렸다(『매월당집』부록).
　신숙주는 설잠이 서울에 들어왔다는 말을 듣고 숙소의 주인과
짜고 술을 실컷 먹이게 했다. 신숙주는 설잠이 술에 곯아떨어지자
가마에 태워 자기 집으로 데리고 갔다. 설잠은 얼마 뒤 술에서 깨어
나 신숙주 집에 누워 있는 걸 알았다. 설잠이 일어나 가려 하자 신숙
주는 손을 잡고 "어째서 말 한 마디도 없는가."라고 말했다. 그는 입
을 꾹 다물고 옷자락을 뿌리치고 나가 버렸다. 이런 설잠이었으니
벼슬을 주자고 한들 제대로 받을 수 있었겠는가? 한명회나 정창손
이 방해했을 법하지 않은가?
　그를 유달리 아꼈던 서거정은 그가 서울에 왔다는 소식을 들으
면 자주 찾아가서 선비로 예우했다. 그런데 설잠은 서거정과 이야기
를 나눌 적에 벌떡 드러누워서 두 발을 벽에다 대고 흔들어 댔다. 이
런 짓거리가 하루 종일 그치지 않았다. 이를 본 사람들이 "김시습이
예의를 차릴 줄 모르는데, 서상공께서 지나치게 허물없이 대해 준
탓으로 버릇없이 굴어 대니 후회하여 다음번에는 오시지 않을 것이
다."라고 수군거렸다. 그러나 며칠 뒤에 또다시 찾아와 담소를 나누
었다.

서거정은 나이로도 설잠보다 15년 위였고, 또 젊을 적부터 대제학을 지낸 이름난 문사였다. 서거정은 권신은 아니었으나 대농장을 가지고 관계에도 탄탄하게 진출하고 있었다.

서거정이 오래 대제학을 지낸 뒤 기한이 차게 되어 후임자를 추천하게 되었다. 임금은 사림 출신 김종직(金宗直)을 늘 마음속에 두고 있었는데, 서거정은 그 후임자로 홍귀달(洪貴達)을 추천했다. 다음 대제학으로 모두 김종직을 꼽고 있었는데 서거정은 자기보다 나은 김종직을 시기하여 평범한 문사 출신인 홍귀달을 대제학에 앉히려 한다고들 수근거렸다. 이 말을 들은 설잠은 "천하에 가소로운 일은 홍귀달이 문장에 능통하다는 것이네."라고 풍자하여 이런 말이 널리 퍼지게 되었다.

김수온은 또 남달리 설잠을 돌봐 준 벼슬아치였다. 김수온이 '맹자가 양 혜왕을 만나본 일'에 대해 생원들에게 시험을 보였다. 한 생원이 이 글제를 설잠에게 보여주니 설잠이 휘갈겨서 그 해답을 써 주며 "이 글은 자네가 썼다고 하게."라고 했다. 이를 받아본 김수온은 채 읽기도 전에 "열경(悅卿, 김시습의 자)이 지금 어느 산 어느 절에 있는가?" 하고 물었다. 그 생원은 어쩔 수 없이 사실대로 말했다 한다.

그 해답의 내용은 바로 '양 혜왕은 거짓 왕이기 때문에 맹자가 만나 보아서는 안 된다.'는 것이었다. 그 당시로서는 맹자의 이 구절을 놓고 맹자의 인의(仁義)를 천명한 것이라고들 배우고 있는 현실이었다. 설잠의 이 견해는 근본적으로 맹자의 잘못된, 다시 말해서 명정(名正)하지 못함을 나무란 것으로 탁견이었던 셈이다.

이런 김수온이 뒷날 죽었을 적에 좌화(坐化, 선승들은 곧잘 죽을 적에 앉아 죽는 것을 높이 평가한다)했다는 말을 들었다. 그러자 설잠은 "괴

애(乖崖, 김수온의 호)가 욕심이 많은데 어찌 좌화할 수 있느냐? 좌화는
어림없는 소리네."라고 뇌까렸다. 김수온은 높은 벼슬살이를 했고
또 그의 형인 신미는 고승으로 이름을 떨쳤다. 그렇기에 설잠은 노
사신이 신미에게 『장자』를 가르친 것이나 김수온이 좌화했다는 것
이나 모두 욕심꾸러기요 권세에 찌든 인물이므로 그런 모습들이 걸
맞지 않다고 생각한 것이다(이이, 『본전』).

이렇게 고관일지라도 거침없이 비판하는 그를 신숙주나 서거
정이나 김수온은 국사(國士)로 대우하여 돌봐 주었다. 설잠의 재주
와 지조를 알고 있었기 때문이 아니겠는가.

후배·제자들과 어울리다

그에게는 이름 없는 제자들도 따랐으나 친구 또는 후배 중에서 그를
남달리 따르는 부류가 있었다. 그들은 바로 앞서 언급했던 이정은을
비롯하여 남효온, 홍유손, 김일손 등이었다. 적어도 설잠은 금오산
에서 서울로 온 뒤 이들과 늘 어울려 다녔다.

종친인 이정은은 태종의 손자이니, 세조와는 6촌간이 되며 뒷
날 영의정을 지낸 이원익(李元翼)의 할아버지이다. 이정은은 종친부
의 직책인 수천부정을 지내면서 청렴결백하게 살았고 설잠을 늘 도와
주었으며 조정의 일에는 초연하게 지내면서 일사(逸士)들과도 어울렸
다. 그리하여 그의 사랑채에는 많은 선비들과 식객들이 들끓었다.

남효온은 김종직의 제자로 젊을 적에 소릉(昭陵)의 복위를 상소
했다. 곧 단종의 어머니인 현덕왕후의 능을 세조가 물가로 옮겨 놓
았는데 이를 바로잡으라 한 것이다. 이 상소가 올려진 뒤 정창손, 임

사홍 등 권신들이 가로막아 버리자 벼슬을 단념하고 방랑을 일삼으며 살았다. 남효온은 설잠을 스승처럼 섬겼는데 어느 날 설잠에게 물었다.

"제 소견이 어떻습니까?"

"구멍 난 창으로 하늘을 보지."

"선생님 소견은 어떻습니까?"

"넓은 뜰에서 하늘을 보지."

남효온은 이런 대답에 섭섭하게 여기지 않고 심복했다.

홍유손은 김종직의 제자였으나 나이는 설잠보다 네 살 위였다. 그는 아전 출신이었으나 뛰어난 문사로 인정받아 아전 신분을 면제받았다. 수양대군이 왕이 된 뒤 그는 죽림칠현을 자처해 호를 광진자(狂眞子, 미친 놈)라 하고 청담(淸談)으로 세월을 보냈다. 홍유손도 자연스레 이정은, 설잠과 어울리게 되었다(『성호사설』 인사문).

또 한 사람은 김일손이다. 김일손은 다 알다시피 사초(史草)에 스승 김종직이 지은 「조의제문(弔義帝文)」을 실어 세조의 찬탈을 풍자했다가 이것이 발각이 되어 죽음을 당한 사림파의 벼슬아치였다.

이 「조의제문」과 관련된 설잠과의 일화가 있다.

설잠이 성동 폭천정사에서 나와 다시 삼각산 중흥사에 머문 적이 있었다. 김일손은 남효온의 손에 이끌려 술병을 차고 설잠을 찾았다. 이들은 주위의 사람들을 물리치고 밤새도록 이야기를 나누었다. 그리고 모두 함께 백운대에서 시작하여 도봉산에 이르기까지 5일 동안 산놀이를 벌이고 헤어졌다(『매월당집』 부록).

이때 이들은 시세를 논하고 세상 돌아가는 이야기를 나누었는데, 그때 설잠이 사관인 김일손에게 김종직이 지은 「조의제문」을 사초에 올리라고 권고했다는 것이다. 다시 말해서 불의의 왕인 세조에 대한 비판을 역사에 올려야 하므로 이를 수록하도록 했다는 것이다. 이로 따지면 김일손 등 사림파가 떼죽음을 당한 무오사화의 꼬투리는 설잠이 만든 셈이다.

어찌 됐든 그들과 절친하게 사귄 남효온은 생육신으로 있다가 갑자사화 때 그의 언행과 상소 등이 빌미가 되어 비참하게 죽었고, 홍유손은 무오사화 때 종이 되었다가 풀려났다. 만일 설잠이 연산군 때까지 살아 있었더라면 이들처럼 비참한 운명을 맞이했을지도 모른다.

이처럼 그는 세 부류의 사람들과 때로는 어울리기도 하고, 때로는 경원을 당했던 것이다. 그중에서도 정창손, 한명회가 그를 못마땅하게 여겼을 것은 너무나 뻔하다. 이들이 그를 죽이지 않은 것은 온 나라에 이름을 떨치고 있는 방외인을 함부로 죽였다가 쏟아지는 비난을 감당하지 못할 것임을 염두에 둔 탓이었다.

그의 나이도 이제 40대 후반이 되었다. 온갖 것을 다 겪고 보았으니 불혹의 나이에 걸맞는 인생관이 이루어졌을 법도 하지 않은가? 그의 친구들과 후배들은 그에게 아내도 얻고, 자식도 낳고, 조상들에게 제사도 지내고, 그렇게 평범한 가정과 사회로 돌아오라고 권고했다. 또 일부 사람들은 낮은 벼슬이라도 얻어 생계를 꾸리고, 행동거지도 선비의 기품을 지니라고 권고했다.

그는 어떤 이유에서인지 모르겠으나 안씨 성을 가진 아내를 맞이했다. 지난 날 스무 살에 불과 1년도 못 되게 가정생활을 하고 매정하게 아내를 버렸던 그 아니었던가? 첫 아내인 남씨에 대한 소식은 그 뒤 전혀 알 길이 없다. 죽었는지 아니면 재가를 했는지 기록에

197

일절 나타나지 않는다. 적어도 그녀 처지에서 보면 설잠에게 배신당한 꼴이었다.

이제 새 아내를 맞이했으니 부모의 제사를 받들고 아들을 두어 대를 이을 결심이 섰을 것이다. 그는 머리를 길러 승려의 행색에서 벗어났다. 그리고 부모와 조상에게 이런 제문을 지어 올렸다.

제왕이 다섯 가지 가르침을 베풀면서 부모에게 효도하는 조목을 제일 첫머리에 두었고 또 3천 가지 죄를 벌여 놓으면서 불효를 가장 큰 죄라고 했습니다. 무릇 천지 사이에 살면서 누군들 길러 주신 은혜를 저버릴 수가 있겠습니까? 어리석은 소자는 자손의 도리를 이을 듯도 했으나 이단에 빠졌다가 말로에 바야흐로 회개하옵니다. 이에 예전(禮典)을 상고하고 성인의 가르침을 찾아보아 조상을 추모하는 큰 의식을 정리해 정하고 청빈으로 살아가는 계책을 참작해서 간소하게 정성 어린 제사를 올리나이다. … 만일에 속죄를 하려 하면 몸을 하늘가에 던져야 되겠습니다. 무슨 면목으로 지하에 가서 조상을 뵈오리까?

_『사우명행록』 · 『해동명신록』

그는 일상 선비의 모습으로 돌아왔다. 의관을 정제하고 나들이를 나가면 제법 위엄 있는 행동도 했을 것이다. 그리고 제문의 내용대로라면 지난날 부모와 조상의 제사를 저버린 행동을 깊이 뉘우치고 유가의 예법대로 봉제사(奉祭祀)를 하기로 결심한 것이다.

먹고 살기 어려운 민생에 대한 고발

그는 그럼에도 불구하고 기행을 멈추지 않았다. 아마도 1년도 채 못되어 그의 새 아내가 죽은 탓이었을 게다. 그의 아내가 나이든 남편을 받들기에 얼마나 어려움이 있었겠는가. 원래의 성격이 제멋대로인 데다가 30여 년의 방랑 생활에 절어 절제와 절도라고는 조금도 찾아볼 수 없었으니 말이다. 하지만 그에게도 지난날을 회개하고 새로 꾸민 가정에 마음을 붙여 보려는 몸부림이 있었을 것이다.

그는 방랑 속에서도 손수 농사를 짓고 제자들에게도 이를 가르친 사람이다. 그러니 이때에도 농사를 지었을 것은 분명하다. 그러나 비록 그가 농사를 지었다고 해도 제대로 재산 관리를 했을 것 같지는 않다.

이 무렵 그는 종들과 가옥·전답을 모두 음흉한 사람에게 빼앗겼다. 그가 성동의 폭천정사에 있으면서 궁방전을 갈아붙여 밥을 먹던 때에 아마 궁방전을 비롯, 집안에서 물려받은 토지와 또 어느 누가 마련해 준 일을 돌볼 종이 있었던 것 같다. 이것을 어떤 구실로 빼앗긴 것이다. 그는 재산을 빼앗긴 줄 알고도 아무렇지 않게 지냈다. 그런데 어느 날 갑자기 그 사람을 찾아가서 재산을 돌려 달라고 요구했다. 그 사람이 이를 거절했을 것은 뻔한 일, 설잠은 이에 한성부에 고소하여 두 사람이 대질을 하게 되었다. 여느 양반 지주들은 이런 송사가 있으면 종을 대신 내보내고 자신은 뒷전에서 하회를 기다리고 있어야 양반의 품위를 지킨다고 생각했다.

어쨌든 두 사람을 대질하는 관청은 그들이 시끌벅적하게 떠들어대는 소리에 마치 시장판과 같았다. 그는 그야말로 입에 거품을 물고서 자기 재산을 입증하며 장사꾼처럼 굴었던 것이다. 본래 그의

199

재산을 빼앗긴 것이니 승소할 것은 너무나 당연했다. 그는 송사에 이기고 그 문서를 받아 관아 문 밖에 나와서는 하늘을 보고 크게 웃었다.

"아하하, 네 것 내 것이 어디 있나?"

그리고 문서를 북북 찢어 개천 물속에 내던져 버렸다. 그는 옷깃을 펄럭이며 돌아왔다(『해동명신록』). 그는 왜 애써 찾은 재산 문서를 찢어 내 버렸을까? 그는 이 무렵 다음과 같은 시를 남기고 있다.

> 지난해 일찍 가뭄이 들고 늦장마도 휩쓸어
> 물가에 수렁이 한 자 깊이나 패이고
> 모래가 메여 채전을 졸지에 흙탕물로 뒤엎고
> 쑥쑥 자라는 것은 잡초뿐이로다.
> 아녀자는 배가 고파 길가에 울부짖으며 나앉고
> 길가에서 이를 보니 탄식뿐이노라.
> 빚과 조세를 밤낮으로 독촉하는데
> 나도 백정(일반 평민)의 노역을 하기 어려워라.
> 내 한 몸에 부과된 정역(丁役, 장정의 부역)이 삼처럼 얽혀
> 이리저리 빼앗는 부세 너무나 가혹하구나.
> 올해 거둔 토란과 밤으로도 지탱하기 모자라
> 봄밭에 씀바귀 캐는 손길 밭둑에 꽉 찼도다.
> 올해 갈고 심은 모가 이삭 팰 무렵
> 으스스 흙비 내리고 흐린 날 한 달 내내 이어져
> 보리 이삭 싹이 터 누룩이 되고 벼 뿌리 누렇게 썩고
> 철 어려우니 백성의 살 길 막막하도다.

8월도 늦게 벼꽃이 한창 필 무렵에
동북풍이 불어 닥쳐 쭉정이 여물지 않도다.
도토리에 좀벌레, 채전에 황충, 오이 덩굴 말라죽어
기근이 해마다 드니 살아갈 길 없네.
내 기름진 땅 수십 이랑까지
지난해에 세도가에게 강탈당해 버렸고
또 건장한 일손 있어 밭갈이 부리려 해도
지난해 지은 보(保, 군에 가는 대신 경비를 무는 장정)되어
군액(軍額)을 채워야 하네.
어린 아이 옆에서 시끄럽게 울어 대고
서로 나에게 매달리는 데도 못 들은 체
구중궁궐 깊고도 깊은 곳에
날개 달고 날아가 대궐 문 두드리고 고소하고 싶네.

___「기농부어」, 『매월당집』

이런 현실은 그 자신을 빗댄 것이었다. 다시 말해 천재와 인재가 겹쳐 농민이나 백성은 살 길이 없었다. 그러니 그 자신의 빼앗긴 재산을 찾은들 제대로 농사를 지을 수 없었을 것이다. 그의 이러한 현실 고발의 시가 애절하게 느껴진다. 아무리 그 자신이 뼈 빠지게 일해 보아야 아내 하나 입에 풀칠도 못해 주게 되는 것이다. 다른 이야기로는 이때 아이가 태어났는데 아내와 함께 곧 죽었다고도 한다.

그는 이 무렵 또 서울 거리를 종횡으로 휩쓸고 다녔다. 더욱 술에 취하고 몸가짐을 흐트러뜨려 어느 것에도 구애받지 않았다. 그는 거리를 지나다가 무슨 색다른 것을 보면 한없이 응시했다. 이렇게

바보처럼 거리 구경을 하다가도 소변이 마려우면 사람이 있든, 그곳이 큰 거리이든 가리지 않고 냅다 골마리를 열고 갈겨 댔다. 옷은 너덜거리고 패랭이는 찌그러 들고 새끼 띠를 두르고 거리를 종횡하고 있으니 아이들 눈에 영락없는 거지꼴이 아닌가. 아이들은 그의 뒤를 졸졸 따라다녔다. 그리고 "늙은 거지야."라고 놀려 대며 깨진 기와 조각이나 돌멩이, 막대기를 던졌다. 그는 이런 아이들을 꽁무니에 달고 다니며 때로는 호령도 하고 때로는 웃기도 했다. 이러다가 밤이 되면 아무 곳에서나 잠을 잤다. 거리의 무뢰배들과 어울려 떠들썩하게 우스갯소리를 하기도 하고 함께 술을 마시며 농지거리를 했다. 남효온은 "그가 마흔여덟 살 이후 세상이 더욱 쇠해 가는 것을 보고 인간다운 일을 하지 않아 점점 더 여염에서 버림받게 되었다."고 쓰고 있다(『사우명행록』).

수락정사에서 벌인 기행

남효온이나 홍유손 등 그의 지우들이나 제자들은 거지꼴이 된 그를 서울 거리에 내버려 둘 수가 없었다. 약 10년 동안의 그의 서울 생활은 오히려 새로운 가정의 좌절을 맛보고 더욱 현실에 안존할 수 없음을 증명하는 꼴이 되었다. 그리하여 수락산에 새로운 거처를 마련해 준 듯하다.

수락산은 도봉산 동쪽의 양주 땅에 자리 잡고 있다. 그곳은 서쪽으로 긴 골짜기가 이어지고 그 골짜기를 따라 시냇물이 흐른다. 그 경치로 따지면 산세야 도봉산보다 처진다고 말하지만 포근함은 한수 위로 치기도 한다. 그곳 서쪽 골짜기 위에는 만장봉이 있어 바위와 나무가 어우러져 있다.

어쨌거나 그는 만장봉 아래에 수락정사를 짓고 새 터전을 마련했다. 그는 수락정사에 거처하면서 갈아먹을 땅 몇 뙈기가 있었다. 그는 이곳에서 일을 하며 제자들을 가르쳤다. 그가 이곳에서 다시 도를 닦았다고 하니 새 터전에서 새로운 마음으로 살아 보려는 의지가 있었던 것 같다. 이때 유생들이 찾아오면 '공자와 맹자의 가르침'만 말했지 결코 불법을 말하지 않았다 하며 또 유생들이 도가의 수련법에 대해 물으면 말하기를 즐겨하지 않았다 한다. 그의 나이 마흔여덟. 그가 공자·맹자를 말하고 불법을 말하지 않은 것이 사람들의 입방아 때문인지, 아니면 불법을 말해 보아야 그 깊은 뜻을 알아듣지 못한다고 생각한 때문인지, 아무튼 이때에는 그러했다는 기록이 전해진다. 그렇다고 하여 그의 행동이 예의바른 유생의 흉내를 낸 것은 아니다.

이곳으로 그를 찾아오는 인사들이 더러 있었던 것 같다. 앞에서 조우라는 승려가 정승 노사신에게서 『장자』를 배웠다고 하여 설잠에게 혼쭐난 적이 있었다고 썼다. 이 조우가 수락산으로 그를 찾아왔다. 예전의 잘못을 뉘우쳐서 사과하러 왔는지 아니면 한 번 대판 따져 보러 왔는지 모를 일이다. 설잠은 그를 흔연스레 맞이했다. 그리고 말했다.

"자네가 고맙게 나를 찾아보러 왔는가? 자네가 글을 배우겠다면 내 마땅히 가르쳐 주어야지."

이어 종에게 밥을 지어 먹이도록 했다. 밥상이 들어오자 설잠은 조우의 옆에 높직이 걸터앉았다. 조우가 시장하던 참에 밥을 먹으려고 입가로 숟가락이 갈 적마다 설잠은 바닥을 꽝꽝 발로 굴러 먼지를 일으켰다. 숟가락에 먼지가 하얗게 앉았다. 조우는 참고 계속 밥을 먹으려고 숟가락질을 했으나 설잠은 계속 먼지를 일으켰다. 그리하여 조우는 끝내 한 숟가락의 밥도 먹지 못했다. 이에 조우가 볼멘소리로 말했다.

"생원은 밥을 지어 나를 주고서 한 숟가락도 먹지 못하게 하니 이 무슨 심보요?"

"자네가 노가에게 글을 배웠으니 어찌 사람 노릇을 하겠는가?"

조우는 어쩔 수 없이 설잠의 마음을 돌리지 못하고 돌아갔다 (『월정만필』). 조우는 뒷날 이 이야기를 박지화(朴枝華)라는 선비에게 들려주며 알 수 없는 사람이라고 말했다 한다.

더러 그에게 글을 배우러 사람들이 오면 나무나 돌로 두들겨 패기도 하고 활을 쏘아 보게 하기도 했다. 이런 모욕을 짐작하고 견뎌내면서 글을 배우면 이번에는 화전을 일구게 하거나 밭일을 시켰다. 글을 배워 선비가 되려는 청년들이 화전을 일구거나 밭일을 즐거이 하겠는가. 그런데도 그는 이렇게 노동을 시켰다. 비록 더러는 화전이나 밭일을 견뎌내면서 글을 배우기도 했지만 대부분은 얼마의 기간을 견디지 못하고 달아나기 일쑤였다(『연려실기술』). 그의 깊은 뜻은 어디에 있었던가?

이런 사람들만 수락정사에 찾아오는 것은 아니었다. 그를 따르는 남효온은 수락정사를 찾아오며 길을 헤맨 적도 있었다 한다. 그와 만나면 다시 시를 화답하며 시세를 한탄하고 흉금을 털어 놓았다.

이렇게 노동을 하고 도를 닦으며 살아가는 그에게 언제나 시련이 따라붙었다. 그도 농민이요, 화전민이었다. 화전 몇 뙈기 갈아먹고 더러 일꾼이나 제자를 시켜 수확을 해도 남는 것은 거의 빈손이었다.

그가 아무리 농사를 지어본들 나이도 들고 몸도 약한 일개 선비였다. 하물며 처자도 없는 몸이었다. 한 몸의 호구를 위해서는 어디 마음 맞는 대가의 사랑채에서 훈장 노릇이나 하며 밥을 얻어먹을 수도 있을 것이다. 그러나 그는 굳이 일을 했고, 농부들과 어울리며 그들의 비참한 생활상을 몸소 겪고 보았다. 그는 깡그리 조세니 도조니 하며 명목을 붙여 수탈을 일삼는 벼슬아치나 지주들을 미워했다. 그리하여 이런 시를 또 남기고 있다.

큰 쥐야 큰 쥐야
내가 거둔 곡식 먹지 말거라.
삼 년씩이나 너에게 바쳐 왔는데
나에게 적은 곡식도 남겨 주지 않는구나.
가리라, 너의 땅을 떠나가리라
저 즐거운 낙토로 가 노닐리라.
큰 쥐야 큰 쥐야
네 어금니가 칼날같이 날카로워
내가 잘 갈아 놓은 곡식을 해치고
내 수레바퀴마저 물어뜯어
나에게 길을 갈 수 없게 하고
다시 앞으로 나아갈 수도 없게 하네.
큰 쥐야 큰 쥐야
소리 내 늘 찍찍 울어 대며
교활한 말로 사람 해치고

사람 마음을 두려움으로 떨게 한다.

어떻게 하여 모진 고양이 얻어다가

한번 너를 잡아 남은 종자 없게 할까?

큰 쥐가 한 번 새끼를 낳으면

내 집안에 젖먹이 쥐 가득 차니

내가 너를 기르는 게 아니어서

쥐를 잡아 처형하던 옛 옥사에 붙여

너의 깊숙한 소굴 구멍을 메워

종적이 사라지게 하겠노라.

__「석서(碩鼠)」

여기에서 석서, 즉 '큰 쥐'는 누구를 뜻하는가? 『시경』에 「석서」 편이 있는데 조세를 마구 매기던 통치자들을 풍자하는 내용으로 민간에 떠돌던 시가였다. 그러니 여기에서 말하는 '큰 쥐'는 누구를 가리키는지 알 만하다. 이 '큰 쥐'는 일반 농부에게 뿐만이 아니라 자신의 일을 방해하고 오도 가도 못하게 하는 재앙 덩어리였다.

마지막 방랑의 길

설잠이 당초 수락산에 들어갈 적엔 해마다 골짜기에 곡식 종자를 뿌리면 보리에서 조까지 많은 곡식을 거둘 수 있을 것이라고 생각했다. 또 벼와 밤 따위도 땅이 걸어 가을이 되면 수십 가마니를 수확하리라 생각했다. 이렇게 먹을거리를 만들어 놓고 다음 해에는 좀 더 차분한 마음으로 독서와 학문에 힘쓰기로 마음먹었다.

그는 가을걷이가 끝난 뒤에 서울 나들이를 나왔다. 그리고 흡족한 마음으로 서울 거리를 돌아보았다. 그 뒤 어느 날 그가 수락정사로 들어가 보니 곡식이 한 톨도 남아 있지 않았다. 산쥐들이 깡그리 먹어 치워 버렸던 것이다. 그는 망연자실해서 눈물을 삼키며 곡식 섬을 바라보았다.

이 대목에서 설명을 덧붙일 필요가 있다. 그의 시나 글에서 쥐를 미워하는 표현이 자주 나온다. 이 쥐는 앞에서 말한 석서인지, 아니면 산쥐나 들쥐인지 모를 일이다. 그럼 도둑질하고 빼앗는, 사람 탈을 쓴 큰 쥐와 작은 쥐, 그리고 사람의 먹을 것을 요리조리 훔쳐 먹는 산쥐와 들쥐로 구분해서 나타낸 것일 것이다. 이 두 종류의 쥐를 그는 미워했을 법하다. 분명히 '쥐'는 그의 천적이었다. 그런 쥐를 그는 다스릴 능력이 없었다. 다만 그 쥐를 피해 다니면서 저주와 원망만을 퍼부어 댈 뿐이었다.

아무튼 그는 빈 곡식 섬을 보고서 한숨을 쉬며 말했다.

"궁핍해서 사람들에게 빌붙어 먹고 관에게서 얻어 입에 풀칠하기 위해 몸을 조아리고 아양을 떨며 먹을 것을 구하는 것은 선비의 지조가 땅에 떨어진 것이다. 아아, 어찌 할까?"

옆에 있던 동행인이 위안 삼아 말했다.

"궁하게 되면 처먹으라고 내주는 음식도 받아야지요. 옛사람이 말하지 않았소. 늙어서는 더욱 장건하고 궁해서는 더욱 견고해야 한다고 ….".(「상유양양진정서」)

그의 자존심으로서는 또다시 서울의 대갓집에 빌붙어 얻어먹을 수가 없었다. 그의 심사는 또 뒤틀어지기 시작했다. 새로 살길을 찾아야 했으니 암담했을 것이다.

이제 그는 10여 년이 넘는 서울 생활이나 서울 언저리 생활에 넌덜머리가 났다. 수락정사 생활에서 그는 "동봉(東峰)"이라는 호 하나를 얻고는 또다시 떠날 차비를 했다.

그는 용산의 수정(水亭)에 잠시 머물렀다. 아마도 친구와 후배를 만나고 길을 떠날 작정이었을 것이다. 어느 날 수정에는 남효온을 비롯한 많은 명사들이 몰려들었다. 여러 사람들과 서로 이야기를 나누던 설잠은 갑자기 정자 밖 두어 길 밑으로 떨어졌다. 그리하여 몹시 다쳐 숨도 제대로 쉬지 못하게 되었다. 여러 사람들이 눈이 휘둥그레져 달려가 몸을 끌어올리고 주무르고 물을 먹이고 법석을 떨었다. 설잠이 깨어나자 사람들이 물었다.

"그대가 이렇게 많이 다쳤으니 내일 어떻게 길을 떠나겠소?"

"자네들은 내일 다락원에 가서 나를 송별하러 나와 기다리고 있게. 곧 조섭을 잘해서 조금이라도 나으면 웬만한 아픔은 참고 길을 나서겠네."

다음날 아침, 여러 사람이 다락원에 가니 그는 벌써 와 있었다. 다친 기색이라고는 조금도 없이 아무렇지도 않은 듯 웃고 있었다. 남효온이 말했다.

"선생은 어찌 환술을 써서 우리들을 속이시오?"(『월정만필』)

봄도 늦은 마흔아홉 살 때의 3월 19일, 그는 강원도로 길을 떠났다. 그는 많은 책을 싸 짊어지고 갔으며 관동의 산수를 돌아보고 수수라도 심어 먹고 살 땅뙈기를 구해 살면서 다시는 서울로 올 뜻이 없다고 했다. 그리하여 남효온은 "내가 술을 가지고 손을 잡으며 슬픈 마음으로 이별했는데 다시 만나볼 기약이 없었다."고 쓰고 있다(『추강집』). 아무튼 설잠은 이때 다시 예전에 잠깐 머물던 설악산,

강릉, 양양 등지로 발길을 돌렸고 다시는 서울로 돌아오지 않았던 것으로 보인다.

그는 서울을 떠나 소양강을 거슬러 올라가며 춘천의 청평산 청평사에서 한동안 지냈다. 그리고 오대산 한계령을 돌아보다가 동지 때에 강릉에 이르렀다. 이때 그는 두 사람을 데리고 간 것으로 보인다. 심부름꾼인 어성갑과 일가붙이인 김효남이었다. 두 사람은 그의 손발이 되어 주었다.

이 방랑길에서 그는 병든 몸을 이끌고 또 백발이 된 자신을 돌보며 과거를 돌이켜보는 감상에 젖은 심정을 드러냈다. 그리하여 시에서도 새삼 자기 일생을 돌아보는 내용들을 많이 담고 있다. 쉰한 살이 되던 정월에 지은 것으로 보이는 다음의 시는 이런 자신의 모습을 읊조리고 있다.

어머니를 열세 살에 잃고
외할머니에 이끌려 길러졌네.
얼마 뒤에 또 유명을 달리하시자
생업이 뒤틀어졌네.
벼슬살이할 심정이 적고
숲속에 노닐 뜻 많아
오직 생각은 세상을 잊는 것이어서
멋대로 산언덕에 누워 지냈구려.

이 무렵 또 이런 시를 남기기도 했다.

209

늙음 병이 찾아든 속에
삼 년 동안 강릉을 떠돌았네.
옛 친구는 만날 길 없고
꽃떨기만 마주하는구려.
공중에 매달린 달을 마다할 수 없겠으나
나무에 부는 바람도 미워지는구나.
금년에는 어느 곳에 잘꼬.
천지 사이에 하나의 떠돌이.

이렇게 그는 늙음과 질병과 흰 머리털을 보며 옛 친구들을 그리워하
다가 설악산에 자리를 잡았다. 이때 양양부사는 유자한(柳自漢)이었
다. 유자한은 비록 벼슬자리에 있었으나 사림파들과 어울렸으며, 뒷
날 갑자사화에 걸려 유배지에서 죽은 절의의 벼슬아치였다. 이런 유
자한이 설악산에 있는 설잠의 이야기를 듣지 못했을 리가 없었다.
그리하여 유자한은 지극정성으로 설잠을 모셨다. 그리고 조정에 벼
슬을 천거할 것이니 늙은 몸을 돌보아 다시 머리를 기르고 서울로
가기를 권고했다. 또한 가업을 잇고 범상한 생활을 도모해 보라고
일렀다. 이때 그는 이런 편지로 회답했다.

앞으로 긴 괭이를 만들어서 복령과 창출(복령과 창출은 약 이름이다)
을 캐리로다. 다만 나무에 서리가 내리면 중유(공자의 제자)의 더
러운 옷을 수선하여 입고, 천산에 눈이 쌓이면 장공(진나라 때 사
람. 학창의를 입고 눈 위를 걸어 다녀 신선이라 일컬었다 함)의 학창의를 고
쳐서 입으리로다. 비굴하게 사는 것이 마음 펴고 사는 것만 하

겠소. 천년 뒤에나 나의 뜻을 알아주기 바라오.

___「상유자한진정서」, 『해동명신록』

그는 유자한의 뜻을 한사코 거절하며 산속에서 자족하며 살기를 바랐던 것이다.

속인의 경지를 벗어나다

유자한은 그의 마음을 달래고 그의 생활을 도우려 애썼으나 별로 받아들이지 않자 어느 때는 계집종을 보내 그를 돌보게 했다.

그는 계집종을 그윽이 바라보았다. 그 계집종은 설잠을 전혀 마땅하게 여기지 않았나 보다. 꾀죄죄한 모습에 쉰이 넘은 늙은이, 돈이나 땅이 많은 것도 아닌 방랑객. 마음에 들어 시종을 들거나 첩살이할 생각이 없었을 것이다.

당시 계집종은 상전의 몸 수발을 들어야 했을 뿐만 아니라, 상전이 마음 내키면 첩이 되어 수발을 들어야 했다. 설잠은 그 계집종을 바라보며 별로 내켜 하지 않았다. 그리고 마침 달빛이 환히 비치자 짐짓 계집종에게는 관심이 없는 척 달구경을 하며 계집종의 행동을 살펴보았다. 그랬더니 계집종은 주인이 자신에게 관심을 기울이지 않음을 보고 눈치를 살피다가 종종 걸음으로 가 버렸다. 그 계집종은 돌아가 부사에게 이런 사실을 알렸고, 부사는 계집종을 크게 나무랐으나 어쩔 수 없는 일이었다. 그는 왜 계집종을 곁에 두고 일도 시키지 않고 가는 모습을 지켜만 본 것일까? 설명하지 않아도 알 만하다. 자신의 이기심에 충실했더라면 그 계집종은 어떤 처지에 놓이게 되었을 것인가.

그가 설악산의 암자에 있을 적에 강릉의 선비들이 그에게 글을 배우러 올라왔다. 최연 등 대여섯 명의 청년들이 글을 가르쳐 달라고 하자 그는 한사코 손을 내저었다. 그러나 최연 만은 끝까지 버티고 앉아 글을 배웠다. 최연은 김시습이 시키는 대로 일도 하고 글도 배우며 아침저녁으로 극진히 모시면서 제자의 도리를 다했다.

어느 날 달이 밝고 밤이 깊을 적에 최연이 자다가 눈을 떠 보니 설잠이 잠자리에 없었다. 이러기를 여러 번 했지만 최연은 연유를 물어보지도 못하고 혼자 궁금증을 삭이고 있었다. 어느 날 밤, 그는 설잠이 또다시 나가는 모습을 보고 몰래 뒤따라 나섰다. 설잠은 어느 깊은 골짜기에 있는 넓은 반석 위로 올라가 앉았다. 그때 두 사람이 어디선가 와서 서로 이야기를 나누며 즐겁게 웃었다. 최연은 멀리 떨어진 곳에 숨어서 살피느라 이야기 내용은 알아들을 수가 없었다. 이들이 대화를 마칠 때쯤 최연은 재빨리 돌아와 잠든 척하고 예전처럼 누워 있었다. 다음날 아침 설잠이 최연을 불러 앉혔다.

"너를 가르칠 만하다고 생각했으나 지금 조급한 것을 보니 가르칠 수가 없구나. 가거라. 가서 네 일이나 하여라."

최연은 말할 나위도 없이 돌아왔다. 설잠과 대화를 나눈 이가 사람인지 신선인지 모를 일이라고 했다. 생각해 보면 그 언저리 절에 머무는 승려였을 것이다(『어우야담』).

그가 거처하던 설악산의 암자를 세상 사람들은 "오세암"이라 했다. 곧 그의 어릴 적 별명을 따서 붙인 이름이다. 하지만 오세암의 유래는 이와 다르다. 다섯 살이 된 동자가 관음보살의 원력으로 살아남아 관음보살을 받들었다는 데에서 유래했다는 전설이 설잠 이야기로 바뀐 것이다. 설악산 오세암에서 그는 신선의 행적을 보인 것으로 전해졌지만 그는 도가에 대해 깊은 관심이 있었던 것은 아닌 것 같다. 물론 『노자』, 『장자』를 읽었고, 또 수련과 같은 양생의 법을 몸소 익히기도 했지만 신선술에는 깊이 빠지지 않았던 것이다.

그가 삼각산에서 지었다는 "삼각의 높은 봉우리 태청(太淸, 도가의 세계)을 꿰었고 올라보니 두우성(斗牛星)을 딸 만하네."라는 시는 도가의 분위기를 풍기는 내용인데, 자신은 이것을 지은 적이 결코 없으며 세상 사람들이 만들어 퍼뜨렸다고 했다. 그가 방외인이 되었다고 해서 도가류라고 말할 수는 없으며 시속을 멀리했다고 도인인 것은 아니다.

설잠의 애민관과 평등관

그가 불교에 깊이 빠졌다는 증거로 단순히 절간에서 밥을 얻어먹으며 귀동냥으로 들은 지식이 아니었음은 여러 군데에서 증명된다. 그는 30대에 『묘법연화경』의 번역에 참여할 만큼 불교 지식을 인정받고 있었다. 그는 이어 이에 관계된 저술을 남기기도 했다. 특히 그는 의상의 「화엄일승법계도(華嚴一乘法界圖)」에 대한 주석을 저술했다. 여기에는 화엄사상을 요약하여 담았는데 법계평등(法界平等)과 무차별상(無差別相)을 그 기저로 하고 있다. 이 저술을 통해 그의 불교관과 불교 지식을 가늠할 수 있겠다.

그가 초기와 중년에 방외인의 모습을 보이며 불경에 깊이 빠져 있으면서도 이단의 부흥을 나무라고 또다시 머리를 기르고 공맹의 도를 말하자 많은 유자들은 그의 근본은 어디까지나 유교에 두었다고 변호했다. 이이도 그를 두고 "심유적불(心儒蹟佛)"이라고 했다. '마음은 유학에 두고 행동은 불교였다'는 뜻이다. 이런 말이 설잠의 생애 중 어느 시기에는 맞을지도 모른다. 그러나 그가 50대의 나이로 다시 방랑을 시작했을 적에는 사뭇 달랐던 것으로 보인다.

앞에서 본 대로 그가 송광사의 주지 조우를 비웃으며 욕한 것은 권문에 아부하는 행동 때문이었지 불교 승려 신분이기 때문은 아니었다. 또 앞에서 세조의 명으로 불경 언해에 참여했을 적에 알게 된 학조라는 승려가 있었고, 분을 두터이 가졌던 신미라는 승려가 있었음을 말한 바 있다. 이들은 속리산 복천사에서 세조를 모시고 대법회를 열기도 하고, 왕명으로 금강산 유점사 중창의 주역으로 일을 벌이기도 했다.

학조와는 이런 일화가 있다. 학조는 설잠에게 굴복하지 않고 매양 맞섰다. 어느 날 산속을 함께 가게 되었는데 그때 비가 개었고 길 옆에는 산돼지가 칡뿌리를 캐 먹느라 파 놓은 웅덩이가 있었다. 그 웅덩이에는 흙탕물이 가득 차 있었다. 설잠은 "내가 이 흙탕물에 들어갈 터이니 자네도 함께 따라 들어오겠는가?"라고 말했고 학조는 그러자고 했다. 두 사람은 흙탕물을 휘젓다가 나왔는데 학조는 얼굴과 옷이 흙탕물에 범벅이 되었으나 설잠은 아주 깨끗했다. 이에 설잠이 "자네가 어찌 나를 본받을 수 있겠는가?" 했다 한다(「월정만필」). 이런 류의 야담은 설잠을 의인으로 만들려는 뜻이 있겠으나 불승에 대해 얕잡아 보았다는 이야기는 전혀 전해지지 않는다.

그가 두 번째로 서울을 떠나 방랑의 길로 나섰을 적에 다시 승려의 차림으로 머리를 깎은 것은 절에서 밥이나 얻어먹으려는 얕은 생각에서 나온 것은 아니었을 것이다. 여느 승려처럼 조용히 불교를 익히거나 참선에 빠져든 것은 아니나 결국에는 불교로 종장을 삼았던 것으로 보아야 할 것이다.

그는 성리학에 있어서 기일원론(氣一元論)을 철저하게 주창했다. 만물은 '기'로 이루어진다고 본 것이다. 이는 성리학에서 이원론을 펴 이는 선, 기는 선악의 혼잡으로 보는 일반적인 학설에 큰 반기를 든 것이다. 따라서 그는 물질이나 현상이 정신을 좌우한다는 논리에 접근했다고 볼 수 있고, 또 이것은 인간은 기에서 태어난 평등한 존재라는 논리로도 발전되는 것이다(「태극설」).

그가 줄기차게 농민의 생활을 동정하고 그 자신이 노동을 신성시한 것 등은 애민사상에서 나왔다. 그런데 그는 인간의 생활이나 차별의 궁극적 책임을 통치자인 왕이나 지배 계층인 벼슬아치에게 두고 있다(「고금제왕국가흥망론」). 밑으로부터의 개혁, 곧 민중적 역량이나 동력을 중요시하지는 않았으나 그의 이런 애민사상은 대단히 철저했던 것이다.

그리하여 그의 기일원론 중심의 철학은 뒷날 화담 서경덕에게 전수되었고, 애민사상은 율곡 이이에게 영향을 주었으며, 그의 평등관·무차별관의 불교사상은 현실과 밀접한 행동불교로 이어졌다고 볼 수 있을 것이다.

방외인의 삶을 마감하다

강원도에서 충청도로 발길을 돌렸으나 그가 병든 몸을 의탁할 곳은 역시 절간이었다. 말년의 허무와 감상에 빠진 그는 결국 홍산(지금의 부여군 내)의 무량사로 발길을 돌려 삶의 마지막 안식처로 삼았다. 그가 절간에 머문다고 하여 법회를 열고 설법을 하는 것도 아니었다. 하루는 무량사의 여러 승려들이 설법을 청했다.

"빈승들이 대사를 받든 지 오래되었으나 설법을 한 번도 들려주지 않으셨습니다. 대사의 청정하신 법안(法眼)을 끝내 누구에게 전하시렵니까? 빈승들이 향할 곳을 알지 못하니 눈에 가린 것을 금집게로 긁어 주소서."

설잠은 "너희들은 크게 설법의 자리를 열라."고 말했다. 그는 가사를 걸치고 법상에 가부좌를 틀고 앉았다. 승려들은 법당을 가득 메우고 꿇어앉아 있었다. 설잠은 소리쳤다.

"소 한 마리를 몰고 오라."

승려들이 소를 끌어다가 뜰아래에 매어 놓았다. 그는 또 소리쳤다.

"소 먹일 꼴을 가져 오너라. 그리고 소 꽁무니에 놓아두라."

그는 소와 꼴이 놓이자 주장자를 쾅 내리치고 다시 껄껄 웃으면서 말했다.

"너희들이 불법을 듣고자 함이 이와 같다."

설법은 이것으로 끝이 났고 중들은 얼굴을 붉히고 수군거리며 물러났다. 속담에 무식한 사람을 '소 꽁무니에 있는 꼴뚜기'라고 일컫는 말을 빗대어 불법에 어두운 승려들을 질타한 것이다(『용천담적기』, 이 글에서는 승려들을 비웃는 뜻으로 쓰여졌다). 이른바 선승의 설법 흉내를 낸 것이리라. 아무튼 그는 병든 몸이었으나 무량사에 안식처를 구해 극진한 대접을 받으며 지냈다. 그는 이런 시를 남겼다.

봄비가 주룩주룩 이삼월에
모진 병 붙들고 선방에서 일어나

중생에게 서쪽에서 온 뜻을 묻고자 했으나
다른 중들이 기리고 높일까 두렵구나.
　_「무량사와병」

이처럼 그는 지식을 떠벌려 설법에 나서려 하지 않았다. 그의 생김
새는 키가 작고 얼굴이 못생겼다고 했고 도통 예의를 차리지 않았다
고 했다. 그러나 재기가 넘치고 독선적이며 불의나 남의 허물을 보
면 참지 못했다고 했다. 또 자기의 일로 남에게 부탁한 적이 없으니
벼슬살이를 구하는 것은 물론 양식이 떨어져도 빌려 올 줄을 몰랐
다. 이런 성격을 두고 그 자신도 본래의 성품이 그리되어 고칠 수가
없다고 했다.

　　그가 많은 시를 지어 내버렸던 것도 그런 '되지 못한 싯줄이 무
슨 소용이랴.' 하는 생각 때문이었을 것이다. 그는 선방에서도 이런
모습을 보였다. 다만 인연 따라 담담히 생을 마감하려 했을 것이 아
닌가. 무량사에서 어느 날 그는 무슨 마음이 동했던지 붓을 잡고 자
화상을 그렸다. 그 자화상 위에 이런 글귀를 써넣었다.

　　너의 모양은 조그마하고 너의 말은 크게 분별이 없구나. 너는
　　구덩이 속에 처박아 두어야 마땅하다.

인생을 마감하면서 남긴 말이었다. 처절한 자기 성찰의 글귀였다.
이 글귀 밑에는 "청한(清寒)"이라는 또 하나의 자기 호를 새긴 도장
을 찍어 두었다. 그가 쉰아홉 되던 해의 봄 날씨도 따뜻한 3월, 그는
조용히 유언을 남겼다.

내가 죽거든 화장을 하지 말고 임시로 관을 절 옆에 두어라.

그의 제자들은 유언대로 그의 관을 절 옆에 그대로 조용히 모셔두었다. 3년 뒤에 장사를 지내려고 관을 열어 보니 안색이 살아 있는 것과 같았다. 여러 승려들이 놀라 모두 성불했다고 말했다. 끝내 불교 의식대로 다비를 했더니 사리가 나와서 그 사리를 담아 무량사에 부도를 만들어 안치했다(이이, 「김시습전」).

지금 무량사에는 설잠의 사리를 모신 부도와 시신을 모신 묘비, 그리고 초상화를 모신 "청한당"이라 하는 기념각이 보존되어 있다. 초상화 속의 설잠은 검은 수염을 기르고, 검은 모자를 썼으며 염주를 목에 건 모습이다. 이곳 승려들이 설잠을 고승으로 대우해 잘 받들고 있다.

그는 분명히 불행한 삶을 살았다. 그러나 살아서는 그의 절의와 문명 탓인지 여러 사람의 동정을 받기도 했고, 시샘을 당하기도 했다. 또 죽어서는 수많은 일화로 민중의 가슴속에 자애로운 그의 모습이 자리 잡았다.

선조는 그의 충절을 기려 생육신으로 떠받들게 하고 이이로 하여금 「김시습전」, 윤춘년으로 하여금 「매월당전」을 짓게 하여 기렸다. 그가 죽은 지 89년 뒤의 일이었다. 또 정조는 그가 죽은 지 289년 뒤에 이조판서를 증직했고, 이어 곳곳에 생육신과 '김시습'을 기리는 서원과 사당이 세워졌다.

이는 모두 그의 충절을 기린 것이다. 곧 그가 세종에 대한 은의, 단종에 대한 충성을 다하기 위해 몸을 방랑과 물외(物外)에 두었다는 것이다. 그러나 결코 그 때문에 그가 세상을 깔보고 산 것은 아니었다. 그는 냉철하게 현실을 보고 비뚤어진 세상을 등졌던 것이다. 또 그는 백성을 사랑하는 마음을 가지고 있었고, 몸소 노동을 게을리하지 않은 지사였다. 그러므로 그는 진보적 지식인이요 사상가였지, 음풍농월이나 일삼는 시인은 아니었다.

그와 가장 가까운 지기 중의 한 사람인 홍유손은 그의 제문에 그의 충절을 말하지 않으면서 "색은행괴(索隱行怪, 궁벽한 것을 캐고 괴상한 행동을 함)를 하지 않았다."고 썼고, "저자에서 함께 술 마시던 무리들도 모두 통곡해 마지않았다."라고 표현했으며, "공을 우리들이 가장 잘 안다."고도 했다. 그런데 왕조의 지배층이 그의 충절을 지나치게 과장한 것은 충효를 통치철학으로 이용한 조선시대의 이미지 조작에서 나온 것이었다 말할 수 있겠다.

어쨌든 그는 조선 전기에 나타나기 시작한 현실 모순에 철저하게 저항한 시인이었고 사상가였음을 위의 이야기를 통해 알 수 있을 것이다. 다만 그는 현실 속에 뛰어들어 그런 개혁사상을 실현시키려 하지 않았다. 절간 같은 방외에서 멀찍이 떼어 놓고 수선해야 할 망태기쯤으로 여기고 바라보았을 뿐이다. 이것이 그에 대한 해답이 될 것이다.

국난에 떨쳐 일어난 선사

西山　　　　　　　　　서산

흔히 "서산대사(西山大師)"라 불리는 휴정(休靜, 1520~1604)은 조일전쟁 때 승병장으로 더욱 이름을 떨쳤으나 누구보다도 수행에 열중하고 현실에도 참여한 승려였다. 서울과 멀리 떨어져 있는 묘향산은 그의 안식처였다.

조일전쟁 시기, 그가 아니었으면 그 많은 승병을 모을 수도 없을 것이요, 그들이 용감하게 싸우지도 않았을 것이다. 그리해 그에 따른 설화도 많이 떠돌았다. 또 승병장 유정(惟政)과 처영(處英)을 제자로 길러 나라 일을 돕게 한 것으로도 더욱 명망을 얻었다.

그는 의병을 일으켜 나라를 지키는 데에 큰 공을 세웠으나 늘 썩은 선비들의 헐뜯음과 푸대접을 받았다. 그럼에도 아랑곳하지 않고 자신의 역할을 해냈다. 더욱이 『삼가귀감(三家龜鑑)』을 지어 유불선 합일사상의 이론을 제시해 문도들을 가르쳤다. 그리해 조선시대 첫손 꼽히는 고승이 되었다.

참선의 길

휴정은 평안도 안주에서 향리인 최세창의 넷째 아들로 태어났다. 최세창은 살림도 넉넉한 편이어서 총명한 여신(汝信, 휴정의 어릴 적 이름)은 어릴 적부터 독선생 밑에서 공부했다. 하지만 그의 나이 아홉 살에 어머니가 돌아가시고 다음 해에는 아버지마저 어린 자식들을 남기고 세상을 떠났다. 집안 살림살이는 거덜이 났고 형제들은 의지할 데가 없었다. 그때 안주목사인 이사종은 어린 여신의 재주를 아끼고 또 불쌍한 처지를 보고 양자로 삼았다. 그 뒤 이사종이 서울로 올 적에 여신을 데리고 왔고 또 이사종이 경상도 수사로 갈 적에는 여신을 성균관에 맡겨 학업에 열중하도록 했다.

여신은 이런 돌봄에 힘입어 처음에는 아무런 잡념이 없이 학업에 열중했으나 열다섯 살 적에 성균관 진사시에 응시하여 낙방하고 말았다. 같은 또래였던 학우들은 평소에 자신보다 훨씬 학업이 뒤쳤는데도 버젓이 합격했다. 이때 그는 비로소 현실에 눈을 떴다. 집안의 배경이 없으면 쉽사리 벼슬자리에 나갈 수 없다는 것을 알았고, 더욱이 자신의 뿌리는 차별을 받는 서북 지방 출신이었던 것이다.

그 뒤 그는 과거 수업에 도통 싫증이 났고 새삼 부모 생각으로 나날을 보냈다. 그럴 적에 친구 몇 명과 함께 남쪽의 지리산으로 유람의 길을 떠나게 되었다. 그는 시골 풍경을 보고 새삼 어릴 적에 뛰어 놀던 고향 생각이 섬광처럼 머리에 떠올랐다. 그리고 세상일이 우습게 여겨졌다. 이에 시 한 수를 읊으니 이러했다.

인간의 일 우습구나.
높은 재주도 집을 일으키지 못하도다.
차가운 강가의 늙은 선비,
이를 잡으며 생애를 말하는구나.

이 시를 음미해 보면 그가 세상을 바라보는 눈이 달라져 있었음을 알아차릴 수 있을 것이다. '늙은 선비'는 자신의 앞날을 예견한 것이리라.

지리산으로 들어간 그는 산의 경치와 절을 두루 구경했다. 그는 화엄사를 거쳐 영원사에 이르러 불경을 뒤적거려 보았다. 그의 마음을 잡을 구절들이 거기에 있었다. 그리하여 그곳의 승려인 숭인에게 간곡한 청을 올려 머리를 깎았다. 이렇게 해서 조선 왕조에서 첫 손가락으로 꼽는 고승대덕이 탄생하게 된 것이다. 그의 나이 열여덟 살, 이때 법명 휴정(休靜)을 얻었다. 휴정은 지리산에서 몇 년을 공부하고 이어 전국을 돌아보았다. 그리고 비참한 현실을 몸으로 겪으며 더욱 인생의 무상을 느꼈다. 스물한 살 적에는 일선에게서 정식 수계를 받았다. 늦깎이라고 볼 수도 있는 나이였다.

그때 조정에서는 불교 진흥이 한창 이루어지고 있었다. 어린 명종을 곁에 앉히고 수렴청정을 하던 문정왕후가 불교의 진작을 위해 그동안 폐지되었던 승과를 부활시키고 이에 합격하면 벼슬자리에 해당하는 도첩(度牒)을 주게 했다. 1549년 휴정은 그의 나이 서른 살 적에 승과에 수석으로 합격했다. 그는 이후 선종과 교종의 일을 총괄하는 양종판사(兩宗判事)가 되었고, 이어 보우(普雨)의 후임으로 선교 양종의 일을 총 관리하던 봉은사 주지가 되었다. 모두 그가 30대 때의 일이었다. 세속적 출세의 길이 아주 빨랐다.

이렇게 불교 진흥이 이루어지자 조야의 벼슬아치와 선비들은 물 끓듯이 일어나 승려들을 비난했다. 그 비난은 주로 문정왕후의 두터운 신임을 받는 보우에게 쏟아졌다. 휴정은 3년 정도 이 일을 보고 나서 조용히 일체의 승직을 사퇴했다. 역시 명리는 자기 것이 아님을 다시 확인했다. 그는 다시 바랑을 지고 전국의 명산을 돌아다니다가 금강산에 들어갔다. 어느 날 향로봉에 올라 이런 시를 지었다.

만국의 도성이 개미집 같고
천가(千家)의 호걸 하루살이라.
창가 밝은 달빛 마음 비우고 누워 있으니

끝없이 부는 솔바람 운치가 끝이 없네.

이 시에서는 현실을 달관한 모습이 여실히 드러난다. 참고로 이 시는 뒷날 역모에 걸리는 빌미가 되었다.

그는 향로봉 언저리에 있는 백화암(白華庵)에서 오래 머물렀다. 그는 이 암자에 거처하면서 "백화도인"이라는 새 호를 지어 불렀다.

명저『선가귀감』을 완성하다

백화암에서 그는 조용한 나날을 보내며 그동안 쌓은 불경 지식을 요약해 방황하는 승려들을 가르치려『선가귀감』을 지었다. 이 저술의 서문은 책 소개를 요령 있고 알아듣기 쉽게 써서 명문으로 꼽혔다. 1564년의 일이다.

예전 부처를 배우는 이들은 부처님의 말씀이 아니면 말하지 아니하고 부처님의 행실이 아니면 실행하지 아니했다. 그래서 보배로운 것은 오직 패엽(貝葉, 불경을 베끼는 데 쓰는 나뭇잎)의 신령한 글뿐이었다. 지금 부처를 배우는 이들이 서로 전해 가며 외우는 것은 곧 사대부의 글이요, 빌려 지니는 것은 사대부의 시이다. 심지어 붉고 푸른 색으로 종이에 바르고 고운 비단으로 시축을 꾸며서 차고 넘쳐도 만족하지 못하고 지극한 보배로 여기니, 아, 어찌 예와 지금의 부처 배우는 이들이 보배로 삼는 것이 같지 않는가? 내가 비록 불초하나 옛 배움에 뜻을 두어 패엽의 신령한 글로써 보배를 삼는다. 그러나 그 글이 아직도 번거롭고

장경(藏經) 바다가 넓고 넓어서 아득하므로 뒷날 뜻을 같이하는 이들이 자못 잎을 따는 수고로움을 면치 못할 듯하여, 글 가운데 요긴하고도 절실한 것 수백 마디를 가려 뽑아서 한 종이에 쓰니, 글은 간략하나 뜻은 두루 갖추었다고 할만하다. 만일 이 말로 엄한 스승을 삼아 파고들어 오묘한 이치를 깨닫게 된다면, 마디마디 산 석가여래가 여기에 계실 것이니 힘쓰고 힘쓸진저. 하지만 문자 한 구절을 떠나 격에 벗어난 기묘한 보배를 쓰지 않으려는 것은 아니다.

— 선학간행회 간행, 『선가귀감』

아주 명쾌한 논리를 제시했다. 이 서문은 짧으면서도 기술이 정연하다 할 것이다. 다만 가이드북처럼 문제를 제시했으나 독창적인 저술은 아니라는 평가가 따른다. 유정은 뒤늦게 이 저술을 읽고 1579년 다음과 같은 발문을 써서 책 끝에 붙였다. 이를 다음과 같이 요약해 본다.

첫 번째 대목

선과 교의 무리들이 각각 다른 견해를 내니 교를 받드는 이들은 오직 찌꺼기에만 탐닉해 헛되이 모래만 셀 뿐, 다섯 교문 위에 바로 사람의 마음을 가리켜 스스로 깨쳐 들어가는 문을 알지 못하고, 선만 주장하는 이들은 스스로 자기의 천진한 성품을 믿어서 닦아 증명하려 않고, 돈오(頓悟)한 뒤에 비로소 발심하여 만행을 닦고 익히는 뜻을 알지 못한다. 선과 교가 섞이고 넘쳐서 모래와 금을 가려낼 줄을 모른다.

두 번째 대목

아, 위태하도다. 우리 도가 전하지 못함이 어찌 이다지 심할까? 이을 듯 끊어질 듯함이 한 오리의 머리카락으로 천 근의 무게를 끌어 올리듯하여 거의 땅에 떨어져도 어쩔 수 없었다. 오로지 우리 스승께서 서산에 머무신 지 10년 동안, 소 먹이는 여가에 50여 종류의 경론과 어록을 보시면서 그 사이 날로 공부하는데 요긴하고 간절한 어구가 있으면 곧 기록했다가 때로 방 안에 있는 두세 제자들에게 차근차근 깨우쳐 주시니, 양을 기르는 방법과 같아 지나치면 억제하고 뒤떨어지면 채찍질하여 크게 깨치는 문안으로 몰아넣으려 하셨다. 노파심으로 애쓰심이 그와 같이 절실했다.

세 번째 대목

요지를 가려 뽑은 공로와 미몽을 깨우쳐 준 은혜는 산같이 높고 바다같이 깊었노라. 설령 만번 뼈를 부수고 천번 목숨을 간들 어찌 털끝만큼이나 갚겠는가?

__ 선학간행회 간행, 『선가귀감』

스승의 노심초사를 아주 잘 드러내고 있는 글이다. 선교 일치를 내건 가르침을 의천과 보조를 만난 것처럼 반겼다. 불교 화합의 지침서가 된 것이다. 이 저술은 필사로 제자들에게 읽히다가 1590년 금강산 유점사에서 간행해 전국에 배포되었다. 그의 대표 저술이라 할 수 있다.

휴정은 또 유교와 도교의 의미와 교훈이 될 구절을 뽑아서 각기 『유가귀감(儒家龜鑑)』, 『도가귀감(道家龜鑑)』을 저술해 제자들에게 가르쳤다. 유불선 합일사상을 제시한 것이다. 하지만 그 내용은 『선가귀감』에 미치지 못하며 여느 사람들의 관심도 적었다.

그는 연달아 제자들을 기르며 참선에 몰두했다. 그가 금강산에 있거나 지리산에 있거나 묘향산에 있을 적에 늘 1천여 명의 제자들이 몰려들었다. 그는 주로 묘향산 보현사에 머물러 있은 적이 많았다. 이 절에서 그는 제자들에게 중국의 소림사 승려들처럼 칼 쓰기, 활쏘기까지도 가르쳤다고 전해진다. 당시 나라가 뒤숭숭하고 왜군이 쳐들어 올 것이라는 소문이 꼬리를 물고 이어졌다. 이를 대비함이었던가? 이때 그의 제자 중에 두각을 나타낸 세 사람이 있었으니 곧 유정, 영규(靈圭), 처영이었다. 이 세 사람은 불교의 진리는 물론 칼 쓰기, 활쏘기, 그리고 병법도 익혔다. 이로 해서 뒷날 나라에 큰 공을 세웠던 것이다.

이럴 적에 전주와 황해도 지역을 중심으로 정여립의 모반 사건이 일어나 피를 튀기고 있었다. 조일전쟁이 일어나기 3년 전의 일이었다. 그런데 포졸들이 깊은 산골인 보현사에까지 들이닥쳐 휴정을 묶어 갔다. 보현사에서 비행을 저지르고 쫓겨난 무업이라는 승려가 휴정이 예전 금강산 향로봉에서 지은 시(위의 시)에서 역모를 꿈꾸었다고 고자질한 탓이었다. 이 시의 '천가의 호걸 하루살이라'라는 구절을 꼬투리 잡은 것이다. 그 시를 읽어 보고 또 휴정을 심문했으나 그런 꼬투리가 없자 임금은 그를 풀어 주게 했다. 만일 이때 그가 역모에 걸렸더라면 그의 이름이 역사에서 사라졌을 것이다.

승병 총 대장으로 추대되다

1592년 4월, 일본군은 부산으로 상륙한 뒤 승승장구로 채 20일도 못되어 서울을 점령했다. 선조와 조정의 대신들은 아무런 방비도 하지 못하고 있다가 허겁지겁 북쪽으로 달아났다. 그리고 국경 지대인 의주에 와 겨우 숨을 돌리고 있었다. 선조는 의주의 행재소를 지키며 별다른 방법을 찾지 못하고 있었다. 다급해진 선조는 그 방책의 하나로 보현사에 있는 휴정을 찾았다. 이 전갈을 받은 휴정은 일흔 셋의 나이임에도 칼을 들고 의주의 행궁(行宮)으로 달려 나왔다.

"이처럼 난리가 났는데 그대는 구제할 수 있겠소?"

"국내의 승려로 늙고 병들어 군대에 들어올 수 없는 자는 있는 곳에서 나라를 위해 기도하게 하고, 그 나머지는 모두 신이 거느리고 승군으로 나가 나라를 구제하겠나이다."

그리고 나서 휴정은 '승병들이 공을 세우면 여느 벼슬아치와 마찬가지로 품계를 달라'고 요구하여 동의를 받아 냈다. 이리하여 선조는 휴정을 팔도도총섭(八道都摠攝)으로 삼아 승병을 총 지휘하게 하고, 이어 "휴정 도총섭이 어느 지방을 가든 관원은 재상과 같이 대우하라."는 교서를 내렸다. 휴정은 곧 순안의 법흥사로 들어가 전국의 승려들에게 '모두 떨쳐 일어나라'는 격문을 띄웠다. 승려들은 너도 나도 격문 수백 통을 베껴 몸속에 감추고 전국의 절을 돌았다. 이어 휴정은 젊은 승려들을 동원, 군량미를 준비하게 하고 무기를 정비했다.

이 격문은 금강산 표훈사에 있던 유정에게도 전해졌고, 공주 영은사에 있던 영규에게도 전해졌다. 휴정은 관군과 합동 작전을 벌이게 지시하고 유정은 강원도, 처영은 전라도의 책임을 맡겼다. 제일 먼저 일어난 것은 영규였다. 영규는 조헌이 이끄는 의병과 함께 1천여 명의 승병을 이끌고 앞장서서 청주의 일본군을 물리쳤다. 그리고 이어 금산으로 가 일본군과 전투를 벌이다가 조헌과 함께 전사했다. 영규는 금산에서 진영 배치를 놓고 조헌과 다투다가 "병법을 모르는 썩은 선비가 나라를 그르치고 있다."고 한탄하며 전투 중 마침내 죽었다. 이때 승병들은 늘 그 앞에 서 용맹을 떨쳤음에도 온갖 질시를 받으며 전투를 벌여야 했다.

어쨌든 법흥사에는 유정, 처영 등이 이끌고 온 승병 5천여 명이 집결해 휴정의 지휘를 받으며 이해 10월에 진군했다. 다음 해 정초 명나라 군대는 평양에 주둔한 일본군을 공격했는데 이때 승병들은 큰 활약을 보였다. 하지만 휴정은 노구로 직접 전투에는 참여할 수 없어 서울 수복 전투는 유정이 총 지휘를 대신 맡았다. 승병들은 서울 탈환에 공을 세웠다.

선조가 서울로 귀환할 때에 휴정은 임금과 말을 나란히 타고 들어왔다. 당시 승려의 도성 출입을 금지하여 왔는데 휴정은 임금과 말을 나란히 하고 행군하는 영광을 얻었던 것이다. 그리하여 명장 이여송도 이들 승병의 활동을 두고 칭송을 아끼지 않았지만 엉뚱하게도 호조판서 이성중 등 벼슬아치들은 휴정이 이끄는 승병을 알아서 해산하라고 떠들었다. 곧 조정에서 이 조치를 알고 거두었으나 이로 하여 일시 전투에 차질을 빚기도 했다(『선조실록』 26년 2월).

승병들은 전국 각지에서 거듭 용맹하게 활약했다. 전공을 세우면 나라에서 벼슬과 상을 주는 것은 당시의 국법이었다. 그런데도 승려들에게는 처음 약속과는 달리 이를 주려 하지 않았다. 벼슬을 주면 조정의 법도가 문란해진다는 것이었다. 그리하여 적을 친 공을 세운 승려에게는 휴정을 통해 한낱 쓸모없는 종이쪽 같은 승과의 직책만을 주게 했다. 그러나 휴정은 이 조치를 받아들여 더욱 승병들이 공을 세우도록 독려했다. 다만 벼슬아치들은 휴정이 공을 세운 뒤 거만을 부리고 또 행궁 앞에서 말을 타고 거들먹거렸으며 벼슬아치들이 걸어가는데도 말에서 내리지 않았다고 비난을 퍼부었다. 그가 유자 출신의 벼슬아치들에게 굽히지 않았다는 것이다.

아무튼 난이 잠시 잠잠해질 무렵, 휴정은 승병의 지휘권을 모두 유정에게 넘겨주고 1594년 다시 묘향산으로 들어가 원적암에서 조용히 여생을 마쳤다. 그가 묘향산의 별칭인 "서산"으로 호를 삼은 뜻은 묘향산을 영원한 안식처로 여겼기 때문이다.

산중에서도 끊임이 없던 호국정신

유정은 조일전쟁이 진행되는 도중 일본 장수 가토 기요마사[加藤淸正]와 세 차례나 교섭을 벌인 적이 있었다. 그때 가토는 유정과 많은 대화를 나누며 강화를 논의했다. 이때에도 휴정은 유정에게 그 방책들을 일러주었다 한다. 이처럼 휴정은 산속에서도 나라를 걱정하고 있었다. 그런데도 이때의 일을 두고 선비 출신의 사관은 이렇게 썼다.

> 불공대천지 원수와 교호를 맺는 것도 수치스러운데 또 일개 중이 그 일을 이루려 하니 고기를 맛본 중의 죄가 비루하다 할 만하다.
>
> _『선조실록』26년

231

나라를 위해 아무 일도 하지 못한 선비들은 이처럼 비루했다. 그가 늙어서도 깊은 산속으로 은거한 것도 이 같은 세속을 멀리하려는 몸짓이었을 것이다. 그의 나이 85세 때인 1604년 1월 22일 아침, 휴정은 묘향산 원적암에 주석하면서 산속의 승려들을 모두 불러 모았다. 그러고 나서 자신의 자화상에 이렇게 썼다.

八十年前渠是我 80년 전에는 네가 내려니
八十年後我是渠 80년 뒤 오늘은 내가 네로다

이 글에서 너와 나는 무슨 뜻일까? 다시 붓을 잡고 임종게(臨終偈)를 이렇게 썼다.

천 가지, 만 가지 생각들
붉은 화로에 떨어진 한 점 눈.
진흙 묻은 소 물 위 걸어가니
대지와 허공이 찢어져 버렸네.
_『청허당집』

뜻을 알려 하기보다 그냥 음미해 보는 게 좋을 것 같다. 휴정은 이렇게 임종게를 써 놓고 가부좌한 채 입적했다. 그의 사리와 유물은 묘향산 안심사, 금강산 유점사, 해남 대흥사에 모셔졌다. 뒷날 정조는 대흥사에는 표충사, 묘향산에는 수충사를 세워 그를 기리게 하고 유물과 업적을 널리 알리게 했다. 정조는 휴정을 기리는 글에서 이렇게 적었다.

중간에는 종풍을 드러내고 나라의 어려움을 구제했으며 의병을 일으켜 임금을 모시는 으뜸 훈신(勳臣)이 되었다. 그리해 피비린내 나는 요사스런 기운이 그의 손을 따라 말끔히 사라졌으니 지금 세상을 구제한 그 공을 염부제(閻浮提, 인도에 있는 염부나무가 있는 모래톱. 염부나무는 번성한 나라라는 뜻)에서 한량없는 세월토록 길이 의지하게 되었다.

또 끝의 명(銘)에는 조선시대 승려에게는 드물게 아주 높이 찬양하는 말을 이렇게 늘어 놓았다. 그 한 구절을 보면 이러하다.

> 복된 나라를 하늘이 도우셔서
> 높은 스님이 때맞추어 나타나셨네.
> 석장(錫杖)을 세우고 큰 소리 외치니
> 마귀의 졸개들이 흩어져 가 버리고
> 하늘은 맑고 달은 밝은 가운데
> 세찬 물결이 잔잔하게 가라앉았다오.

아무튼 뒷날 '서산대사'와 '사명대사'의 이야기는 민중들에 의해 많은 설화를 낳았다. 서산대사가 칼로 모기의 날개를 자르는 신통력을 보였다든지, 사명대사가 일본에서 뜨거운 불집에 잤는데도 다음 날 수염에 고드름이 매달려 있었다든지 하는 이야기들이다. 이것은 민중들이 두 승려를 구원자로 보아 자연스레 만들어 낸 말들이다.

서산대사의 숨결이 깃든 보현사는 지금도 북한에 잘 보존되어 있다니 퍽 다행스럽다.

조일전쟁의 일급 공로자

四溟

사명

유정(惟政, 1544~1610)은 사명당(四溟堂) 또는 송운대사(松雲大師)로도 널리 알려졌다. 조일전쟁 당시 승려의 몸으로 직접 전투에 나서기도 하고 일본 장수와 강화 교섭을 벌이는 등 큰 활동을 보였다. 또 승병을 동원해 성을 쌓고, 전장에 군량미를 공급해 전공을 세우기도 했다.

전쟁이 끝난 뒤 강화사의 직책을 띠고 일본으로 건너가 포로 송환 교섭을 벌여 많은 포로를 데려오는 등 공적을 쌓아 나라를 구한 일급 공로자가 되었다. 일본 막부에서는 그를 고승으로 받들면서 융숭한 대우를 했으며 일본 승려들도 그를 스승으로 받들었다.

그리하여 그의 스승 휴정과 함께 불교가 핍박받던 시대에 승려로서 찬란한 이름을 우리 역사에 올렸다. 민중은 그를 생불(生佛)로 받들면서 수많은 일화와 설화를 만들어 냈고 그들의 입에 오르내렸다. 그는 또 많은 작품을 남긴 승려 시인이기도 하다.

무루의 가르침을 찾아 나서다

유정은 밀양에 사는 속성이 임(任)인 집안에서 태어났다. 그의 증조부 임효곤은 문과에 급제해 대구의 수령으로 있을 때 밀성(밀양의 옛 이름)에 터전을 마련하여 살기 시작했다 한다. 할아버지는 유학 임종원이었고, 아버지는 교생 임수성이었으며, 어머니는 달성 서씨의 딸이었다. 그런데 할아버지 때부터 몰락해 가난하게 산 것으로 보인다.

그는 어려서 부모를 여의고 할아버지 밑에서 자랐다. 그러니 고아라고는 할 수 없을 것이다. 할아버지는 몰락한 시골 양반이었지만 손자 교육에 게을리 하지 않아 이웃 고을에 사는 황희 정승의 5대손인 황여헌에게 보내 서당 교육을 시켰다.

그런데 그가 열세 살적에 황여헌에게서 배우던 맹자 책을 덮고 '세속의 학문은 비천하고 누추한 데다 세상 인연에 얽매여 번거로우니, 어찌 무루(無漏)의 학문을 배우는 것만 하겠는가.'라고 탄식했다(「해인사사명대사석장비명」). 그러고는 곧바로 김천 황학산에 있는 직지사로 달려갔다. 그 절에서 신묵에게 나아가 머리를 깎았다. 이 기록으로 보면 여느 경우처럼 부모의 인도를 받지 않고 스스로의 판단으로 출가한 것이 된다.

그는 젊을 적에 직지사를 비롯하여 이 절, 저 절을 기웃거리면서 운수행각(雲水行脚)을 벌였다. 그가 소년 시절을 보낼 때 조정에서는 문정왕후가 권세를 잡고 불교를 진흥하려는 여러 정책을 펴는 속에 보우를 불러 올려 봉은사에 거처하게 했다. 보우는 문정왕후의 지원을 받아 승과의 부활 등 여러 진흥책을 펴고 있었다.

마침내 시골뜨기 출신 유정에게도 출세의 기회가 왔다. 그의 나이 열여덟 살 때이다. 1561년 봉은사에서 선과 시험이 있었다. 그는 소년의 나이로 여기에 응시해 급제했다. 그의 인생 2기가 열린 셈이다. 당시 승과에 합격하면 일반 문과처럼 어사화를 꽂고 유가(遊街)를 하진 않지만 여러 명사들과 시회(詩會)를 여는 게 관례였다. 이 시회에 당대의 문사들이 모여 들었다. 유정은 이 자리에서 군계일학의 면모를 뽐냈다. 그가 어릴 적에 익힌 유교 경서의 지식과 나중에 익힌 불교 경전의 지식이 결합되어 시 짓는 재주를 보인 것이다.

그런 뒤 유정은 서울 문단에 널리 알려졌고 당대의 시인 묵객들과 어울렸다. 자, 그 면면을 보자. 뒷날 영의정을 지낸 명신인 박순과 이산해, 의병장으로 이름을 떨친 고경명, 삼당시인으로 알려진 이달과 최경창, 청년 문사인 허봉, 해학의 시인 임제 등이다. 이들 중에서 허봉은 허균의 형으로 당대를 휩쓴 문사요, 이달은 허봉과 교유하면서 허봉의 동생인 허난설헌과 허균에게 당시(唐詩)를 가르쳤다. 웬만큼 역사를 공부한 이들은 위에 든 인물을 모두 누구인지 알아먹을 것이다.

그는 어느 날 허봉과 내기를 했다. 중국의 명문장가인 한퇴지의 글 가운데 가장 긴 문장을 외우기로 한 것이다. 그 내기에서 유정이 이겼다. 이에 허봉이 손수 쓴 한퇴지의 글을 유정에게 선물로 주었다. 허봉은 중국에 다녀오면서 사 온 많은 명저를 지니고 있었다. 유정은 이에 더욱 용기를 내서 명사들을 만나며 정진했다 한다. 이에 대해 허균은 이렇게 썼다.

> 노수신 상공에게서 사자(四子, 제자백가에 드는 네 사람으로 곧 노자·장자·문자·열자)를 배우고, 또 이백(李白)과 두보(杜甫)의 시를 배웠는데 이로부터 문장이 날로 더욱 발전했다. 그리고 내전(內傳, 불경)의 그 많은 글들도 모두 섭렵했으므로 가사를 걸치고 불전을 익히려는 자들이 산문에 구름처럼 모여들었다.
>
> __「해인사사명대사석장비명」

제자백가(諸子百家)와 당시, 그리고 불경에 통달했다는 이런 표현은 과장이 아닐 것이다. 허균 자신도 이 무렵 유정을 만나 평생 선배 또는 동지 사이로 지냈다고 한다. 한편 허봉은 유정의 시문을 베낀 사본을 소중하게 보관하고 있었지만 집에 불이 나서 소실되었다는 이야기도 전해진다.

휴정의 제자가 되다

당시 보우가 문정왕후의 지원을 입어 승과를 부활시킨 뒤 유학자 출신의 벼슬아치들과 선비들은 하루도 빠짐이 없이 그를 요승이라고 몰아붙였다. 끝내 보우는 봉은사에서 은퇴한 뒤 죽임을 받았다. 게다가 중앙 정계는 동인과 서인으로 갈라져 당파로 다툼질이 벌어졌고, 승려 사회는 자기의 위치를 찾지 못하고 방황하면서 떠도는 신세가 되었다.

유정은 이런 현실에 회의를 거듭하면서 세상을 냉철하게 바라보았다. 그의 나이 30대 첫 무렵 마침내 결단을 내렸다. 그는 묘향산에서 제자를 기르고 있는 휴정을 떠올렸다. 그는 새 스승을 찾아가기로 서원을 세웠다. 그의 지팡이는 깊은 산골 묘향산의 절 문을 두드렸다. 그는 휴정의 가르침에 따라 심지를 일깨우고 쓸데없는 언어들을 쓸어버렸으며 노닥거리는 습관을 끊어 버렸다. 그리고 지난 날 시문으로 유희하던 것들을 부질없는 언어라고 참회하고서 한결같이 안심(安心)에 뜻을 두어 정법을 증득했다.

묘향산 선방에서 3년 동안 고행을 한 뒤 그의 삶은 새롭게 열렸다. 이제 떠날 때가 되었다. 그의 발길은 1586년 봄, 옥천산 상동암에 이르렀다. 어느 날 밤 소나기가 쏟아져 뜰 앞에 피어 있던 꽃들이 모두 떨어졌다. 그는 이를 바라보고 새삼 무상의 이치를 깨달았다. 그래서 승려들을 불러 이렇게 일렀다.

어제는 꽃이 피었는데 오늘은 빈 가지만 남았다. 인간 세상이 변화하여 없어지는 것도 이와 같다. 뜬 인생이 하루살이 같은데, 광음을 헛되이 보낸다면 실로 가련한 일이다. 그대들은 각기 영성을 갖추고 있는데 어찌하여 반조(返照, 빛이 반사되어 되비침)하여 큰일을 끝마치려고 하지 않는가? 여래도 우리의 마음속에 있는 것인데, 어찌하여 꼭 밖으로 내달아 구하면서 세월을 허송한단 말인가?

_「해인사사명대사석장비명」

그리고 나서 곧바로 제자들을 흩어지게 한 뒤 선실에 들어가서 입을 다물고 가부좌를 틀고 앉아서 묵언 수행하여 열흘이 되어도 나오지 않았다. 그 모습은 마치 진흙으로 빚은 형상 같았다. 이후 선실에서 나와 전국의 절간을 두루 돌아다니며 만행을 벌였다. 이번에는 북쪽으로 올라가서 오대산에 머물렀다.

이런 가운데 그가 서울에 있을 적에 사귄 벼슬아치들 때문에 정여립의 역모에 연루되어 강릉의 감옥에 갇히는 몸이 되었다. 그와 가깝게 지내던 강릉 유생들의 구출운동으로 풀려나기는 했으나 더욱 무상을 느끼고 금강산 유점사로 깊숙이 들어갔다. 휴정도 이 사건에 연루되어 고초를 겪었는데 우연이 아니었다. 산속에 주석하던 승려들이 역모 사건에 연루되다니 바로 정치의 똥물이 이들에게도 튄 것이다.

아무튼 유점사는 큰 절이어서 승려 수백 명이 바글거렸다. 이제 47세의 장년인 그는 이곳 승려들의 우러름을 받으면서 가르침을 주었다.

유점사와 강원도를 구원하다

그가 이곳에서 참선에 들며 햇수로 3년을 지냈을 때 큰 사건이 일어났다.

유정은 유점사에 있을 적에 '왜란'이 일어났다는 소문을 들었고 이어 일본군이 유점사로 몰려온다는 전갈이 있어서 일단 몇몇 승려들을 데리고 깊은 골짜기로 들어가 몸을 피했다. 여름 어느 날 조총소리가 깊은 유점사 골짜기를 콩 볶듯 울렸고 그 메아리는 온 산을 뒤덮었다. 한동안 쏘아 대던 총질이 멈추었다. 산속에 숨었던 승려가 유점사로 가서 엿보니 조총을 꼬나든 일본군들이 절간으로 밀려들어와 남아 있던 승려들 수십 명을 묶어 놓고 금은보화를 찾으면서 내놓지 않으면 죽인다고 위협하고 있었다. 미처 달아나지 못하고 잡힌 승려들은 모조리 꽁꽁 묶여 있었다. 몸을 벌벌 떠는 치도 있었고, 손을 모아 비는 치도 있었으며, 겁에 질려 눈물을 흘리는 치도 있었다. 아비규환이었다. 장끼처럼 숲속에 숨어 있던 승려들은 쥐 죽은 듯이 절간을 내려다보며 유정을 찾았다.

이에 유정은 사태를 알아차리고 중 10여 명을 골라 데리고 산문으로 들어가려 하자 승려들이 위험하다고 만류하면서 사정을 더 엿보자고 말했다. 유정은 이를 뿌리치고 유점사 마당으로 내려갔다. 신영루를 지나 법당 앞에 이르니 일본군 장수로 보이는 네 명이 법당 안에 앉아 있었다. 유정은 법당 안으로 들어가 일본군 장수들 앞으로 다가갔다. 그러자 장수들은 유정의 기세가 당당한 걸 보고 방장(方丈)으로 지레 짐작해 먼저 종이를 꺼내 필담을 시작했다. 엉뚱하게도 불교 교리를 두고 문답이 벌어졌다.

"너희 나라에는 일곱 조사를 높이 섬기는가?"

"우리나라에는 육조(六祖)가 있지 칠조(七祖)는 없다."

"육조는 누구누구인가?"

"초조는 달마, 두 번째 조사는 혜가, 세 번째 조사는 승찬, 네 번째 조사는 도신, 다섯 번째 조사는 홍인, 여섯 째 조사는 혜능이다."

"이 절에 금은 따위 여러 가지 보물이 있을 터이니 모조리 내놓아라. 말을 듣지 않은 모두 죽일 것이다."

"우리나라에는 본래 금은을 보배로 쓰지 않고 쌀과 베를 쓰기에 금은 같은 보배는 온 나라를 통틀어도 흔치 않다. 하물며 산속의 중들이겠는가? 더욱 산사의 중은 불공을 일삼고 초의와 채식으로 살아가며 더러 곡기를 끊고 솔잎을 씹으면서 지내기도 한다. 그러하지 않으면 걸식으로 살아가는데 무슨 금은과 같은 보물이 있겠나? 또 장군은 칠조가 있음을 잘 알고 있는데 불법은 자비와 불살생을 제일로 삼는다. 지금 죄 없는 중들을 행랑 아래에 묶어 놓고 보물을 내놓으라고 다그치는데 저들은 지팡이 하나만 들고 천산만수(千山萬水)를 돌아다니며 여염에서 밥을 얻어 아침저녁 끼니를 메우는 자들이니 비록 몸을 쪼개고 뼈를 가루로 만든다 해도 한 줌의 보화인들 어디서 나오겠는가? 죽더라도 보물을 내놓을 것이 없으니 장군들은 자비심을 베풀어 저 중들을 모두 풀어 주시라."

유정은 큰 소리로 설법하듯 말했다. 그러자 일본 장수들은 서로 바라보면서 행동이 누그러졌다. 그러더니 묶인 20여 명의 승려들을 모두 풀어 주기에 이르렀다. 일본 장수들이 말한 일곱 조사는 화엄종을 이어받은 조사를 말하고 유정이 말한 여섯 조사는 조계종을 이은 조사를 말한 것이다.

이 대목에서 한 가지 밝혀 두면 당시 일본 장수들은 거의 불교

신자여서 어느 정도 불교 지식을 가지고 있었다. 부산에 상륙할 때에도 "남묘호렌게쿄[南無妙法蓮花經]"라 쓴 깃발을 앞세우고 행군했다. 이 경은 '모든 동물과 사람이 평등하다'고 가르쳤는데 곧 조선의 민중을 구제한다는 뜻을 풍기고 있다. 그러니 이 장수들도 화엄종 신자들이었을 것이다. 이들은 일본군 2번대 대장인 가토의 부하들이다. 이들은 유정의 늠름하고 당당한 모습을 보고 범상치 않게 여겨 심복했던 것이다.

일본 장수는 널빤지에 큰 글씨로 '이 절에는 도를 아는 고승이 있는 곳이니 여러 군사들은 다시 이 절에 들어오지 말라.'라고 써서 유점사 문간에 붙여 놓고 물러갔다. 그리하여 그 뒤 유점사는 일본군의 피해를 입지 않았다(유몽인, 『어우야담』).

일본군 2번대 군사들은 당시 고성 일대를 석권하면서 약탈과 살상을 일삼았다. 이 소문이 유점사에도 연달아 날라 들었다. 그러자 유정은 또 이렇게 말했다.

여래가 세상에 나온 것은 원래 중생을 구하기 위해서이다. 이 왜적들이 기세가 등등하니 함부로 인명을 해칠까 두렵다. 내가 응당 가서 이 미친 왜적들을 타일러 흉측한 무기를 거두도록 할 것이니, 그러면 자비의 가르침을 저버리지 않을 수도 있을 것이다.
_「해인사사명대사석장비명」

그는 석장(錫杖)을 날리면서 고성의 일본군 진영으로 들어갔다. 일본군 장수 세 사람이 유정을 맞이해 다시 필담을 나누었다. 유정이 그들에게 살생을 좋아하지 말라고 타이르니 장수 세 사람이 모두 손을 모으고 훈계를 받아들였다. 이때 유정은 붓으로 "물기살(勿嗜殺, 살생을 즐겨하지 말라)" 석 자를 써 주었다 한다. 그들은 유정을 잘 접대하고 성 밖으로 나와 전송하기까지 했다. 그리하여 강원도 바닷가 아홉 고을에서는 일본군의 피해를 면할 수 있었다.

이 대목에서 독자들이 염두에 두어야 할 이야기가 있다. 일본군은 조선에 출정하면서 1번대는 고니시[小西行長], 2번대는 가토가 선발대로 나섰는데 둘이 먼저 선조가 도망친 통로인 평안도를 맡으려 하다가 내기를 해서 진 가토 부대는 강원도와 함경도를 맡게 되었다. 가토는 온건론자여서 이 부대는 비교적 포악하지 않았다.

가토의 부대는 함경도로 온 왕자인 임해군과 순화군을 잡아 뒷날 유정과 평화 교섭을 벌일 때 이를 미끼로 흥정을 벌였다. 유점사에 들이닥친 일본군은 바로 가토가 지휘하는 2번대였다. 유정은 물론 유점사와 고성에서 가토를 만난 것은 아니지만 둘은 처음 이런 작은 인연을 맺은 뒤 뒷날 화의교섭을 하면서 친분을 쌓았다.

이때 유정은 서울이 일본군에게 점령당하고, 선조 임금이 서울을 버리고 의주로 도망쳤다는 소식도 들었다. 또 서울은 일본군에 의해 궁궐이 불에 타고, 도성민들은 도망을 치기도, 도륙을 당하기도 했다. 조정에서는 명나라에 구원병을 요청하는 사신을 보냈다. 유정은 풍문으로 이 소식을 듣고는 비분강개해 이렇게 읊었다.

임금님 수레 서쪽으로 가니
도성이 온통 텅 비었어라.
문무의 훌륭한 인재들은 죽어서 언덕에 구르고
개돼지 같은 왜적들은 남북과 동으로 치달리네.

먼 하늘 바라보고 바라보아도
중국에 간 사신은 돌아오지 않고
개돼지만 떼 지어 거리에 가득한 때
저물녘 찬 하늘에 홀로 누대에 올랐네.
(여기에 인용한 유정이 지은 시들은 이상현이 번역한 『사명당대사집』의 것을
활용했으며 독자의 이해를 위해 지은이가 더러 쉬운 용어로 수정하기도 했다.)

한편 선조는 의주에 머물면서 명의 구원병이 오기를 기다렸지만 감
감 무소식이었다. 그는 일본군이 여기까지 밀려오면 압록강을 건너
중국 땅 요동으로 도망치려는 궁리를 하고 있었다. 일본군은 승승장
구하며 강원도를 석권하고 함경도로 진출했다. 또 황해도와 평안도
로 밀고 올라가고 있었다. 그는 다음과 같은 시를 써서 통분해 했다.

제왕의 깃발 서쪽 향하매 도성이 텅 비고
벼슬아치들이 도로 속에서 분주하네.
해는 지는데 요동 구름 어드메이뇨,
초의의 중 머리 돌려 눈물이 끝이 없어라.

유정은 휴정의 지시를 받기에 앞서 떨쳐 일어나 유점사의 승려를 비
롯해 수백 명의 승병을 모아 순안으로 달려갔다. 순안에는 소문을
듣고 달려온 승병이 수천 명에 이르렀다. 그는 군사를 훈련시키고
군량미를 모아 결전에 대비하고 있었다. 아직 조정의 지시가 전달되
지 않았을 때였다.

유정과 의승병들의 눈부신 활약

조일전쟁이 터지자 의주로 쫓겨 와 있던 선조는 묘향산의 휴정에게 도총섭의 직책을 주고 승의군(僧義軍)을 모집해 달라고 간곡히 부탁했다. 이에 휴정은 흔쾌히 응낙하고서 '공을 세운 승려에게 벼슬을 주고 선비와의 차별을 막아 달라'는 조건을 제시했고 이에 동의하자 팔도의 승려에게 격문을 띄웠다. 북쪽에 있는 사찰 도량은 한동안 시장 바닥처럼 소란스러웠다. 이럴 적에 유정은 스승의 격문을 받고 미리 준비한 승병을 모아 휴정의 휘하로 달려왔다. 이때부터 그의 13년에 걸친 눈부신 활동이 전개되었다.

일본군 1번대가 점령하고 있는 평양성은 명군과 조선군 양쪽 군사들의 보루였다. 요동에서 건너온 명군은 여러 차례 평양성 공격에 나섰으나 번번이 실패했고, 조선군도 때때로 공격을 했으나 별 성과를 거두지 못하고 있었다. 마침내 1592년 10월 16일 이여송을 동정군(東征軍)의 도독으로 삼아 총 공세를 펼쳤다. 명의 사자인 송응창은 일본군이 점령한 지역에서 물러나고 두 왕자를 돌려보내지 않으면 섬멸하겠다며 최후의 통첩을 보냈다. 그러자 고니시는 '평양성은 명군에 양도할 것이나 대동강 아래의 동쪽과 남쪽은 우리가 주관할 것이다.'라는 회답을 보냈다. 이게 분할 점령의 제안으로 앞으로 연달아 논란거리가 된다.

평양성 공격을 시작할 때 조선군은 18,000여 명이었는데 여기에 휴정과 유정이 이끄는 승병 2,200여 명이 참여했다. 이 무렵 휴정은 묘향산에서 행재소로 나와 도총섭 직책을 직접 받고 순안의 법흥사에 머물렀으며, 유정은 금강산 표훈사에 머물면서 주로 강원도 승병을 모으고 있다가 평양 전투에 참여했다. 이들 승병은 주로 황해도, 강원도, 평안도 등 휴정과 유정의 영향을 받는 지역의 승려들이었다. 이때 유정은 승병을 이끌고 오면서 이렇게 감상을 드러냈다.

시월에 남쪽 강 건너는 의로운 승병이여
뿔피리 소리, 깃발 그림자 강성(江城)을 흔드네.
상자 속의 보검이 한밤중에 우나니
요사스런 놈들 목을 베어 임금에 보답하려고.

조명 연합군은 마침내 1593년 1월 6일 평양에 총공세를 퍼부었다. 사흘 째 되던 날 마지막 공격을 퍼부었을 때 승병들은 유정의 지휘를 받아 승복 위에 전투복을 입고 날쌔게 칼과 창을 휘둘렀다. 이들은 평소에 검법과 봉술을 익혀 실전에 잘도 응용했다.

마침내 평양성을 탈환하였다. 일본군의 피해는 사격으로 죽은 자가 1만여 명, 칼과 창으로 죽은 자가 1,300명, 노획한 말이 3천여 필이었고, 일본군에 협조한 조선인 포로도 1천여 명이나 있었다. 칼과 창으로 죽은 자는 거의 승병들이 이룩한 전공이었다.

일본군 1번대는 평양에서 후퇴해 임진강을 넘어 서울로 집결했고 함경도와 강원도에 있던 2번대도 서울로 후퇴했다. 이 무렵 권율이 지휘하는 조선군은 독산산성과 행주산성에서 큰 승리를 거두고 서울 탈환 작전을 서두르고 있었다. 그러자 고니시는 사세를 판단하고 서울에서 남쪽으로 후퇴하는 작전을 세우고 있었는데 이미 본국에 있는 도요토미로부터 서울에서 철수하라는 지시를 받고 있었다.

이때 승병들은 도원수 김명원이 꾸린 연합 부대에 합류해 지휘를 받았다. 유정이 이끄는 승병들은 서울 탈환 작전에 대비해 서울 주변에서 주둔하고 있었다. 일본군은 이해 4월 18일 서울에서 완전 철수했다. 서울은 거대한 폐허 더미였다. 의심이 많은 선조는 의주에서 머뭇거리고 있다가 같은 해 10월 1일에야 서울로 귀환했다. 선조가 도성에 말을 타고 들어올 때 휴정이 임금 곁에서 나란히 말 고삐를 잡고 말을 몰았고 유정은 어가(御駕, 임금이 탄 말이나 수레)를 호위했다. 선조는 승병의 공로를 알고서 특별히 휴정을 불러올려 서울 입성에 동행한 것이다(현재 이 장면을 그린 그림이 해남 대흥사 표충사에 보관되어 있다).

거듭 말하면, 유정의 지휘를 받은 승군들은 처음에는 전투보다 군량미의 운반, 노역의 종사에 더 주력했다. 그는 때로 소모(召募, 군사 모집)를 벌이기도 하고 때로는 군량미의 공급을 원활히 하는 데 온 힘을 쏟았다가 평양 전투에서 큰 공로를 세웠던 것이다. 이런 공을 조정에서는 크게 인정하여 그에게 선교종판사(禪敎宗判事, 선종·교종의 책임자)의 직책을 주었고, 이어 승려의 몸으로 당상의 품계에 올랐다. 휴정이 임금과 함께 도성에 들어온 것과 유정이 당상관의 품계에 오른 것 모두 승려로서는 조선조 최초의 사례로 기록된다.

그런 다음 그는 새로 도원수가 된 권율 장군의 휘하에 들어갔다. 유정은 일본군이 남쪽으로 내려가자 추격하여 의령 전투에서 큰 승리를 거두었다. 이때부터 그의 이름은 온 조정과 백성들 사이에 널리 알려졌다(이이화, 『한국사 이야기 11 - 조선과 일본의 7년 전쟁』 참고). 그는 남쪽으로 내려와서 전라우수사 이순신이 바다에서 연전연승한다는 소식을 들었다. 그는 감격해 '이수사에게 드리다'라는 제목을 붙여 이렇게 찬사를 보냈다.

남방을 정벌하며 절도하는 우리 대장군

무위(武威)를 남쪽 오랑캐에 떨치며 바다의 요사스런 기운 진압

했네.

시절은 바야흐로 공자 생신인 중구일(重九日)이라

달 밝은 밤 풍악 소리 문에 울리네.

송운과 가토의 줄다리기

조일전쟁이 일어난 지 2년 쯤 지난 1594년에 들어서 화의(和議)의 논
의가 꾸준히 제기되었다. 먼저 명의 유격장군 심유경(沈惟敬)과 일본
군 장수인 고니시가 화의를 열었으나 지지부진하여 진전이 없었다.
이때 일본군의 또 다른 장수인 가토 기요마사는 북쪽에서 후퇴해 울
산 서생포에 진을 치고 있었다. 유정은 명군 총병(摠兵)인 유정(劉綎)
과 도원수인 권율의 부탁을 받아 가토를 만나러 나섰다. 유정은 쉰
한 살의 나이로 늠름한 기상을 보이며 한 점 두려움 없이 두 번에 걸
쳐 그와 마주 앉았다. 이 이야기는 조정에 보고한 글을 모은 『분충서
난록(奮忠紓難錄)』의 내용에 따라 요약 정리해 풀어 가기로 한다.

1차 강화 회담은 1594년 4월에 이루어졌다. 이 만남에서는 유
정의 호칭이 "송운(松雲)"으로 바뀌었다. 이제부터 한동안 송운으로
부르기로 한다. 일행 20여 명은 통역과 승려, 기록 담당자와 심부름
꾼 등으로 짜였는데 위험스럽지는 않았으나 그래도 찜찜한 심정으
로 서생포의 적진으로 발길을 디뎠다. 이들의 작전은 어설프게 보일
지 모르지만, 가토를 꾀여 명나라의 책봉을 받고 스스로 관백(關白)
이 되어 도요토미를 몰아내게 유도하기 위함이었고 이를 미끼로 화

의를 성사시키는 것이었다.

먼저 보왜(附倭, 일본군에 부역한 조선인) 한 사람이 이들의 마중을 나왔고 가는 도중에 들판에 모인 일본군 수천 명이 위세를 보이려 했는지 이들 일행을 보고 칼을 뽑아 휘두르기도 하고 조총을 쏘기도 하면서 위력을 과시했다. 일본군 진지에서 10리쯤 되는 곳에 이르자 조총을 든 군졸 40여 명과 말 네 필이 마중을 나왔다. 서생포의 적진에 이르자 구경 나온 일본군들이 거의 5천여 명이 되었다.

가토는 위세를 부리면서 먼저 독부(督府, 명군 사령부)의 서신을 가져 왔느냐고 묻고, 이어 자신이 풀어 준 임해군에게서 안부 묻는 연락이 없다며 불평을 늘어놓고 나서 심유경이 고니시에 제안한 내용을 물었다. 송운이 이를 모른다고 하자 그는 강화 조건으로 일본 관백과 명의 황제가 혼인 관계를 맺는다는 조목에 더불어 조선의 네 도를 할양한다는 조목을 글로 써서 보여 주었다. 이에 송운은 결코 실행될 수 없는 조건이라고 완강하게 말했다. 송운은 이때 가토가 고니시의 강화 교섭을 못마땅해 한다는 낌새를 알아차렸다.

가토는 비밀을 유지하려 송운을 이끌고 자기 방으로 안내했다. 두 사람의 필담은 연달아 이어졌다. 가토는 고니시와 심유경의 강화 회담이 성공할지 따위를 물었고, 송운은 결코 성공할 수 없다고 대꾸했다. 그런 뒤 가토는 모든 장수를 모아 놓고 고니시가 제시한 강화 조목을 제시했다. 그 조목은 이러했다.

첫째, 천자와 혼인할 것
둘째, 조선을 할양하여 일본에 붙일 것
셋째, 일본과 예전처럼 교린(交隣)할 것

넷째, 왕자 한 명을 일본에 들여보내 영주시킬 것

다섯째, 조선의 높은 벼슬아치를 일본에 볼모로 들여보낼 것

송운은 이를 예전 관례와 사리를 들어 모두 이루어질 수 없다는 논지를 폈다. 여기에는 명나라 관계와 명분론, 조선의 현실론이 어우러져 있었다. 그 내용을 군이 모두 소개할 필요는 없을 것이다. 다만 셋째 조항, 곧 조선 초기부터 이루어진 교린 관계를 회복하자는 제의는 타당하다고 일러 주었다. 이 기조는 뒤에서도 변함없이 유지되었다. 세종은 쓰시마를 정벌한 뒤 삼포(三浦)를 열고 왜관을 두어 일본과 외교 관계를 이룬 적이 있었다.

하지만 가토는 위의 제의가 실현되지 않으면 다시 전쟁이 일어날 것이라고 위협했다. 이에 송운은 우리와 명나라는 만반의 준비를 하고 있으며 백번 죽어도 동의할 수 없다고 대답했다.

이를 얼핏 보면 지혜 겨루기 같지만 사실은 이 조건을 놓고 명나라와 조선, 일본이 줄다리기를 하는 꼴이었다.

이에 가토는 술 네 통을 보내면서 "내가 서로 어울려 술잔을 기울면서 대접하고 싶지만 번거로운 폐단이 있을 듯해서 그만 두었습니다. 내가 함경도에 있을 때 금강산에 귀한 승려가 있다고 들었습니다. 지금 그 스님을 만났으니 이런 행운이 있을 것인가요?"라고 말했다. 가토는 송운이 유점사와 고성에서 일본 장수와 대화한 사실을 보고받아 기억하고 있었던 것이다.

그러고는 장지 한 권과 부채 열두 자루를 보내면서 송운의 필적을 적어 달라고 간청했다. 송운은 곧바로 '의리 편에 서서 바르게 하고 이끗을 꾀하지 말라.'거나 '밝은 곳에서는 해와 달이 내려다보고

251

어두운 곳에서는 온갖 잡귀가 설친다.'라거나 '나의 물건이 아니면 티끌만치라도 거머쥐면 안 된다.'는 따위 글귀를 써 주었다. 송운이 이때 써 준 글씨는 지금도 일본에 있는 가토 관련 기념관에 보관되어 있다.

가토는 또 송운을 자신의 내실로 끌어들여 금병풍을 둘러치고 밀담을 나누었는데 모두 심유경과 고니시가 강화를 성공할지, 자신은 도요토미를 싫어한다는 것 따위의 은밀한 말을 했다. 송운은 독부 유정의 말을 빌려 '서생포에 머물고 있는 장수 가토는 지방관을 지낸 가문의 후예이고 호걸스런 사람인데 어찌 관백(關白, 도요토미를 가리킴)과 같은 용렬한 사람 밑에서 지휘를 받는단 말인가. 만약 다른 나라에 있었다면 그가 우두머리에 이르렀을 것이다.'라는 말을 했다.

가토는 이에 미소만 짓고 대답하지 않았다. 속내로는 만족했다는 표시일 것이다. 또 글로 '우리나라에서는 관백을 일본의 국왕으로, 상관을 신하로 알고 있다. 그래서 상관을 이 나라에 보낸 것이라 하는데 그러한가?'라고 하자 '나는 관백의 신하가 아니라 국왕의 신하이다. 관백은 나쁜 사람이다.'라고 했다. 또 '나의 마음속은 심유경이나 고니시와 다르다. 그들의 일이 만일 이루어지지 않으면 당신도 들어오고 나도 사람을 보내어 독부와 서로 통해야 할 것이다. 그렇게 하면 하루아침에 결정될 것이니 오래 끌 것이 뭐가 있겠는가?'라고 했다. 마지막 감추어 둔 속내를 털어 놓았을 것이다. 이 대화로 해서 송운은 가토의 복심을 알아냈고 도요토미와 가토의 갈등도 짐작할 수 있었다.

둘이 일단 헤어지는 마당에 가토는 선물로 종이 열 권과 부채 열 자루를 보내면서, 술과 안주도 들려 보내고 조총군 50여 명을 보내 호송해 주었다. 송운은 1차 강화회의를 끝내고 조정에 이렇게 보고했다.

성을 쌓은 것이 견고하고 호령은 나날이 새로웠으며 군수품은 풍족하고 생활 형편은 여유가 있었습니다. 혹은 몇 층의 누각을 짓기도 하고, 혹은 큰 가옥을 짓기도 했으며 청정(임금에게 올리는 글에는 이름을 씀)이 거처하는 곳은 마루 전체에 돗자리를 화려하게 깔고 금병풍을 둘러치고서 좋은 음식을 만끽했습니다. 한 번 호령하면 모두 그대로 행해지면서 위엄 있는 명령이 바람일 듯했습니다. 오래 머물러 있을 계책을 크게 세우고서 바다를 건너갈 기세는 조금도 없었으며, 사치스럽고 참람하기가 왕후(王侯)의 생활보다도 더했으므로 통분함을 금할 수 없었습니다.

송운이 최초로 적진에 들어가 가토의 위세를 이렇게 잘 전달해 주고 있다. 조정에 알리는 글에서는 '통분'이라는 용어를 썼지만 송운의 마음속은 달랐을 것이다.

평화 사절 송운, 교린의 약속 받아 내다

2차 강화 회담은 1594년 7월에 이루어졌다. 이해 7월 10일 송운의 일행 37명은 장마로 질척거리는 길을 지나 가토의 진영에 이르렀다. 그동안 송운은 서울에 다녀왔고 가토는 부산에서 동정을 살폈다. 가토를 만나기에 앞서 그를 돕는 일본인 희팔이 송운이 서울에 다녀온 일, 독부 유정의 동정, 그리고 심유경과 고니시의 강화 회담 진행 상황 등을 물었다. 그들은 이런 과정에 대해 첩보를 통해 거의 파악하고 있었다. 송운은 가토와 관백의 관계에 대해 꼬치꼬치 따져 물으면서, 관백은 시골 출신으로 국왕을 죽였고 그 자리에 올라서서는 많은 사람을 죽였으니 죽어도 마땅하다고 전제하고 이렇게 말했다.

가토는 대대로 작록을 받고 인민을 사랑하며 왕자의 기상을 지니고 있는데 어째서 관백의 하인이 된단 말인가? 독부가 가토를 위하여 이 점을 애석하게 여기고 있다. 지금 가토가 만약 관백을 도모하고자 한다면 독부가 힘껏 조력할 것이니, 그 일이 손바닥 뒤집는 것처럼 쉬울 것이다.

이에 희팔은 '옳지 않다'고 강하게 부인하고 물러갔다. 송운은 짐짓 이런 말을 꺼내 가토에게 알려 주게 한 것이다.

12일 저녁 송운은 가토를 만나 대화를 나누었다. 가토는 먼저 제시한 다섯 가지 강화 조건을 물었고, 송운은 지난 번 거절의 뜻을 밝혔다고 말하며 독부의 결정에 따를 것이나 이 문제만은 다시 논의할 것이 못된다고 대답했다. 가토는 명나라와 조선이 자신을 여러 차례 기만했다고 불평을 늘어놓으면서 송운도 나를 속이려 든다고 말했다. 다음 두 사람은 이런 말을 주고받았다.

"나는 산인으로 세상의 버림을 받고 오랫동안 산방에서 좌선한 사람인데, 감히 내가 속이기 위해서 왔다고 생각하는가?"

"당신네 나라에는 송운 한 사람만 거짓이 없고 그 나머지는 모두 속이고 거짓말을 한다."

그러자 송운은 다시 "예전처럼 교린하는 하나의 일은 앞으로

의논해 볼 여지가 있다. 그러나 나머지 네 조목은 심유경도 명의 조정에 감히 제의하지도 못한 일인데, 지금 어떻게 감히 다시 논하겠는가?"라고 말했다. 이건 바로 조선의 기본 노선이요, 송운의 속내도 여기에 맞추어져 있었던 것이다. 이에 가토는 관백의 명이니 실현되지 않으면 다시 전쟁이 일어날 것이라고 엄포를 놓았다.

가토는 그러면서 교린은 어떻게 해야 하는지 물었고, 송운은 "조선은 몇 세대에 걸쳐 원씨(源氏, 일본 천황)와 통상을 하면서 있는 물건과 없는 물건을 서로 교역하며 좋게 지냈을 뿐이다. 이 밖에 또 무엇을 더하겠는가?"라고 했다. 바로 이것이다.

가토는 자신의 전공을 과시하면서 두 도를 떼어 주지 않으면 전쟁을 불사하겠다고 했고, 송운은 그 제의에 동의할 수 없으며 끝까지 대적하겠다며 또한 맞섰다. 그러면서 명과 조선과 일본, 이 세 나라는 좋은 관계를 유지하면서 예전처럼 평화를 이룩해야 한다고 애써 목소리를 높였다.

한데 쓰시마를 통해 무역하는 일을 논의하고 나서 가토는 안도하는 기색을 보였다. 그의 속내도 이로써 드러난 것이라고 볼 수 있었다. 가토는 마침내 다음과 같은 내용을 써서 보여 주었다.

심유경과 고니시의 강화 회의는 성사되지 못할 것이다. 그러므로 명나라와 조선 사람이 가토와 함께 삼국의 화합을 도모해야 할 것이요, 이를 일본 태합(太閤) 전하에게 빨리 보고해야 할 것이다. 이 화합이 성립되기를 크게 바라는 마음에서 다른 것은 그만 두고라도, 첫째, 조선은 매년 쓰시마에 쌀을 정해진 숫자대로 보낼 것이요, 둘째, 쓰시마는 조선의 국서를 받아올 것이요, 셋째, 쓰시마는 조선국 사람 몇 명을 사절로 받아들여야 할 것이다.

마침내 합의를 끌어낸 것이다. 이 합의는 뒷날 그대로 지켜졌다는 사실을 알아둘 필요가 있을 것이다. 도쿠가와 막부와 조선 정부는 우호를 다지는 교린과 쓰시마를 통한 무역을 한다는 합의가 이루어졌으며 포로 송환도 실현되었던 것이다. 송운 일행은 장마로 이틀을 머무르면서 융숭한 대접을 받고 16일 돌아왔다. 3차 회담은 10월에 열기로 약속했다.

마지막 강화 회담의 실패

3차 강화 회담은 이해 12월에 어렵게 이루어졌다. 당시 조정에서는 심유경과 고니시 사이에 맺어진 강화 조건이 이루어진 뒤 가토를 호유할 필요가 있었다. 이 강화의 조건은 명나라 황제가 도요토미를 일본의 국왕으로 임명한다는 것이 골자였다. 뒷날 두 사람은 모두 본국을 속여 거짓말로 합의를 해 처벌받았다. 사실 가토는 이 강화 사실을 알고 불평불만에 차 있었다.

아무튼 이런 상황에서 조정에서는 가토가 반발하여 계속 준동할 걸 염려했다. 그리해 송운을 다시 보내 회유하고자 했다. 그런데 송운이 가토와 약속한 기일을 지키지 못한 사연이 있었다. 그는 서울로 돌아오면서 한강 가에 이르렀을 때 병이 들어 신음을 하면서 드러누웠다. 본인의 표현으로는 중풍이라고 했다. 그는 40여 일 동안 병석에서 신음하다가 동짓달에 와서야 겨우 몸을 일으켰다. 과로

가 겹친 탓이다.

조정에서는 그에게 임해군의 편지를 들려 가토에게 보냈다. 가토는 임해군을 풀어 주고서 처음 약속과는 달리 임해군의 회답이 없자 신의를 저버렸다고 불평에 차 있었고 이를 송운에게 여러 차례 토로한 적이 있었다. 게다가 가토가 보낸 편지의 회답도 없어서 더욱 앙앙불락했다. 임해군의 회답 편지는 구구절절 가토를 배려하고 감사를 담아 회유하는 내용으로 채워져 있었다. 또 사냥매와 호랑이 가죽 등 선물을 듬뿍 들려 보냈다. 송운 일행은 11월 6일에 서울을 출발해 21일에 원수부에 이르러 경상우도의 적정을 상세하게 알아보았다. 그리고 나서 12월 12일 경주에 이르러 가토에게 편지를 보냈다.

겨우 병든 몸을 부축 받고 돌아와 지금 경주에 이르렀으나, 병이 아직 낫지 않아서 정신이 혼미하고 음식을 먹지도 못하니 걱정스럽다. 장군과 중로에서 만나 조용히 회포를 풀고 싶으니, 장군이 날짜와 장소를 지정해서 보내 주는 것이 어떻겠는가?

이에 가토는 울산 서낭당이 있는 강 어구에서 만나자고 연락을 해 왔고, 송운 일행 40여 명은 울산 좌병영의 동쪽으로 갔다.

예전 송운과 대화를 나누었던 가토의 부장 희팔과 승려 닛신이 마중을 나왔다. 이들은 들판에 자리를 깔고 앉아 대화를 나누었다. 날씨는 매우 추웠다. 닛신이 먼저 말했다.

닛신 우총병(右摠兵)이 이미 행장(고니시) 의지(소 요시토시)의 무

257

리와 강화를 하고, 부산, 동래, 기장 등 진지에 통보한 것이 오래되었다. 송운도 행장 등과 통호하여 벌써 화의를 이루어 놓고는 다시 와서 우리들을 유인한들 무슨 좋은 일이 있겠는가?

송운 내가 한강 가에서 병들어 누운 것이 40여 일이요, 중로에 이르러 아파서 누운 것이 20여 일이다. 행보하기가 곤란했지만 장군과의 약속을 어기는 일을 아주 어렵게 여겨서 총총히 돌아와 원수부에 도착했다. 여기에서 행장의 무리가 김해부사를 통하여 우총병을 만나 보기를 요청했다는 말은 잠깐 들었으나 아직 강화하였다는 말은 듣지 못하였다.

희팔 송운이 사실과 다르게 우리를 속이는 것이 이 정도로 극에 이르렀다. 가토가 와서 만나 보지 않는 것도 이 때문이다.

송운 나는 부처님의 제자이다. 어려서부터 불망어(不妄語)와 불살생(不殺生)의 계율을 지켰는데 어찌 사람을 속일 리가 있겠는가? 행장의 무리가 중국 장수와 논의한다는 말은 예전에 들었어도 우리 조선과 강화한다는 말은 듣지 못했다.

이 진실 게임은 따져 볼 일이다. 사실과 조금 다르기 때문이다. 진짜 송운이 이를 몰랐을까?

아무튼 날이 어둡고 추워 그들은 송운과 몇 수행원을 데리고 강을 건너 천막에 들었다. 송운은 이때의 정경을 추위가 뼛속까지 사무치고 손발이 얼어붙어 견디기 어려운 형편이었다고 말했다. 여러 사람이 머리를 거꾸로 해서 무릎을 맞댄 채 앉아 날이 밝기를 기다렸다.

그들은 가토가 경상우도의 일이 해결되지 않으면 송운을 결코 만나 주지 않을 것이니 송운은 돌아가고 다른 군관만 남으라고 말했다. 그래서 송운은 사세가 어쩔 수 없다고 판단하고서 임해군의 편지와 선물을 군관 이겸수에게 전해 주고 종이 한 장을 꺼내 글을 써서 도장을 찍어 가토에게 전해 달라고 당부했다.

조선이 일본과 교린을 맺은 지 지금 2백 년이 된다. 그들이 본국에서 오면 우리 조선이 그들을 예우하며 환영하고 위로해 준 것이 또한 오래되었다. 그리고 통신사로 말하면, 의리가 금석과 같아서 티끌만큼도 틈이 없었는데, 일본이 혼자 꼬투리를 만들어 내어 천하를 괴롭히고 어지럽혔으니 이것이 누구의 잘못인가. 만약 예전처럼 교린을 하고 싶다면, 마땅히 군사를 거두어 속히 돌아가서 이러한 뜻을 관백에게 상세히 알려야 할 것이다. 그리하여 그 나라에서 사신의 예를 갖추어 내빙할 경우, 우리나라에서 어떻게 대할지는 그때 가 봐야 할 것이니 오직 장군은 현명하게 선택하기 바란다. 부도씨(浮圖氏, 불교의 조사)가 말하기를 '사람이 땅으로 인해 넘어졌으면 다시 땅을 짚고 일어나야 하는 것과 같다.'라고 했다. 사람이 스스로 넘어졌다가 스스로 일어나는 것이지, 땅이 넘어진 사람에게 어떻게 해 줄 수가 있겠는가? 그러니 또 무슨 말을 하겠는가?

송운은 이어 병든 몸을 이끌고 약속을 지키려 왔음에도 물리치니 섭섭하다고 전제하고 선물을 받아달라고 당부했다. 송운은 3차 강화 회담에 나갔다가 가토를 만나지도 못하고 이렇게 돌아왔다. 두 사람은 다시 만날 인연이 있을까?

259

그대 머리가 나라의 보배

허균은 그의 비명을 쓰면서 다음과 같은 이야기를 올렸다.

가토는 어느 날 불쑥 "귀국에 보물이 있소?"라고 물었고 이에 송운은 "우리나라에는 보배가 없소. 보배는 일본에 있소."라고 대답했다. 가토는 의아해서 "그게 무슨 말이오?"라고 다시 물으니 "지금 우리나라에서는 그대의 머리를 보배로 여기고 있소. 그러니 보배가 일본에 있는 것 아니오."라고 했단다. 이 말이 널리 퍼지면서 말이 보태져 "그대 머리를 돈 천 금과 읍 만 호를 걸고 산다고 하니 이것이 어찌 보배라 하지 않겠소?"라고 대답했다는 일화도 전해진다. 가토는 이 말을 듣고 껄껄 웃었다고 한다.

아무튼 세 차례에 걸쳐 두 대표는 화의의 조건을 서로 협의했으나 타결을 볼 수가 없었다. 가토는 때로 되풀이하여 명의 심유경과 일본의 고니시와의 화의 약속을 받아오라고 말했고, 송운은 결코 두 사람의 강화 약속은 이루어지지 않을 것이라고 대답하면서 가토와 고니시의 경쟁심을 부추겼다.

다시 요약해 보면 송운은 이 교섭을 통해 가토와 고니시가 경쟁 관계라는 것, 가토는 도요토미 히데요시를 실제의 상전으로 인정치 않는다는 사실 따위를 알아내 보고했다. 가토는 김응서와 고니시가 만나 새로운 화의 협상을 벌이는 사실을 알고 더 이상 송운을 만나주지 않았다. 그러나 이 과정에서 가토는 특별히 송운에게 큰 존경심과 경모심을 지니게 됐다는 사실이 뒷날 증명되고 있다.

송운은 두 번째 침략에 대비해 승군을 데리고 남쪽 지방에 성을 쌓기도 하고, 경상도 지방을 방비했으며, 항복해 온 일본군을 통해 염초 기술과 조총 제작을 서두르기도 했다.

어느 날에는 "청허"라는 일본 승려를 울산 가토의 진지에서 만나 닛신[日眞]의 편지를 전해 받았다. 거기에 '나는 5월 대군이 나갈 적에 따라 나갈 것입니다'라고 말이 쓰여 있었다.

그는 현장을 돌아보면서 일본군의 동정을 낱낱이 파악하고 있었다. 당시 일본군은 완전히 철수하지 않았고 울산과 순천만 등 바닷가에 성을 쌓아 장기전 태세를 갖추고 있었다. 송운은 여러 정황을 따져 재침이 있을 것임을 확신했다.

당시 전라좌수영 관할 해역인 남서쪽 바다만 수사 이순신이 철통같은 방어전선을 쳐 막아 왔고, 이해 첫 무렵 원균이 삼도수군통제사가 되어 왔다.

이럴 때인 1597년 4월에 송운은 임금에게 현지의 실정을 알리고 그 대비책을 세워야 한다는 상소를 올렸다. 그의 건의는 이렇게 시작했다.

왜적이 지금 병력을 보강하여 변경에 둔치고 있으면서 떠나지 않고 있습니다. 강화를 할 것같이 하면서도 하지 않고, 군사를 움직일 것같이 하면서도 움직이지 않은 채 위협과 공갈을 못하는 것이 없으니, 그들의 끝까지 숨은 뜻은 앞으로 중국을 침범하는 데에 있습니다.

_『분충서난록』 부록

일본이 가도입명(假道入明, 길을 빌려 명나라에 들어가는 것)을 되풀이하여 주장하고 있음을 말하고 막연하게 강화만을 기다릴 수 없다고도 했다. 또 닛신이 편지에 적은 말도 알리면서 또 이렇게 말했다.

오늘의 형세가 싸워도 위태롭고 싸우지 않아도 위태로우니, 싸우지 않아 위태롭기보다는 성을 등지고 한번 싸움을 하여 승패를 결판 짓는 편이 더 낫겠습니다. 더구나 현지의 적병은 그 수가 1만여 명에 지나지 않고, 또 나이 젊고 정예한 자를 보면 모두가 우리나라의 사람들이었습니다. 그들은 신이 출입하는 것을 보고는 희비의 표정이 얼굴에 나타나는가 하면, 더러는 우리나라 사투리로 신을 부르며 '나는 서울 아무 방(坊)에 있었고, 나는 아무 도, 아무 고을에 있었는데, 적의 위협을 받고서 이곳에 끌려왔다.'라고 했으니, 적이 우리나라의 백성을 기반으로 하여 세력을 키우고 있다는 것을 여기에서 알 수 있습니다.

지루한 줄다리기보다도 결전을 무서워하지 말자는 것이다. 게다가 일본군의 숫자가 많지 않고 거기에 조선 사람들이 많이 포함되어 있으므로 사기가 높지 않음을 알린 것이다. 일본군은 모자라는 병력을 조선 사람으로 채우고 있었다. 그래서 송운은 수군과 육군이 병진해서 밀려오는 일본군을 막아야 한다는 주장을 편 것이다. 또 강화되기만을 기다리면서 대비책이 소홀해서는 안 된다는 주장도 폈다. 마지막으로 이렇게 말했다.

오늘날 인심이 이완되어 모두가 도피할 생각만을 품고 있어 농사철이 다 지나고 있은 데도 갈고 씨 뿌릴 뜻이 없으니, 이는 백성의 힘이 고갈된데다가 온갖 부역에 지쳐서 농사 지을 마음을 잃은 탓입니다. 도둑이 일어날 조짐이 있으며, 적병의 침입도 여름이 아니면 반드시 가을일 것입니다. 그런데도 하루빨리 국가를 튼튼히 하고 외적을 방어할 계획을 세우지는 않고서 신같이 못난 자로 하여금 흉적의 속에 왕래만 시킨다면 수많은 말을 해 보았자 수모만 더할 뿐 사세에 무슨 보탬이 되겠습니까?

여기에서 민심과 민정의 실정을 말하고, 곧 재침이 있을 것임을 지적하면서 곧바로 방어책을 세워야 한다고 외친 것이다. 즉각 체찰사, 도원수, 통제사에게 명령해 재침에 철저히 대비하라고 명령해야 한다고 주장했다.

이에 대해 실록을 기록하는 사관은 '난리를 겪은 이래 의정부의 여러 신하들이 한결같이 위축되어 더러는 강화의 논의를 빌려 굴레로 삼으려 하고 더러는 훈련을 핑계로 하여 뒷날을 도모하자는 등 구차스레 그럭저럭 하는 사이에 6년이 벌써 지났는데 한 사람도 의리에 의거하여 대비하려는 계획을 바쳤던 자는 없었다. 유정의 상소는 말이 조리가 있고 의리가 발라서 당시의 병통을 적중시켰다.'고 기록했다.

이 주장대로 일본군 14만 명쯤이 7월에 침입했고 조명 연합군 8만 명쯤이 맞섰으나 초기에는 막아 내지 못했다. 또 이때에는 그동안 연전연승하던 수군이 원균의 작전 실패로 연파를 당했다. 그리해 그동안 온전하던 호남 북쪽이 막대한 피해를 입었다. 일본군은 1년 동안 전투를 벌인 끝에 1598년 8월에야 철수했다. 이로 해서 조일전쟁 7년이 끝났다.

말을 돌려 거슬러 가 보자. 정유재란 때 상륙한 가토는 다시 울산에 진을 치고 있으면서 송운과 황혁을 만나고 싶다는 말을 전했다. 황혁은 일본군에 빌붙었던 하급 장수였다. 이렇게 해서 두 사람은 재회했으나 그들이 어떻게 회포를 풀었는지는 알 수가 없다. 송운은 가토를 만나고 와서 그들의 배 5백여 척이 울산에 정박해 있다는 사실을 보고했고 그들의 요구 조건이 '국왕이 바다를 건너 일본에 들어오라는 것'과 '팔도의 땅을 떼어 달라는 것'임을 알렸다.

이런 요구를 들어줄 리 없었으니 전쟁은 진행될 수밖에 없었다. 일본군은 남쪽 지방을 중심으로 다시 분탕질을 치며 골골을 누비며 다녔다. 그러나 복귀한 이순신이 명량대첩의 승리를 거두고 육지 의병들의 맹활약으로 일본군은 전보다 기세가 등등하지 못했다. 그들도 2차 침략을 별로 탐탁하게 여기지 않았던 것이다.

강화 사절 송운, 도쿠가와를 설득하다

일본군은 도요토미의 유언에 따라 철수 작전을 개시해 7년 만에 조일전쟁은 끝이 났다. 그 뒤 도요토미는 곧바로 죽음을 맞이했다. 송운은 다시 유정으로 돌아가 원주 등지의 산사에서 조용히 쉬면서 다시 참선에 들고 있었다. 그러나 아직도 그의 중요한 역할이 남아 있었다. 세상은 아직 그를 내버려 두지 않았다.

가토는 일본으로 돌아간 뒤 송운을 흠모한 나머지 그의 이름을 일본에 널리 알렸다. 가토는 송운이 써 준 시구와 글씨를 보관하고 있다가 일본으로 가져가서 여러 사람들에게 자랑스레 보여 주며 친분을 과시했다. 그뿐만 아니라 그의 훌륭한 인품과 장부다운 기개에 대해 극찬하며 새로이 탄생한 도쿠가와[德川] 막부에서도 송운을 한 번 만나기를 바랐다.

당시 쓰시마의 도주 소 요시토시[宗義智]는 양국의 교린 재개를

264

위해 동분서주했고, 고니시도 새 막부에서의 제 정치적 입지를 노려한 해에도 몇 차례씩 사자를 조선에 보내 통신사 파견을 요청했다.

한편 소 요시토시는 조선의 포로를 확보하는 대로 10명 또는 100명 단위로 돌려보내 주었는데 1599년부터 1603년 사이 모두 823명을 헤아렸다.

사실 강화의 과정은 조금 복잡했다. 처음 1601년 도쿠가와 막부에서는 쓰시마의 다치바나 도모마사[橘智正]를 보내 우호 관계를 요구해 왔다. 이에 일본의 사정에 밝은 체찰사 이덕형(李德馨)은 "다치바나는 지금 돌아갔습니다. 비변사(備邊司)에서 정월에 사람을 쓰시마에 보내 정탐할 것을 결정하고서 신에게 통보해 왔습니다. 이일은 매우 중요하기에 사람을 뽑아 보낼 적에 아주 잘 가려 보내야 노적(老賊, 도쿠가와)에게 농락당함을 면할 수 있습니다. 되풀이 생각해 보아도 유정보다 나은 사람이 없습니다. 유정은 왜인이 그의 이름을 아는 중입니다."(『선조실록』34년)라고 보고했다.

여기의 표현은 꽤나 인색하나 송운이 가장 필요한 인물임을 말하고 있다. 그러나 이때에는 송운을 일본에 보내지 않았다. 당시 조선 조정에서 송운의 이름으로 우호에 응한다는 글을 보내게 한 것만 보아도 일본에서 송운을 얼마나 높이 사고 있었는지 알 만하다.

조정에서는 다음 기회를 대비하여 그를 부산에 대기하도록 했다. 하지만 조정에 도사리고 있는 사대모화주의자들은 일본과 교섭하려면 명나라의 승인을 받아야 한다고 주장했다. 곧 조일전쟁 때 나라를 구한 것은 명의 자소지은(字小之恩)과 재조지은(再造之恩) 때문이라고 했다. 이는 '작은 나라를 사랑한 은혜'와 '망한 나라를 다시 만들어 준 은혜'라는 뜻이다. 당시 젊은 사관은 이렇게 기록했다.

265

우리나라는 이 도둑과는 길이 잊지 못할 원수라. 화친을 허락할 수 없다는 것은 세 살 난 아이라도 알 수 있다. 그런데 오늘날의 처사로 말할 것 같으면 의리에 의거해 딱히 거절하지도 않고 또 그들의 요구를 들어주어 거절하지 말자고도 하지 않으면서 그저 중간에서 어물어물 임시방편으로 때울 궁리만 하고 있다. 앞 아서 기회를 놓치고 다만 명나라에 알려 재가를 받자는 것을 기묘한 계책으로 여기고 있다. 당시 일을 맡은 신하들이 나라 일을 꾀하는 데 충성스럽지 못함을 알 만하다.

_『선조실록』34년

다시 말해 일본과의 강화를 반대하지도 않고 주장하지도 않는 어중간한 태도를 나무라는 논리이다. 이게 당시의 대세였고 풍조였다. 하지만 조정에서는 선조와 교섭을 담당한 이덕형 등의 몸이 달아 있었다. 일본과 우호관계를 맺어 다시 전쟁이 일어나지 않게 해야 하고 포로를 돌려받아야 했던 것이다. 그래서일까? 대기하고 있던 송운은 마음의 위로를 받으려 했는지 오히려 문우들에게 송별시를 부탁했다. 그러자 명사인 이수광은 다음과 같은 시를 보냈는데 앞의 두 줄과 뒤의 두 줄의 구절은 이러하다.

성세에 명장이 많다 하지만
우뚝한 공은 오직 우리 노사뿐
…
허리에 찬 한 자루 장검이여
오늘날 남아 되기 부끄럽구나.

266

교린의 길을 열다

1604년 2월, 조정에서는 끝내 송운을 일본에 보내기로 결정했다. 마침 휴정이 열반해 묘향산으로 발길을 옮길 적에 조정에서 그를 급하게 불러 올렸다.

그에게 정식 통신사가 아니라 "강화사(講和使)" 또는 "탐적사(探賊使)"라는 이름을 붙였다. 강화사는 두 나라가 전쟁을 벌일 적에 서로 화해를 맺자고 보내는 사절이다. 아직 종래 일본과 통신사를 교환하던 정식 외교 관계가 복원되지 않았기 때문에 강화사라는 이름을 붙인 것이다. 이때 실록 기록자인 사신은 또 이렇게 썼다.

> 불공대천의 원수와 화호하는 것도 수치이거니와 게다가 일개
> 중을 시켜 그 일을 이루고자 했으니 맛있는 음식을 얻으려는 꾀
> 가 비루하도다.
>
> _『선조실록』 35년

이 기록은 조정의 처사를 나무라는 것인지 송운을 얕보는 것인지 분간이 안 된다. 이들은 썩어 빠진 명분과 명나라에 대한 사대 은의 그리고 승려를 얕보는 의식에 젖어 국가의 실익이 무엇인지 따질 줄을 몰랐다. 더욱이 이 무렵 압록강 너머에서는 여진족이 힘을 키워 명나라를 압박하는 상황이었다.

송운이 데리고 간 수행원은 모두 그의 책임 아래 선발되었던 것으로 보인다. 역관 김효순과 박대근, 승려 혜은, 혜구 등 10여 명으로 짜인 수행원 중 승려들은 모두 송운의 사제나 제자였다. 다시 말해 정식 벼슬아치는 거의 들어 있지 않았다.

그런데 조정에서는 또 한 사람의 사절을 내세웠다. 손문욱(孫文彧)에게 절충장군의 직함을 주어 "탐적사"라고 불렀다. 손문욱은 누구인가? 그는 일본군에게 항복해 첩자 노릇을 하다가 도요토미의 집으로 가서 귀여움을 받았다. 그가 도요토미의 첩과 간통한 사실이 발각되어 쫓겨나 고니시의 부하가 되었고 쓰시마 도주의 주선으로 남해현감을 차지하는 따위 부역 행위를 했다. 그러다가 뒷날 다시 이순신에게 가서 노량진 해전에 참여했는데 이순신이 죽자 대신 지휘를 맡기도 했다. 변절을 거듭한 변화무쌍한 인물이었으나 일본 정세를 누구보다도 잘 아는 장수로도 알려졌다. 기이한 일은 송운 자신이 쓴 문서에 그를 빼 버리고 시 한 줄 주었다는 구절도 없다는 점이다. 송운은 손문욱을 비루한 인간으로 봐 그리했는지도 모를 일이다.

　　어쨌든 송운은 이해 6월 22일 조정에 들어가서 선조를 만나 그동안의 경과를 알리고 앞으로의 대책을 논의했다. 그들의 임무는 두 가지, 곧 도쿠가와 막부와 예전의 교린 관계를 회복해 전쟁의 재발을 막고 일본에 흩어져 있는 피로인(被虜人, 포로)을 데리고 오는 일이었다.

　　7월 1일, 이들 일행은 비가 내리는 서울을 출발해 제천 단양을 거쳐 7월 26일 대구에 이르렀다. 대구에서 이들 일행을 전별하는 모임을 가졌다. 이들은 배를 타고 밀양 죽도(현재 통영시)와 김해 감만(戡蠻, 현재 부산시) 등지를 거쳐 8월 22일 낙동강 입구에 있는 다대포(多大浦)에 이르렀다. 죽도에서는 어느 늙은 선비가, 승려가 일에 쫓겨 잠시도 쉬지 못한다고 기롱해서 시를 지어 대답했다.

　　서주에서 태어난 임씨 집안의 후예로서
　　가세가 점점 기울어 몸 둘 곳이 없었다오.

나고 자란 은혜 저버리고 태평성대 도망쳐서
바보 같은 생각으로 구름과 솔에 누었지요.
산하를 가고 머무는데, 일곱 근 누더기요
우주가 편하든 위험하든 석 자의 지팡이뿐
이것이 우리 공문(空門) 본분의 일이거늘
무슨 마장(魔障)이 있어서 동서로 달리는지.

여기의 '서주'는 황해도 풍산을 가리키는데 그가 풍산 임씨임을 나타낸 것이다. 자신의 본분을 이야기하면서 그 늙은 선비를 일깨운 풍자가 담겨 있는 것 같다. 그들은 다대포 언저리 감만에 이르렀을 때 또 어느 사람은 이들이 가는 길을 두고 무슨 임무를 가지고 있느냐고 물었다. 그래서 또 이런 시를 지어 보여 주었다.

정월 초하룻날 서울을 떠날 적에
장맛비 억수로 밤에도 주룩주룩
봉래산의 동료 선승은 또한 정이 있어서
연꽃 보고 미소 짓는 뜻 따라오며
옷깃 다시 붙잡고 돌아올 기약 물었지만
말에 채찍질하며 아무 말 없이 달려왔소.
태울 듯 뜨거운 불길 뱃속에서 일어나고
만신창이 된 몸은 땀으로 범벅
섭공(葉公)의 저녁 음빙(飮氷) 늘 기롱하였을 뿐
비지(非指)로 비지를 설명할 줄은 몰랐다오.
성은이 깊어서 속으로 늘 두려워하며

자나 깨나 총총히 행리(行李)를 단속했지요.
길 떠나 두 달째에 하늘 끝에 도착하니
초가을 벌써 지나가고 어느새 중추
정북 쪽을 돌아보니 오색구름 멀기만
아득하고 아득해라 서울은 어디이뇨.
삼한(三韓) 길 끊어지고 바다가 앞에 망망하니
대붕(大鵬)이 물을 치고 삼천리를 내달리라.

여기의 '연꽃'은, 부처가 연꽃을 보이자 가섭이 미소 지었다는 염화시중(拈花示衆)을 뜻하고 봉래산(금강산)에 있는 동료 선승이 동행한 사실을 담았으며, '섭공의 저녁 음빙'은 사신의 명을 받고서 근심하며 애를 태우는 것을 말한다. '비지' 운운은, 예전에는 그 사람의 입장이 되어 그 사람의 심경을 이해할 줄 몰랐는데 이제 자기가 그런 입장이 되고 보니 새삼 그 상황이 이해된다는 말이며, '대붕' 운운은 큰 붕새가 바다 위에서 활주로처럼 삼천리를 치달려 마침 불어오는 회오리바람을 타고 9만 리 하늘 위로 올라간다는 이야기가 담겨 있다. 전체의 이미지를 짐작할 만할 것이다.

　　아무튼 이들이 탄 배는 8월 22일 다대포를 출발해서 넓은 바다로 나왔다. 험난한 길이 가로놓인 장도라고 표현해야 할 것이다. 이 때 송운의 감회가 남달랐음을 또다시 시로 보여준다.

만 리 물결 헤치고 조각배로 뜻대로 달리니
하늘에 이어진 저 멀리 탄환 같은 섬 하나로
황하의 근원은 응당 하늘 서북쪽일 텐데

무슨 일로 동쪽에 박망(博望)의 뗏목 띄웠는지.

그동안 귀밑머리 해마다 백발이 늙건마는
또 남녘 바다에 팔월의 뗏목을 띄웠구나.
팔 굽히고 허리 꺾는 일도 나의 뜻 아니거니
어떻게 머리를 숙이고 원수의 집에 들어가랴.

여기 '탄환'은 작은 걸 비유해 일본을 뜻하며 중국에 있는 '황하'는
그 근원이 서북쪽이라는 뜻이며 '박망'은 자신을 가리키는 말로 예
전 어떤 사람이 8월에 뗏목을 타고 하늘에 올라가 견우와 직녀를 만
나고 왔다는 고사에 비유했다. '팔 굽히고 허리 꺾는'다는 것은 자기
보다 윗자리에 있는 사람에게 굽신거리며 절하는 것을 말한다. 모두
자기 처지를 비유한 것이다. 그는 앞길을 헤쳐 가는 과정에서 연달
아 시로 심회를 드러냈다.

  단출한 행장을 꾸린 송운 일행이 탄 배는 일본으로 가는 항로에
따라 쓰시마를 거쳐 가야 했다. 송운이 탄 배가 쓰시마 이즈하라[嚴
原] 항구 언덕에 이르렀다. 쓰시마는 오랑캐 나라인 일본 땅이 아니
겠는가. 그는 배 안에서 이렇게 읊조렸다.

앉아서 말없이 돌돌 쓰노라니
밤바람이 비 불러와 외로운 배 씻어 주네.
십 년 동안 생사를 오간 관산(關山, 국경의 산)의 달빛이요
만 리 길 위태로운 귀국(鬼國)의 가을이로다.
더운 바다 미친 물결 쉴 날이 없으니

271

병든 몸 부평초라 어느 때나 쉬겠는가.
회상컨대 백옥의 일천 봉우리 속에서는
원학(猿鶴)과 무리지어 자유롭게 살았건만.

그는 스스로 '병든 몸'이라 표현했다. 여기 '귀국'은 변방의 미개한 나라를 가리킨다. '백옥의 일천 봉우리'는 자신이 거처하던 금강산이나 묘향산을 가리킨 듯하며, '원학'은 원숭이와 학을 나타내는 글자로 그곳에 은거하는 선비와 신선을 가리킨다. 독자들은 이 시를 읽고 괜히 슬퍼질 것이다.

그들 숙소인 쓰시마의 객관에 이르자 송운은 피로한 탓인지 어금니가 시리고 아파서 베개에 엎드려 신음했다. 그래서 또 이렇게 시를 지었다.

병든 몸 객관에서 어금니까지 아파
앉아서 세어 보니 평생 좋은 일 없었다네.
머리 깎고 중 되어도 항상 길에 있었고
세상 본받아 수염 남겨도 집은 없었네.
안개와 노을의 산중 생활도 설어서 익히기 어려웠고
자신을 돌보는 공부에도 채찍을 가하지 못했다오.
진퇴의 두 길 모두 그르치고 말았는데
흰 머리로 어이하여 또 배를 탔는지.

이가 아픈 게 신세 한탄으로 이어졌다. 하지만 그의 의지는 결코 녹록하지 않았다. 앞으로 전개되는 활동을 보면 알 것이다. 쓰시마에 도착한 송운은 처음에 무료한 나날을 보내고 있었다. 그러다가 어느 날 객관의 뜰에 국화가 핀 걸 보았다. 그는 이런 시를 지었다.

> 낙엽은 쓸쓸히 모래톱에 떨어지고
> 하늘 끝 구름 돌아가는 바다 북녘 가을날
> 중양(重陽)의 명절 지나가도 돌아가지 못하는 몸
> 국화가 먼 나그네 공연히 시름을 자아내네.
> 나그네 마음 뒤숭숭 삼대처럼 뒤엉킨 채
> 북으로 가는 까마귀 석양에 괜히 쳐다보네.
> 산골 중은 정이 없다고 그 누가 말하던가,
> 꿈속에서 자꾸만 한강 물길 건너는 걸.

아픈 몸으로 고향을 그리는 걸 보면 그는 영락없는 시인 묵객의 정서를 보여 주고 있다. 승려가 되지 않았다면 김시습을 뛰어넘는 시인이 되지 않았을까?

은근과 끈기로 벌인 로비

마침내 그는 이해 12월 27일, 쓰시마 도주의 주선으로 도쿠가와 이에야스[德川家康]가 임시로 거처하는 교토로 안내되었다. 가토의 종군승으로 장생포에서 송운을 만났던 닛신의 주선으로 숙소를 일련종의 사찰인 혼포지[本法寺]로 정했다. 닛신이 송운의 접대를 맡았고 상담의 일은 세이쇼 타이[西笑承兌]가 맡았다. 송운은 이 두 사람과 흉금을 터 놓고 대화할 정도로 교분이 두터웠다.

도쿠가와 이에야스는 다음 장군으로 내정된 아들 도쿠가와 히데타다[德川秀忠]와 함께 송운 일행을 안내해 군사 8만여 명을 동원한 퍼레이드를 벌였다. 도쿠가와 히데타다는 후시미성에서 송운을 높은 승려로 대우해 융숭하게 접대했다. 송운은 신중을 거듭해 처음에는 아무 제의도 하지 않았다. 그런 뒤 1605년 2월 20일과 3월 4일 두 차례 회담을 가졌다. 이때 도쿠가와 막부에서는 송운의 요구대로 조선과 평화 관계를 유지할 것이며 포로 3천여 명을 돌려주겠다고 약속했다. 속내로는 그들이 더 교린의 복원을 원했다고 보아야 할 것이다. 이 무렵 송운은 도요토미와 도쿠가와를 두고 일본 승려들이 '수길(秀吉)은 죽이기를 좋아해서 사람들이 보고 듣고는 두려워하고 가강(家康)은 죽이기를 좋아하지 않아서 사람들이 모두 복종한다고 하기에 절구 한 수를 지어서 보여주었다'고 했다.

남의 아비 죽이고 남의 형을 죽이면
남도 너의 부형을 되갚아 죽이리라.
어찌하여 너에게 돌아올 줄 생각 못하고서
남의 아비 죽이고 남의 형을 죽인단 말인가.

송운은 일본의 승려들과 정서를 같이하고 있었다. 그도 도요토미의 피해자요, 도쿠가와의 혜택을 입었다고 볼 수 있지 않은가? 이 절구한 수로 복수를 한 셈이 되었다.

송운은 일본의 명승지 등 여러 곳을 돌아보았고, 많은 사람들을 만났다. 그들 속에는 벼슬아치도 있었고 승려와 문사도 있었다. 그들은 송운에게서 때로는 시를 받기도 하고 때로는 글씨를 받기도 하며 영광스럽게 여겼다. 하지만 송운은 피로했던 모양이다. 적관(赤關)의 바닷가에 잠을 잘 적에 회한해 하면서도 의기에 찬 시를 남겼다.

> 잘못되었도다 나의 삶이여
> 아, 이제 그만 두자꾸나.
> 나의 나이 예순하고 둘
> 태반을 길거리에서 보냈다네.
> 머리는 희어도 마음은 희지 않고
> 모습은 말랐어도 도는 마르지 않았다오.
> 이 한 몸 하늘과 함께 멀리 왔나니
> 장한 뜻 달과 같이 고독하여라.
> 우주도 크기가 가을 터럭 같다 할까
> 난리통에 만사가 우습게 보이지만
> 멀리서 부는 거센 바람 타고픈 용맹한 기개로
> 말없이 창포(菖蒲)를 짚고 있노라.

적관은 우리나라와 가까운 시모노세키[下關]의 옛 이름이다. 교토에서는 꽤 멀리 떨어져 있는 곳이다. 여기서 말하는 '창포'는 칼이 창포의 잎처럼 길쭉하면서 양쪽에 날이 있기 때문에 붙여진 이름이다. 외롭게 고군분투했다는 의미를 담고 있을 것이다.

　송운은 풍토도 다르고 적국인 나라에서 제야를 맞이했다. 이 밤을 보내면 새해가 아닌가. 혼포지의 요사에서 이렇게 시름을 달랬다.

> 사해를 떠도는 송운 늙은이여

길 보따리 본래의 뜻과 어긋났도다.
한 해도 오늘 밤이 마지막인데
만 리 길 어느 때나 돌아가려나.
오랑캐 산하의 비에 젖은 의복이라면
문이 닫힌 옛 절의 시름이로세.
향 사르며 앉아서 잠 못 이루는데
새벽에 눈은 또 펄펄 날리네.

송운은 회갑이 넘은 나이에 오랑캐 나라의 절에서 혼자 새해를 맞이하는 게 외롭고 서러웠을 것이다. 이 절의 종소리를 듣고 고향 생각을 하면서 지은 시를 보자.

우스워라 나의 평생이 깨진 그릇인 것을
옥 봉우리 밝은 달 좋은 벗도 저버렸네.
동분서주하느라 머리는 온통 백발
푸른 하늘 구만 리 붕새가 부끄러워
여관이 적요한 데다 저녁에 문도 닫혀
조석 알리는 종고 소리만 실컷 들을 뿐
매화는 뚝뚝 지는데 돌아가지 못하다니
봄바람에 공연히 애만 끊어지네.

자신의 처지를 돌아보면서 외친 고국으로 돌아가고 싶은 마음을 표현한 하나의 절규일 것이다. 하지만 그를 찾아오는 손들은 끊이지 않았다. 그런데도 고독을 타고 있었으니 시인의 기질 탓인가? 한편 뒷날 통신사 일원으로 일본에 갔던 신유한은 송운을 두고 다음과 같이 적고 있다.

> 내가 강호(동경)의 객관에 있을 때에 왜인 하나가 송운의 필적 몇 장을 가지고 와서 말하기를, '이것은 우리 집에서 백 년 동안 보물처럼 보관해 온 물건이다.'라고 했는데 홍색과 황색의 종이는 색깔이 변해서 거무스름했고 글씨는 크기가 까마귀 정도 되었다. 그리고 진한 먹을 묻혀서 행초(行草)로 썼는데 초법(草法)이 중후하고 질박했으며 종이 끝에는 모두 송운서(松雲書)라는 세 글자가 들어 있었다. 어디서 얻었는지 물어 보았더니 그가 '옛일을 자세히 알 수는 없으나 대개 전란 중에 왕래했을 때와 을사년에 사신으로 왔을 때에 남긴 필적이 매우 많은데 이것도 그중에 하나일 것이다. 지금까지 일본 사람들이 사들여 소장하는 걸 보면 이런 정도뿐만이 아니다.'라고 말했다.
>
> _『분충서난록』 갑오 7월 부록

이로 보아서도 일본에서 일어난 송운의 인기를 짐작할 만할 것이다. 지금도 일본에는 가토의 기념관 등 여러 곳에 송운의 시와 글씨가 보존되어 있다.

어쨌거나 이들 일행은 고국으로 돌아오면서 1605년 4월 15일에 다시 쓰시마에 도착했다. 송운의 마음은 어린애처럼 고국이 그리워 안달복달했다. 돌아오는 길에도 다시 쓰시마 객관에 머물렀다. 그는 객관에서 자면서 한강을 건너는 꿈을 꾸기도 했다. 곧 고국에 돌아간다니 뒤숭숭했을 것이다. 이때에야 쓰시마 도주는 공식으로 조선 예조에 과정을 알려주는 글을 보냈다. 이 답서는 다치바나 도모마사가 들고 왔다.

> 지난해 겨울에 절충장군 손문욱을 보내어 바다를 건너오게 했을뿐더러 화친을 허락한다는 분부를 받고 감격을 금할 수 없었습니다. 그러나 우리 섬에만 화친을 허락하고 본국과 화친을 하지 않으면 뒷날 지장이 있을 것 같습니다. 그기에 야나가와 시케노부[柳川調信]가 조선 예조의 편지를 가지고 가서 우리 막부의 도쿠가와에게 바쳤더니 조신에게 지시하기를 '조선에서 표시한 뜻은 이치로 따져 당연하다. 빨리 사신을 안내하여 오면 직접 만나서 진심을 툭 털어놓겠다.'라고 했습니다. 그리해 손문욱 장군과 송운 대사를 안내해 수도에 들어가 도쿠가와가 구두로 말한 걸 듣고 돌아왔으며 또 다치바나 도모마사를 보내어 길을 안내하게 했습니다. 바라건대 귀국에서 화호를 맺으려는 뜻을 보인다면 두 나라를 위해 몹시 다행스러울 것이며 모든 백성들을 위해 매우 다행할 것입니다. 다른 문제는 장군과 대사가 구두로 전할 것입니다.
>
> _『선조실록』 38년 5월 12일

쓰시마 도주의 이 답서를 통해 저간의 사정을 종합해 짐작할 수 있을 것이다. 그리해 쓰시마 도주는 도쿠가와 막부로부터 포로 송환에 필요한 식량을 공급받아 여러 곳에 연락해 포로를 모아들였다. 쓰시마의 이즈하라 항구에는 조선말로 떠들썩했다. 이때 송환된 포로는 48척의 배에 나누어 탄 1,391명이었다. 그 경비의 일부도 송운이 지

니고 있는 노자와 일본에서 받은 예물로 충당되었다. 이들은 1605
년 5월 5일에 절영도에 이르러 조선 수군에 인계되었다. 그런데 또
한 번 사달이 났다. 남원 의병장이었던 조경남은 이렇게 썼다.

> 선장(船將) 등이 이들 사내와 여인들을 이익을 낚는 미끼로 여
> 기고는 뒤질세라 앞을 다투어 붙잡아 묶어 놓고 억류하는 것이
> 포로 다루는 것보다 더 심했다. 그리고 더러 어린애들에게 집안
> 내력을 물어 대답하지 못하면 모두 자기의 노비라고 둘러댔으
> 며 예쁜 여자가 있으면 그 지아비를 묶어 바다에 던지고는 멋대
> 로 자기의 것으로 만들었다.
>
> ─『난중잡록』

위의 기록은 그리 리얼하지 못하다. 어릴 때 잡혀간 자들은 조선 사
람이라는 것만 알 뿐 집안 내력과 부모의 이름을 알지 못했고 조선
말도 잊어 먹었다. 여인들은 바닷물에 풍덩 빠지기도 했고, 늙은이
는 손발을 비비면서 빌었다. 젊은이들은 종처럼 일꾼으로 부림을 당
했다. 조선 수군들은 '왜놈'보다 더욱 포악했다. 이럴 거면 무엇 하러
고국에 돌아왔겠는가? 이게 지옥일 것이다. 이런 일이 한두 가지가
아니어서 원망하는 소리가 널리 퍼지자 임금이 듣고서 수군통제사
이경준을 파직하고 백성의 원망을 풀어 보려 했다. 그렇다고 사정이
나아졌을까?
　아무튼 이해 5월 18일, 탐왜위관(探倭尉官) 고빈은 조정에 그동
안 진행된 사실을 모두 보고했다. 송운은 일본에 건너간 지 9개월쯤
돼서야 어렵게 쓰시마 도주를 통해 교섭의 순조로움을 조정에 전한

적이 있었는데 그 자신이 도쿠가와 이에야스와 우호 관계를 맺고, 포로 1,500여 명을 귀환시켜 주겠다는 약속을 받아냈다고 알려 왔다. 그의 이 교섭을 두고 그 어려움을 이렇게 표현하고 있다.

전쟁통에 죽을 뻔했던 경우도 여러 번 있었는데 한 돛배로 바다에 떠서 교룡(蛟龍, 일본을 비유)과 더불어 서로 목을 만지며 희롱했으니 담이 크고 마음이 달통한 사람이 아니고서야 어찌 이 일을 당해 내리오? 생각해 보니 늠름하도다.

＿『사명당대사집』

아무튼 이해 여름 선조가 그를 불러 앞뒤의 사정을 들었다. 송운은 강화의 필요성을 강조했고, 전쟁은 다시 일어나지 않을 것이라고도 알렸다. 선조는 그의 노고를 치하하고는 "가의대부(嘉義大夫)"라는 품계를 더해 주었고 타고 다닐 어마와 모시옷을 내려 주었다. 관례에 따른 것이다.

선조는 그를 바다 멀리 보낸 뒤에 반년이 넘어도 소식이 없자 늘 불안하게 여기면서 안부를 걱정했었다. 그런데도 조정의 벼슬아치들은 명나라의 재가를 받아야 한다고 떠들면서 강화를 별로 탐탁하게 여기지 않았다.

이런 그의 활약을 두고 당시 민중들은 송운을 활인승(活人僧)으로 추앙하면서 이적을 보인 많은 일화를 퍼뜨리기도 했다. 저자 미상의 『박씨부인전』에서는 아주 과장되게 그의 이적을 늘어 놓았다. 이들 전설 몇 가지를 간략하게 소개해 본다.

하나, 송운이 일본에 갔을 때 도쿠가와가 항복하는 절을 하라고 요구하자 그는 "내 무릎은 너희를 위해 꿇지 않는다."고 대답해 사람들을 놀라게 했다. 또 하나, 숯불을 뻘겋게 피워 놓고 그에게 불 가운데로 들어가라고 하니 아무렇지도 않게 숯불 가까이 다가가자 마른하늘에서 비가 쏟아져 숯불이 저절로 꺼져 버렸다. 또 하나, 그를 불구덩이에 집어넣고 잠을 자게 했더니 설(雪) 자 부적을 써서 도리어춥게 만들었는데 아침에 문을 열어 보니 "왜 방이 이다지 추우냐."고호통을 치더란다. 이리해 일본 사람들은 그를 생불로 받들어 모든요구를 들어주었다는 것이다. 이런 이야기는 줄거리를 조금씩 달리하면서 사람들의 입으로 전해져 떠돌았다.

하지만 올챙이 같은 선비들은 "묘당의 정승은 어디에 있는지,국가의 안위가 도통한 중의 손에 달렸구나."라는 시를 짓기도 하면서 그를 낮추어 보기도 하고 천한 요승이라고도 했다. 실록의 사관들도 그의 활동과 공적을 정확하게 기록하지 않아 뒷사람들의 혼란을 불러왔다. 유성룡이나 권율, 허균 등은 그를 늘 감싸들었지만 그를 싫어하는 치들이 온 나라에 널려 있었다. 후세에 활동한 신유한은 "만 번 죽을 위기의 전쟁을 치른 뒤에 한 척의 배로 바다를 건너가서 이무기와 독사 같은 자들과 이마를 맞대고 흔쾌히 단판을 했으니 담력이 크고 마음이 통달한 사람이 아니면 어떻게 이런 일을 감당해 낼 수가 있겠는가? 생각할수록 꿋꿋하기만 하다."라고 했다. 그가 죽은 뒤 2백여 년 동안 통신사를 교환하며 두 나라가 평화를 유지한 것은 그가 열어 놓은 길 때문 아닌가.

281

복잡하게 얽힌 포로 귀환

그런데 포로 송환 문제는 조금 복잡하게 얽혀 갔다. 허균이 쓴 사명
당 비문에는 1,500여 명, 밀양 표충사 세워 놓은 비문 등 여러 기록
에는 3천여 명의 포로를 데리고 왔다고 기록했다. 고빈이 조정에 보
고할 때에는 1,391명이라고 작은 단위까지 표시했다. 하지만 어떤
것도 정확하다 볼 수 없다.

그가 돌아온 지 2년 뒤 정식 통신사인 여우길이 일본에 갈 때
송운이 여우길과 일본 승려 사미를 통해 일본 승려로 그와 교분이
두터운 엔코[圓光元佶], 세이쇼[西笑承兌], 겐소[玄蘇]에게 편지를 보
냈다. 이들과의 교분은 송운이 교토 혼포지에 머무를 때부터 두터이
쌓여 있었다. 송운은 세이쇼에게 이런 시를 준 적이 있었다.

고국을 떠나서 해를 넘기고
멀리 하늘 한쪽 나그네 신세
명승 찾아다닐 마음 없고
술병을 권하는 객은 있었다오.
달을 구경하는 것은 왕로(王老)를 기약하고
산에 오르는 것은 자호(子湖)를 본받아야
사미는 차를 달이고
호백(湖伯)은 방석을 펴네.
법의 오묘한 경지는 동주(東州)에서 제일이요
시의 능한 솜씨는 북야(北野)와 쌍벽이라오.
지초(芝草) 혜초(蕙草) 정원 누대에서
세만(歲晚)에 누려 보는 즐거운 시간이여

일월성(日月星)의 빛을 빌리지 않더라도
항상 오색 구슬 보면 되는 것을.
아다마다 취향이 참된 우리 그대는
신포(神袍) 차림에 신선 세계 돌아갈 줄을.

여기 '왕로'는 당나라 선승인데 시간을 초월해 자재(自在)한 내심의 경계를 비유할 때 쓰인다. '자호'는 옛 선사로 선문답으로 이름이 높았는데 화두에 '산에 오른다'는 것도 있다. '동주'와 '북야'는 모두 일본의 땅 또는 시인을 가리킨다. 이 시의 흐름은 그가 시를 잘 짓고 불법에도 뛰어남을 찬양하고 있다.

또 엔코와 겐소에게도 이별을 앞두고 시로 화답했다. 이들은 송운과 도반이요, 지기였다. 이때 송운이 보낸 편지의 포로 송환 관련 내용을 보면 이러하다. 조금 번잡하지만 사실을 정확하게 하기 위해 이를 알아보기로 한다. 먼저 엔코에게 보낸 편지에 이런 내용이 있다.

나의 본디 소원은 적자(赤子, 피로인을 어린 아들처럼 여긴다는 뜻)를 모두 쇄환하여 생명을 널리 구제하라는 선사(휴정을 가리킴)의 가르침에 부응하려고 했던 것인데 그 소원을 이루지 못한 채 빈손으로 돌아왔으니 섭섭한 심정을 가눌 수 없습니다. … 오직 형께서는 본래의 뜻을 어기는 일이 없이 응당 중생을 구제하는 소원을 가지고 장군에게 나아가 알림으로써 생명을 모두 쇄환하여 전날의 맹약을 저버리지 않으시면 매우 다행이겠나이다.

_『분충서난록』

283

다음 세이쇼에게 보낸 편지에는 이런 내용이 있다.

> 저번에 송운이 선사의 유훈을 받들어 생명을 널리 구제하는 것
> 으로 임무를 삼아 남쪽으로 쓰시마에 갔다가 마침내 그대 나
> 라에 이르렀습니다. … 당시에 내가 널리 구제하는 임무를 띠
> 고 가서 보니, 조선의 적자가 이역에 떨어져 있는 것이 비유하
> 면 물속에 빠지고 불 속에 타는 것과 같았습니다. 그런데 이들
> 을 구제하여 데려오지 못했으니, 내 마음이 어떻게 편안하겠습
> 니까? 여러 장군이 처음에는 쇄환하려는 뜻이 있더니 끝내 그
> 러하지 않았으므로 내가 그만 빈손으로 돌아오고 말았습니다.
> 지금 사신의 행차가 있기에 말이 여기에 미치게 되었으니, 오직
> 형께서는 대장군에게 잘 보고해서 당시에 돌려보내지 않은 백
> 성들을 모조리 돌려보냄으로써 예전에 약속했던 말이 어긋나
> 지 않게 해 주십시오.
>
> _『분충서난록』

마지막 겐소에게 보낸 편지에는 '오직 형께서 마음을 다해 생령을
모두 쇄환토록 함으로써 예전의 약속을 저버리지 않으신다면 매우
다행이겠습니다.'라고 했다. 다만 겐소는 쓰시마를 근거지로 하여
연락을 맡았기에 별로 영향력이 없었다.

　　송운의 노심초사하는 심정을 엿볼 수 있는 이 편지들은 그의 친
필로 씌어 있다. 송운은 중생 구제의 명분과 약속 이행을 촉구하면
서 약속한 숫자의 포로 송환을 요구했고, 도쿠가와 막부는 그 약속
에 따라 여우길이 돌아올 때 마지막으로 1,500여 명의 포로를 마침

내 돌려보냈던 것이다. 앞에서 말한 대로 다만 일본에서는 그동안 틈틈이 작은 단위로 포로를 돌려보내 준 적이 있었다. 송운의 '빈손으로 돌아왔다'는 표현은 엄살을 부린 것으로 보인다. 그러니 3천여명의 숫자는 모두 합친 숫자를 뜻했을 것이다. 여러 정황을 살펴보면 포로 송환은 송운의 공로가 빛을 낸 것이다.

한 가지 이해해야 할 대목은 일본 측에서도 포로 송환이 여간 어렵지 않았다는 점이다. 이 포로들 중에는 일본군에 투항하거나 협조한 항왜(降倭)들과 부왜(附倭)들도 있었고, 강항 이삼현 같은 선비와 도예공 심수관를 비롯해 인쇄공, 건축기술자 등 저네들이 필요로 하는 사람과 노비들이 있었다. 조선 왕조에 불만을 품은 부왜들은 일본을 고향으로 여겨 돌아오려 하지 않았고, 일본군의 현지 처였던 여인들도 다수 포함되어 있었는데 이들도 돌아와 봤자 손가락질만 당할 것이어서 돌아올 수 없었다. 송운은 이를 잘 알고 있었다.

그는 만년을 해인사 앞에 작은 암자 하나를 짓고 그곳에서 조용히 지내며 마지막 일로 제자들을 길러냈고, 여기에서 예순일곱 살로 죽음을 맞이했다. 마지막 그에 대한 허균의 평가를 소개해 본다.

그가 강개하여 손뼉을 치며 이해관계를 단호하게 논할 때에는 고인의 절조와 호협의 풍도가 있었다. 그래서 내가 더욱 공경하고 존중하면서 시문은 단지 남은 일일 뿐이요, 그 재질은 난세를 크게 구제할 수 있다고 생각한다.
—『사명당대사집』 서문

또 그의 제자인 해안(海眼)은 이렇게 평가했다.

승려로 나라를 위해 헌신하고 생민을 널리 구제할 적에는 변설을 폭포처럼 쏟아 내고 고목에 생기를 불어넣듯하면서, 불조의 인(印) 자를 허리에 차고 천하의 사람들을 모두 제압한다. 하늘에 닿는 파도를 가로지르고, 배를 삼키는 이무기를 희롱하는가 하면, 회오리바람의 힘을 억누르고 하늘에 나르는 붕새의 날개를 들어 올리기도 하나니, 도량과 재주가 워낙 영걸스럽고 우뚝해서 말로는 형용할 수 없겠다.

_『사명당대사집』 행적

이 구절에는 문학적 수사와 과장이 짙게 깔려 있다. 해안은 제자로서 이렇게라도 스승을 높이려 했을 것이지만 그렇더라도 이를 두고 뒷세상에서 시비를 걸 사람은 없을 것이다. 오히려 그는 해동 제일의 교화승(敎化僧)으로 우러름을 받아야 할 것이다.

그는 분명히 나라가 위태로울 적에 감연히 구국의 길에 나섰고 전쟁이 끝난 뒤 평화를 위해 헌신했다. 그는 직접 전쟁에 나가 살상하기를 꺼렸고, 이런 인품이 좋은 결실을 거두었던 것이리라. 그런데도 유자 출신의 벼슬아치들은 그에게 벼슬 내리는 것을 지탄하고 나섰고, 일본에 강화 사명을 띠고 갈 적에도 개탄과 비난을 토해 냈으며, 산속에서 염불이나 일삼는 오활(迂闊)한 승려들은 그의 실천적인 삶과 중생 구제의 행동을 두고 명리승(名利僧)이라며 얕보았다. 특히 선종 승려들은 송운의 현실 참여를 두고 나무라는 투로 얕보기도 한다. 하지만 중생과 나라를 위해 헌신한 교화승이라 불러야 맞지 않겠는가. 호국불교가 때로는 지배 세력의 도구가 되기도 하였으나 그는 이를 구현한 승려가 된 것이리라.

그가 죽은 뒤 조정에서는 밀양에 표충사(表忠祠)를 세워 기렸다. 표충사에는 송운의 유물과 유품을 모아 보존했으며 근래에는 동상도 건립했다. 또 그의 제자들이 그가 가토와 교섭을 벌인 사실을 모아 "송운대사분충서난록"이라는 제목을 달아 펴내기도 했다.

그가 거처했던 해인사 홍제암(弘濟庵) 앞에 허균의 글로 석장비(石藏碑)도 세웠다. 이 비는 뒷날 여러 수난을 겪었다. 일제는 식민지 통치를 하면서 그 비가 세워진 지 3백여 년 뒤에 와 그 비석에 일본을 굴복시킨 내용이 적혀 있고 또 민족정신의 표상이 됨을 염려하여 일본인인 합천경찰서장이 네 동강을 내서 땅에 묻게 했던 것이다. 이 일을 방조했던 해인사 주지 이회광은 두고두고 오명을 뒤집어썼다.

조선의 근대화를 꿈꾼 개화승

淺
湖

천
호

부산에서 가장 복잡한 거리를 꼽자면 자갈치 시장 옆에 있는 광복중앙로(신창동)일 것이다. 그곳 중심지에 대각사라는 절이 자리 잡고 있다. 이 절은 1876년 개항 무렵, 일본이 조선을 식민지로 만들려는 공작을 벌일 때 일본 승려들의 손으로 세워졌다. 일본 승려들이 만들어 세운 이 절 범종에는 이 절의 유래가 적혀 있다.

이 절에 이동인(李東仁)이라는 승려와 관련된 이야기가 얽혀 있지만 지금은 아는 사람이 거의 없고 알려고도 하지 않는 것 같다. 이동인은 19세기 후반기 개화기에 부산, 서울, 도쿄를 중심으로 바람처럼 나타나 현해탄을 넘나들고는 아무도 모르게 바람처럼 사라졌다.

역사에서는 그를 김옥균, 김홍집과 함께 한국 근대화를 위해 개화운동을 펼친 개화승이라 부른다.

개화승 천호의 화려한 등장

이동인으로 알려진 천호(淺湖)는 통도사와 범어사에 머물렀던 승려였다. 천호는 원래 양산 통도사에 출가하여 수행을 하다가 동래 범어사에 머물렀다고 전해진다. 또 양산 출신이지만 정확하게 어느 곳에서 태어났는지, 그리고 부모의 내력에 대해서도 거의 알려져 있지 않다. 게다가 1881년 그가 어떻게 사라졌는지도 모른다. 이처럼 그의 죽음은 오늘날에도 미궁에 빠져 있다.

일본 교토에 본부를 둔 동본원사(東本願寺)는 개항 직후인 1877년 부산에 별원을 두었다. 일본은 조선에 개항을 강요해 처음에는 인천, 부산, 원산 등 세 항구를 열게 하고 통상의 창구로 삼았다. 먼저 일본 외교관과 상인들이 부산에 드나들었다. 일본의 승려들도 외교관이나 상인을 뒤따라 조선에 진출했다.

일본 동본원사 승려들은 새로 개설된 부산항 부두 가까이에 천막을 쳐 부처를 모셨고, 이어 빈터에 일본식 절을 그럴싸하게 지어 동본원사 별원이라는 간판을 내걸었다. 동본원사는 일본불교의 큰 세력이어서 자금이 풍부해 조선에 새 절을 지을 수 있었다.

그럼 이 절의 관리를 맡은 일본 승려 오쿠무라 엔신[奧村圓心]의 기록을 요약해 보자.

1878년 11월 초하루 아주 추운 날 아침에 통도사의 승려라고 말하는 이동인이 별원에 찾아와 이 절을 관리하는 오쿠무라 엔신의 지도를 받고 싶다고 말했다. 오쿠무라가 만난 이동인은 30세 전후의 나이로 품위도 있고 문필에도 능하여 그동안 만나본 다른 승려와 달라서 정중히 대해 주었다. 그 뒤 이동인은 여러 번 오쿠무라를 찾아왔고 어떤 때는 별원에 며칠씩 머물렀다.

이동인은 항상 세상 돌아가는 이야기를 말하면서도 불교에 대해서는 별 말이 없었다. 이와 같이 교류하면서 반년의 세월이 흘렀다. 그는 초여름에 서울에 간다고 말하고는 한동안 소식이 끊어졌다가 8월에 이르러 홀연히 돌아와 주위 사람들을 멀리하고는 "지금까지 충심을 말하기 꺼렸으나 이제야 시기가 왔으니 제발 나를 도와달라."고 당부했다. 이어 "박영효, 김옥균 양씨의 위촉을 받고 일본의 정세 시찰에 몸을 바치기로 결심했다. 이럴 때 일본의 태도를 시찰하고 문물을 연구함으로써 조선의 문화 개혁에 공헌하고 싶다."고 말했다. 그리고 나서 자신을 도와달라고 온갖 말로 설득했다(오쿠무라 엔신, 『조선포교일지』).

이 절에는 뒷날 서울에 근거를 둔 김옥균, 박영효 등 패기 넘치는 젊은 개화파들이 때때로 드나들면서 일본의 통로로 이용했었다고도 밝혀 놓았다. 곧 천호가 이들을 끌어들였다는 것이다.

교토에 있는 본원사는 동본원사와 서본원사(西本願寺)로 나누어져 있었다. 두 절은 본디 한 경내에 있었는데 도쿠가와 이에야스가 막부를 열고 그들의 정치적 권력을 약화시키고자 두 교파로 나누어 한 경내에 있는 절의 가운데를 잘라 두 토막을 냈다. 그런 뒤에 두 절은 정토진종(淨土眞宗)의 2대 본산이 되었으며, 부산이 개항된 뒤 동본원사에서 먼저 그곳에 별원을 두어 정토진종의 포교에 나섰던 것이다(참고로 『조선개교 50년지』에는 일본 본원사의 조선 포교 과정이 적혀 있다).

김옥균과 박영효는 불교를 정치적으로 이용하려 했는지 한동안 서울의 여러 절에 자주 드나들었다. 김옥균과 박영효, 서광범, 서재필 등 개화 인사들은 서울 주변에 있는 봉원사와 화계사를 자주 찾았다. 그들은 이 절들에서 며칠씩 머물며 예불하기도 하고 참선에 들기도 하면서 휴식을 취했으며 때로는 은밀한 대화를 나누기도 했다. 김옥균은 어느 때에 화계사에 들렀다가 천호라는 승려를 만났다 한다. 그것이 인연의 시작이었는지도 모른다.

한편 오쿠무라의 기록에 따르면, 천호는 1878년대에 서울로 올라와 서대문 밖에 있는 봉원사에 머물렀다 한다. 그러면서 유대치와 김옥균 등 개혁파들에게 접근했던 것이다. 천호는 이때부터 개화파의 무리에 끼어들었던 것으로 보인다.

또 어떤 연유인지는 모르나 일본공사관인 청수관에서 일본공사 하나부사[花房義質]에 접근해 일본어를 배웠다 한다. 김옥균과 박영효는 천호를 신임하고 일본 밀항의 여비로 2촌이 넘는 금덩이 4개를 마련해 주었다고도 한다. 천호는 이 금덩이를 들고 부산 동본원사 분원으로 다시 찾아와 오쿠무라의 동의를 받고 1879년 6월 함께 일본으로 건너갔다.

일본의 특별한 관심

천호는 일본으로 건너가 오쿠무라의 주선으로 교토 동본원사에 거처를 정한 뒤 9개월 정도 머물러 있었던 것으로 보인다. 그는 그곳에서 일본식 이름인 아사노 게이인[朝野繼允] 또는 아사노 도진[朝野東仁] 등 몇 개의 가명을 사용했다 하며, 서양의 외국인에게 자신을 소개할 때에는 "조선의 야만"이라 부르기도 했다 한다.

이 일본식 이름을 억지로 풀이해 보면 '조선의 야인으로 으뜸을 계승한다'라거나 '조선의 야인, 동쪽의 어진 이'라는 의미를 지니고 있다. 자신을 "조선의 야만"이라 부른 것은 자학적 의미를 담고 있는 것이 아닐까?(이광린이 쓴 「개화승 이동인」에는 이름을 "계광(繼光)"이라고 표기했는데 계윤의 오식으로 보인다.)

아무튼 그는 일본에 머물면서 메이지유신 뒤 일본의 사회 사정을 살피거나 근대 시설을 돌아보기도 하고, 일본말을 배우면서 생활 습관을 익히기도 했다. 호랑이를 잡으려면 호랑이 굴에 들어가야 한다는 속담이 있지 않은가.

일부 기록을 보면 천호는 본원사의 자금을 차용해 일본에서 썼다고 하면서 뒷날인 1887년에 이를 조선 정부가 갚았다고 한 것으로 보아 일본에서 돈을 빌려 공적 자금으로 사용한 것으로 보인다. 그리고 때때로 일본의 새로운 제도, 교육, 공장, 과학 기술 등에 관련되는 책을 구입했다가 이를 모아 일본인 인편을 통해 김옥균, 서재필 등 개화파에게 보내 주었다. 김옥균은 천호가 보내 준 이들 책을 통해 일본 사정을 알았다는 기록이 전해진다.

1880년 3월에 천호는 교토에 있다가 도쿄로 가서 동본원사의 아사쿠사[浅草] 별원에 기숙했다. 이 별원은 예전에 조선통신사들이 도쿄에 오면 머무는 곳이기도 했다. 그는 이곳에서 일본의 후쿠자와 유키치[福澤諭吉] 같은 지식인 또는 정치가를 만나기도 했고, 영국 등 에서 파견된 서양 외교관을 만나기도 했다. 특히 그곳에서는 명사들 의 모임인 흥아회(興亞會, 아시아를 일으키는 모임)가 정기로 활동을 활발 하게 벌였는데 여기에도 참석했다. 이 모임은 글자 그대로 중국, 일 본 등 아시아 사람들이 모여 서양 세력의 침투와 아시아의 대응을 놓고 토론을 벌이는 곳이었다.

이때 마침 백담사의 승려인 탁정식(卓挺埴, 불명 無不)이 찾아와 머물고 있었다. 탁정식은 서울 변두리 절인 화계사에 머물면서 김옥 균과 의사를 통한 뒤에 김옥균의 열성적인 설득 때문인지 개화사상 을 갖게 되어 개화당 멤버에 들었다. 그는 김옥균의 소개로 천호를 찾아온 것이다. 탁정식은 천호의 안내와 주선으로 일본의 여러 곳을 2개월 동안 시찰하고 귀국했으며, 천호는 이때에도 그동안 모아둔 책과 자료를 그를 통해 김옥균에게 보냈다.

그중에는 『만국사기(萬國史記)』라 부르는 세계사 책을 비롯하여 세계 각국의 수도와 도시 등을 찍은 사진과 풍물을 담은 만화경(萬華 鏡) 등이 포함되어 있었고, 물리, 화학, 생물 등 과학책도 들어 있었 다. 함께 보낸 사진에는 유럽의 건물이나 철도 등도 찍혀 있었다.

1880년 7월에 2차 수신사인 김홍집 일행이 도쿄에 와서 천호 가 머물고 있는 아사쿠사 별원에 유숙하게 되었다. 당시 도쿄에 있던 하나부사 공사는 김홍집에게 인천 개항을 해결해 달라고 요청했으나 김홍집은 자기가 관여할 바 아니라고 말하며 거절했다. 김홍집도 개화파에 들기는 했으나 김옥균과는 달리 온건한 인물이어서 개방을 서둘지는 않았다. 하나부사는 별원의 승려 스즈키[鈴木惠順]에게 김홍집을 설득시켜 달라고 부탁했고 스즈키는 천호에게 그 주선을 당부했다.

천호는 아사쿠사 별원에 온 김홍집을 만났다. 그는 김홍집을 만날 때 일본 옷을 입고 본원사의 승려로 행세하면서 시와 문장을 논하고 세계정세와 조선의 장래를 토론했다. 김홍집은 천호가 조선말을 매우 잘하고 조선의 사정에 정통한 것을 보고 조선 사람일 것이라 의심했다. 그러자 천호는 자신의 신분과 처지를 실토하고 밀항하게 된 경위를 설명했다. 그러자 김홍집은 그를 부여잡고 울음을 터뜨릴 정도로 감격했다 한다.

김홍집이 데리고 간 이들 수신사 일행은 일본 당국의 안내를 받아 일본의 근대 문물제도를 시찰했다. 특히 김홍집은 일본 주재 청국공사관의 참사관인 황준헌이 지은 『조선책략(朝鮮策略)』을 가져와 조선 정부에 소개했다. 그 책의 중심 내용에는 조선의 외교 노선, 특히 러시아의 남진을 저지하는 방안으로 친중국(親中國), 곧 중국과 친하고, 결일본(結日本), 곧 일본과 맺고, 연미국(聯美國), 곧 미국과 연합해야 한다는 논조가 깔려 있었다.

고종과 민씨 정권은 문호를 개방해야 한다는 개화파의 주장을 받아들여 1880년 12월 통리기무아문을 설치하고 근대적 제도 개혁을 서둘렀다. 이 과정에서 개화승인 천호와 일본공사 하나부사의 조언을 받기도 했고, 황준헌의 방략을 참고하기도 했다. 그러자 척사

파 유생들은『조선책략』을 불태우라는 상소를 올리면서 개화정책을 맹렬하게 반대했다. 그때 타깃은 김홍집이었지, 아직 천호의 존재는 알려지지 않았다.

김홍집은 앞으로 개화정책을 추진할 인물로 천호를 조정에 추천했고 개화정책을 찬동하는 민씨들, 곧 민영익에게도 소개했다. 이렇게 하여 천호는 급진 개화파인 김옥균과 온건 개화파인 김홍집의 두 끈을 잡았고 민씨 일부 세력과도 연결되었다. 그는 김홍집의 연락을 받고 부랴부랴 귀국해 공식적으로 조선 정부에 뛰어들었다. 이게 천호의 궁극적 목적이었고, 자신의 꿈을 실현할 계기를 잡은 것이다.

조선시대, 승려의 신분으로 벼슬을 받다

그는 조선조의 관례를 깨고 승려의 신분으로 고종을 만나 대화를 나누었다. 그 자리에서 밀항의 죄를 용서받았으며 이후 임금의 부름을 자주 받아 궁궐에 나갔다. 그럴 때마다 궁중 호위병이 마중을 나와 인도했다 한다. 천호는 1880년 통리기무아문을 설치해 정부 기구를 근대식으로 개편할 적에 별선군관(別選軍官, 특별 채용한 임시직)이라는 이름으로 전선(銓選, 인재를 뽑는 부서)과 어학사(語學司, 외국어 관련 일을 보는 부서)의 참모관이 되었다. 조선시대를 통틀어 승려의 신분으로 실직의 벼슬을 받은 예는 없었으니 이 경우가 그 시초가 될 것이다. 이때부터 그동안 베일에 가려져 있던 승려 천호는 속인 이동인으로 널리 알려졌다.

고종은 개항 이후 중국·일본의 경우와 마찬가지로 열강의 여러 나라들과 통상 외교 관계를 맺으려고 애를 썼으나 흥선대원군을 중심으로 한 척화파의 반대에 부딪쳐 많은 시달림을 받았다. 그러다가 패기 넘치는 청년 이동인을 만나고서 믿음직스러웠다.

고종은 '만국공법'에 따라 미국과 통상조약을 맺으려고 은밀하게 공작을 벌였다. 그때 청나라도 적극 후원하고 나섰다. 그 통로를 먼저 도쿄에 주재하는 청국공사관으로 지목했다. 그리해 이동인에게 밀서를 들려 도쿄에 보냈다. 이때 그를 추천한 사람은 민씨의 실권자로 개방 정책을 추진한 민영익이었다 한다. 이동인은 서울에 온 뒤 민영익의 집에서 기숙하면서 돌봄을 받았다고 했으니 그와 연결 고리가 있었을 것이라는 추측이 가능할 것이다.

이동인 일행은 비밀을 지키기 위해 이번에는 부산으로 가지 않고 원산으로 갔다. 그는 1880년 9월 유대치, 탁정식과 함께 원산 주재 일본영사관으로 가서 여권을 얻어 이해 10월 탁정식과 둘이 일본으로 건너갔다. 유대치는 이들을 보호하려 원산까지만 동행했다가 돌아왔으며, 오쿠무라도 일본에 함께 가서 이들을 돌보며 주선을 해 주었다(『이이화의 이야기 한국불교사』, 이동인과 탁정식의 죽음 참고).

두 승려는 도쿄로 가서 먼저 영국공사관을 찾았다. 공사관 2등 서기관인 어니스트 사토는 이들을 맞이해 조언을 해 주었다. 영국이 국제법에 따라 조선을 보호해 달라는 게 이들의 의도였다. 그런데 1980년 영국 외무성에서 공개한 외교문서인 「사토 페이퍼(Satow Paper)」에는 다음과 같은 내용이 쓰여 있다.

오늘 아침 "아사노"라는 이름을 가진 조선인 승려가 찾아왔다. 그는 아사노라는 이름이 '조선 야만'이라는 뜻이라고 재치 있게 설명하면서 세계를 돌아보고 자기 나라 사람들을 개화시키기 위해서 비밀리에 일본에 왔노라고 말했다. 그의 일본말은 서툰 편이었지만 우리는 서로를 충분히 이해할 수 있었다. 그는 외국의 문물이 엄청나다는 것이 거짓이 아님을 돌아가서 자신의 동포들에게 확신시키기 위해 유럽의 건물이나 그밖에 흥미 있는 것을 찍은 사진을 구입하고자 했다. 또한 영국을 방문하기를 열망했다. … 그 승려는 금, 석탄, 철 및 연해의 고래 등 풍부한 조선의 자원을 개발하는 일에 매우 깊은 관심을 가지고 있었다. 그는 좋은 인삼과 나쁜 인삼의 견본을 나에게 주었는데, 유럽의 의사들이 인삼을 이용할 수 있게 되면 인삼이 조선의 주요 수출 품목이 될 것이라고 생각하고 있었다.

__ 이동식, 「억울한 창씨개명 1호」 재인용

이 기록을 보면 그는 단순한 외교뿐만이 아니라 영국 등 유럽 나라들과 교역을 추진한 것으로 나타난다. 그러면서 유럽 나라들의 자료를 수집해 조선 사람들에게 알리려는 의지도 가지고 있었던 것이다.

이어 청국공사인 하여장에게 밀서를 전달했다. 본국의 방침에 따라 이들을 만나 준 것이다. 이동인은 1개월쯤 일본에 머문 뒤 부산으로 돌아왔다. 하지만 당시 영국은 도움을 줄 만한 능력이 모자랐고 청나라는 오히려 이를 계기로 조선에 군사를 파견해 일본보다 앞서 지배권을 강화하려는 음모를 꾸몄다.

이때 척화파들은 이동인과 탁정식이 일본에 밀파된 사실을 알고 다시 상소를 하는 따위로 반대운동을 펼쳤다. 그리하여 유대치는 이들을 보호하려고 다시 부산으로 와 마중했고, 이동인은 동래부로 찾아가 서울로 가는 교자를 준비해 달라고 부탁했다. 그가 승려 차림이었는지 속인 차림이었는지는 알려져 있지 않으나 동래부사는 그를 잡아들여 일주일 동안 닦달을 했다. 이때도 유대치가 주선하여 특별히 정부의 밀부(密符)를 받아 이동인을 풀어 주게 해 상경하게 했다.

이 일이 있고난 뒤 척사위정 계열들은 더욱 강력한 반발을 보였다. 전통 유림 중심의 척사 계열은 신사유람단을 은밀히 파견할 시기에 영남 유림 중심의 만인소를 올리는 등 저항운동을 크게 벌였다. 또 민중들은 수신사 일행이 일본으로 가는 연로에서 돌과 기왓장을 던지는 따위로 반감을 보이기도 하였다.

비밀리에 진행된 일본 시찰

1881년 2월에 들어 통리기무아문에서는 근대식 신무기의 시찰과 학습을 위해 청국과 일본에 시찰단을 파견하기로 결정했다. 그리해 하나부사의 제의를 받아들여 일본에 시찰단을 파견하게 되었다. 이는 정부의 자의와 타의가 결합되어 추진되었다. 이때도 그 막후에는 이동인의 주선이 있었다. 그는 총포와 전선 구입의 특수 임무를 띤 참모관으로 임명되었다.

신사유람단의 대표인 이원회의 수행원 송헌빈은 『동경일기』를 써서 그 시찰 과정을 밝혔다. 이 책에서는 시찰단의 조직, 수행원과 하인들의 이름을 밝히면서도 공식적으로는 이동인의 이름을 빼고 있다.

이 시찰단도 물론 비밀로 진행시켰는데 시찰 요원을 위장하려

"동래부 암행어사"라는 직책을 주고 관례와는 달리 연로의 관아에서 민폐를 끼치지 않는다는 명분에 따라 경비 지급도 일절 하지 못하게 하는 조치를 내렸다(『고종실록』 18년 2월). 반대파들의 목소리를 막으려는 조치였다.

이원회를 대표로 한 일본시찰단(『역사용어 바로쓰기』, 신사유람단을 1881년 일본시찰단으로)은 12개조로 나누어 구성되었는데 1개조마다 조장을 포함해 수행원, 통사(通事, 통역관), 하인 등 3명에서 5명으로 짜게 하였다. 그리하여 총 인원 61명이었다. 조장은 홍영식, 어윤중, 박정양 등이며, 수행원은 유길준, 윤치호, 이상재 등이었다. 조장은 국왕의 측근인 승지(承旨) 5명이며, 나머지 인사들은 중간급 관리들이었다. 수행원은 벼슬을 받지 않은 사인(士人)이거나 낮은 벼슬아치로 개혁 성향을 지닌 청년층이었다(송헌빈, 『동경일기』).

따라서 그 성격은 정부를 대표하는 공식 사절이 아니었고, 어디까지나 민간인이 포함된 순수한 시찰단이었다. 단 이들 요원은 30~40대로 국왕의 친위 세력이라고 말할 수 있을 것이다. 이 시찰단의 명칭을 "신사유람단"이라 부른 것도 공식 국가 사절이 아님을 드러낸 것이다.

앞서 이야기한대로 시찰단은 암행어사를 가장하여 조별로 흩어져 은밀하게 움직였다. 수장격인 이원회 일행의 경우를 보면 동대문 쪽으로 나가 동래로 내려가서 범어사에 숙소를 정했다. 그러면서 철저하게 정체를 드러내지 않았다. 이들은 부산에 집결하여 일본 측에서 내준 상선 안네이마루를 타고 일본으로 건너갔다. 일행의 접대는 일본의 외무성 관리들이 맡았으며 하나부사도 뒤따라와 여러 편의를 제공했다. 이들은 부산에서 험한 파도를 헤치고 내닫는 증기선

을 타고서 혀를 내둘렀고, 도쿄 언저리를 다닐 적에는 기차를 타고
서 감탄을 연달아 토해 냈다.

일행은 일본 기관의 책임자와 황족 그리고 이토 히로부미 등 요
인을 수시로 만나 대화를 나누었으며 도쿄 주재 외교관들과도 접촉
했다. 조별로 분담한 시찰 대상을 보면 내무성, 외무성 등의 기관을
중심으로 육군 사범학교, 박물관, 항만, 무기 공장, 병원, 제선소, 전
신국 등이 망라되어 있었다.

그러니 일행의 시찰 대상은 특정 지역 또는 특정 시설만이 아니
라 일본의 모든 신문물제도였음을 알 수 있다. 그들은 기관총과 대
포를 보고 가슴을 떨었다. 또 일본 측에서는 일본의 요인을 만나게
하여 일본의 조선정책 기조를 인식케 하기도 하고, 외교관들과 접촉
하게 해 세계정세를 알려주기도 했다.

이들 일행은 두 달 보름 정도의 일본 시찰을 마치고 이해 윤 7
월 2일 부산 모두관에 도착했다. 서울로 귀환할 때에도 위장하기 위
해 유람객처럼 통도사, 경주 등지를 돌아보면서 둘러 가는 길을 택했
다. 귀국해서는 조장 또는 수행원들에게 전담 분야의 시찰 과정을 모
두 보고서 형식으로 작성하여 국왕에게 올리게 했다. 그 분량이 방대
하여 100여 책에 이르렀으나 당시에는 철저하게 비밀에 붙였다.

그 내용은 시찰기와 견문기뿐만 아니라 염초 제조법, 성냥 제조
법, 병기 제조법 따위를 함께 기록하게 했다. 이로 보아도 이들의 왕
성한 신문물 탐구욕의 일면을 엿볼 수 있으며, 이 모든 게 이동인의
치밀한 계획에서 나왔던 것이다.

세상에는 비밀이 없는 법 아닌가. 이동인의 참모관 임명을 두
고는 숱한 논란이 벌어졌다. 척사파들은 이동인을 참모관으로 발탁

한 사실을 두고 '중을 장관의 자리에 임명케 하였다'고 비난을 퍼부었다. 그러나 김홍집은 자신이 추천하지 않았음을 조정과 임금이 다 안다고 변명했다. 이로 보아 다른 사람이 그를 추천한 것으로 보인다. 그렇다면 개화파를 이끈 김옥균이나 통리기무아문의 군무사(軍務司) 책임을 맡고 있던 민영익이 추천한 것으로 추정할 수 있다. 조정에 몸담고 있는 사람으로 이동인을 후원한 인물은 이들 세 사람이기 때문이다. 그래서 이동인을 감추려고 시찰단의 정식 명단에서 이름을 뺐을 것이며 일행과 길을 달리해 출발하게 했을 것이다.

이런 과정을 잘 알고 있는 송헌빈은 도쿄에 머물고 있을 때 다음과 같은 신문 기사를 보았다고 기록했다.

이동인이 천세환을 타고 나가사키[長崎]에 가서 다카시마[高島]에 잠시 머물며 탄광, 연철광, 조선소 등을 돌아보고, 오사카로 가서 조폐국, 포병공창 등 여러 조작소(造作所)를 한 번 유람하였으며 또 도쿄로 온다더라.

_『동경일기』

당시 일본의 신문은 이동인의 동정을 자주 보도할 정도로 관심을 보였다.

시찰단이 귀국하는 과정에 통도사와 범어사가 등장하는 사실에서도 이동인이 짠 각본을 읽을 수 있을 것이다. 이 대목에서도 그가 추구한 근대화의 열정을 읽을 수 있겠다.

짧은 생애, 화려한 막후 활동

이동인은 일본에서 돌아올 때 석유 램프, 인촌(燐寸, 성냥)을 가져와 우리나라에 최초로 소개했다 한다. 또 많은 책을 가져와서 은밀히 청년들에게 전달하기도 했다 한다. 서재필의 회고에 따르면 자신이 봉원사에 서너 달 동안 머물 때 이 책들을 얻어서 봉원사나 동대문 바깥의 절에서 1년 동안 읽었다 한다. 일본어로 된 이 책들에는 한자가 많이 사용되어 있어서 대강의 뜻을 알 수 있었다 했다. 그는 또 이렇게 회고하였다.

> 그래서 우리나라도 다른 나라들처럼 인민의 권위를 세워 보자는 생각이 났단 말여. 이것이 우리가 개화로 첫 번 나가게 된 근본인 것이야. 다시 말하면 이동인이라는 중이 우리를 잘 인도해 주었고 우리는 그 책을 읽고 그 사상을 가지게 된 것이니 새 절(봉원사)이 우리 개화파의 온상이라 할 것이다.
>
> —『서재필 박사 자서전』

앞서 이동인은 봉원사뿐만이 아니라 민영익의 집을 거처로 정하기도 했다고 설명했다. 민영익은 다른 민씨들과 달리 개화파에 가까운 인물이었는데 그를 식객으로 삼아 은밀한 곳인 연당에 거처하게 하고 때때로 임금과 만나게 주선했던 것이다. 이동인이 입궐할 때는 머리에 수건을 써서 삭발한 모습을 가리고 몸에는 전복을 걸치고 들어가 단독으로 임금을 만났다 한다. 이를 보면 끝까지 머리를 기르지 않고 승려 신분을 유지했음을 알 수 있다.

이 무렵 만국공법과 한미조약으로 말미암아 전국에 걸쳐 이를 반대하는 운동이 일어났으며, 이동인에게 관직을 준 일도 규탄하고 나섰던 것이다. 이때쯤 이동인은 숨은 인물이 아니라 많은 사람들에게 주목을 받는 처지가 되었다.

이동인의 죽음은 지금까지도 의문에 싸여 있다. 그가 임금의 부름을 받고 궁중에 들어가려 할 때는 늘 문기수(門旗手, 문지기)가 데리고 들어갔다 한다. 행방불명되기 직전에도 문기수가 민영익의 집으로 와서 그를 데리고 나간 뒤에 소식이 끊겼다 한다. 이를 두고 그가 도망쳤다고도 하고 죽임을 당했다고도 하는데 고종은 흥선대원군이 죽였을 것이라고 의심했고, 김옥균은 그가 급진적인 개화정책을 추구한 탓으로 온건파인 김홍집이 제거했을 것이라고 의심했다. 한편에선 김홍집이 그를 정적으로 여겨 제거했을 것으로 보기도 한다. 김옥균은 그에게 민씨에게 의지하여 급박하게 공로를 탐낸다고 하여 자주 충고했다고 한다. 아무튼 승려의 신분으로 많은 일을 벌인 그의 짧은 생애는 한국 근대사에 큰 영향을 끼쳤다. 이광린은 이렇게 말했다.

> 그는 승려였기 때문에 유대치를 만나 개화사상을 갖게 되었으나 역시 그 신분으로 말미암아 사회적인 제약을 받았던 것이었다. 그가 죽게 된 데는 몇 가지 원인이 있을 것이지만 그 근본을 따진다면 당시 사회에서 천시받던 승려였기 때문일 것으로 추측된다.
>
> _「개화승 이동인」

이 말은 온당치 않다. 그는 천한 승려 신분 때문에 압제를 받은 것이

304

아니라 개화를 추구한 행동 때문에 죽임까지 당한 것이라 보는 게 당시 정치 현실과 사회 사정으로 보아 실상에 더 접근하는 게 아닐까?

한편 현대에 들어 몇몇 사학자들은 그를 친일파의 원조라 부른다. 임종국은 『실록 친일파』에서 그는 개화파로는 처음으로 창씨개명했다고 하면서 친일파로 몰았다. 이건 사리에 맞지 않을 것이다. 그가 일본식으로 개명한 것은 활동을 원활하게 하기 위함이요, 신분 노출을 꺼린 탓으로 보아야 할 것이다. 그가 일본인이 되려고 개명한 것은 아니니 식민지 시기의 창씨개명과 구분해야 할 것이다. 그는 다만 조선의 근대화를 위해 일본을 배워야 한다는 열정을 지녔다고 평가해야 하지 않을까? 그를 친일파로 규정한다면 초기 개화파인 유대치나 김옥균에게도 해당되지 않을까? 참고로 초기 개화파는 1894년 친일 내각이 들어선 뒤 일본 침략정책에 협조한 개화파와 구분해야 할 것이다.

덧붙일 이야기가 있다.

고종이 그에게 벼슬을 주고 궁중에 출입하게 한 것은 승려의 도성 출입이 공인되지 않는 마당에 비공식으로나마 공인한 것이나 다름이 없을 것이다. 당시 천주교, 개신교 등의 선교 자유를 허용하고 있었다.

다음, 유대치와 김옥균 등이 개화운동에 승려를 끌어들인 이유는 승려들이 불교를 이단으로 다루는 이씨 조선을 반대하는 세력이었기 때문이다. 거기에다가 외국 선교사들이 거의 왕실이나 민씨들과 연결되어 있었던 데에도 이유가 있었을 것이다. 이들이 개혁을 추진하면서 비밀 모임 장소로 교회가 아닌 절을 선택한 것도 같은 맥락에서 해석할 수 있을 것이다.

갑신정변이 실패로 끝난 뒤 김옥균은 일본으로 망명했다가 피살되었고, 이동인의 동지였던 탁정식도 피살되었으며, 개화 정권의 내각총리대신이었던 김홍집은 군중에게 맞아죽었다. 그런 끝에 1894년에는 청일전쟁이 한반도를 중심으로 전개되어 조선은 일본의 손아귀에 들어갔다. 그야말로 만국공법을 통한 구상과 중국, 일본, 미국을 이용해 자주 국가를 모색한 계획이 모조리 깨져 조선은 식민지로 전락하고 말았던 것이다. 그가 이때에도 살아 있었다면 어떤 형식으로든 여기에 참여했을 것이다.

아무튼 이동인은 승려의 신분으로 조선 왕조에서 최초로 정식 벼슬을 받았고 19세기 나라가 흔들릴 때 막후의 인물로 눈부신 활동을 했다. 그러니 그를 산중에서 수도를 하는 대신 현실의 모순과 대결하고 참여한 실천적 승려로 보는 게 어떨까? 그런데도 오늘의 우리는 그를 잊고 있다.

역사의 격랑 속에서도 여여했던 선풍

경
허

鏡
虛

2012년은 경허(鏡虛, 1849~1912)가 입적한 지 100년이 되는 해여서 그와 관련된 학술 발표 등 그를 재평가하는 여러 행사가 있었다. 그 만큼 주목을 받는 인물이었다. 불교계에서는 그를 근대에 들어 꺼져 가는 한국의 선맥(禪脈)을 중흥시킨 중흥조라 부르기도 한다. 그럴 만한 근거가 있을 것이다.

그러면 그는 어떤 행적을 보였던가? 그동안 그를 단순하게 선 승이라 부를 뿐만 아니라 엉뚱하게 기승, 괴승이라 부르기도 했다. 이는 만년에 보인 비승비속의 행각 탓이었고, 사명당처럼 승려로서 는 드물게 많은 시를 지어 사람들의 입에 오르내리게 한 것에도 까 닭이 있었을 것이다. 하지만 근대 한국불교를 일으킨 송만공, 방한 암 등의 제자를 배출하며 우리 선맥이 현대에까지 이어져 오는 데 공헌했음은 분명한 사실이다.

아버지의 죽음, 송씨와 동학농민군

경허는 전주 자동리에서 지주의 둘째 아들로 태어났다 한다. 아버지 이름은 송두옥(宋斗玉)인데 행적이 자세하게 알려져 있진 않다. 다만 그의 아버지는 그가 어렸을 때 벼슬아치들의 수탈에 분노하여 울화 병으로 죽었다고 전한다. 그가 자랄 시기는 안동 김씨 문벌정치가 온 갖 부정행위를 일삼고 삼정(三政)이 문란하여 민중 봉기가 삼남을 휩 쓸 때였으니 그런 이야기가 터무니없지는 않은 것 같다. 그러므로 여 기에서 그의 가계에 대해 단편적으로나마 밝힐 필요가 있을 것이다. 일제 시기 활동한 승려인 김태흡은 송두옥에 대해 이렇게 쓰고 있다.

우동리에서 송두옥이라고 하면 모르는 사람이 없이 대대 권속
(眷屬)의 문벌로서 또는 천석 거부의 부명(富名)으로서 또는 기
운차고 담력 있는 구 척 장신의 인기로서 전주서는 쥐었다 폈다
하는 인물이 있었으니 그는 곧 대사의 부친이었다.

    — 「경허대사 일대평전」

이 소개의 말처럼 송두옥은 부호였다 한다. 위의 글에서는 또 "조정
에서 원납전(願納錢)을 강제로 거두어들일 때 그에게 10만 냥을 내라
고 강요했다. 송두옥은 모든 재산을 팔아 이를 마련해 주고 나니 물
방앗간 한 채 남았다. 송두옥은 울화병이 걸려 죽었다 한다. 경허의
나이 여덟 살 무렵이었다."라고 기록했다.

원납전은 흥선대원군이 1865년 경복궁을 중수하면서 그 경비
를 충당하려 걸어 들인 돈을 말한다. 경허가 여덟 살 무렵 아버지가
죽었다면 1856년쯤에 해당된다. 그런데 이 시기는 고종이 즉위한
1863년 이전의 시기이니 흥선대원군이 집권하지 않고 안동 김씨의
문벌정치가 이어지고 있었던 때였다. 결국 위의 원납전 이야기와는
어긋나는 연대이다.

아무튼 송두옥의 집안은 전주를 중심으로 집성촌을 이루며 많
이 거주하고 있었다. 그러니까 이들은 조선 후기 향반으로 어느 정
도 재산도 소유하고 있었고 위세도 부렸다. 이들은 조선 말기 부정
부패가 만연하자 수령으로부터 많은 시달림을 받았다. 경허가 비극
적 가족사를 지니고 있음을 여기에서 확인할 수 있겠다.

한편 『천안 전씨 대동보』에 따르면 전봉준의 첫 아내를 송두옥
(宋斗玉)의 딸로 기록하고 있다. 또 『전봉준 공초』에 따르면 전봉준과

흥선대원군의 연락 책임을 맡았던 송희옥(宋熹玉)은 전봉준의 처가
7촌 당숙이라 한다. 그러니 이들은 옥(玉) 자의 항렬을 가졌음을 확
인할 수 있겠다. 이를 두고 경허 연구가인 홍현지는 경허의 아버지
와 전봉준 장인을 동일 인물로 보아 경허가 동학농민전쟁과 관련성
이 있음을 제기하고 있으나 그럴 만한 근거는 부족하다. 같은 본관
으로 같은 항렬에는 같은 이름이 있는 경우가 흔하다. 전봉준 가계
연구 전공자인 송정수는 다음과 같이 설명하고 있다.

> 장군의 빙부인 송두옥과 처숙으로 보이는 송희옥과 송현옥은
> 옥 자 돌림의 같은 항렬이었음이 확인되거니와 서로 간의 촌수
> 는 확인되지 않지만 이들이 서로 가까운 친족이었음은 분명하
> 다 할 것이다. 그런데 여산이라는 본관만 확인될 뿐 어느 파인
> 지 어디에도 나타나지 않기 때문에 장군의 처가가 어떠한 집안
> 이었는지는 확인할 수 없다. 다만 송희옥과 송현옥이 동학과 깊
> 은 관련이 있는 인물임을 감안하면 장군의 빙부인 송두옥도 동
> 학과 어느 정도 관련이 있지 않을까 추측할 수 있을 것이다. …
> 무안에서 농민군을 이끌고 백산에 합류한 장령 송두옥(宋斗玉)
> 이라는 인물이 혹 장군의 빙부가 아니었을까 추론한 바가 있다.
> 그런가 하면 근자에는 경허당 성우 대사가 전주 자동리에서 출
> 가했거니와 그의 부친 역시 여산 송씨 송두옥(宋斗玉)이라는 점
> 과 관련하여 전봉준 장군과의 관련성이 새롭게 모색되고 있기
> 도 하다. 그렇지만 여전히 이들의 관련성을 입증할만한 단서가
> 나타나지 않고 있다.
>
> _「족보에 나타난 전봉준 장군 처가와 외가 검토」

송두옥이란 이름을 가진 이가 세 명 나타나고 있어서 혼란을 주고 있으나 각기 역할이 달랐던 것으로 보인다. 한편 1893년 정읍 신중리에서 작성한 사발통문은 송두호(宋斗浩)와 전봉준이 주도했으며 송두호의 아들 송대화도 여기에 이름을 올리고 동학농민군으로 활동했다. 또 경허의 선맥을 이은 송만공(宋滿空)도 전주와 가까운 태인 출생이었다. 이처럼 이 지역에 거주하는 송씨들은 동학농민혁명 시기 많은 역할을 하기도 하고, 재산을 빼앗기고 죽임을 당하면서 핍박을 받기도 했다. 경허는 어린 나이에 출가했으나 집안의 이런 일을 모르지 않았을 것이다.

선승 경허의 진면목

지금까지 전해오는 경허의 초상화를 통해 그의 외모를 뜯어보노라면 눈이 부리부리하고 곱슬머리에 수염을 드리우고 있는데 잘생긴 용모이다. 실제로 그는 키가 육 척 장신이었고 손과 발이 유난히 컸다고 한다. 그래서 장터에서 파는 짚신이 발에 맞지 않아 손수 짚신을 삼아 신었으며 나들이를 할 때에는 주장자 끝에 짚신을 달고 다녔다 한다.

그런데도 그는 세속적 재주를 많이 지니고 있었다. 많은 시를 남긴 시인이었고, 글씨를 잘 쓰는 명필이었으며, 유학과 노장에 해박한 학자였다. 또한 많은 제자를 기른, 학승과 선승을 겸한 스승이었다. 그런데 그의 진가는 정작 다른 데에 있었다. 한용운은 경허의 제자 송만공이 가져다 준 경허의 시문집을 읽어 보고 그의 저술을 이렇게 평가했다.

그 저술이 다만 시문에만 세련된 것이 아니라 대체로 선문과 법어의 깊은 뜻과 묘한 글귀로써 혹은 술집과 저잣거리에서 읊조렸으며 세속에 빠지지 아니하고 혹 빈산에서 붓을 들되 비바람, 눈보라 휘몰아치는 세간에서 벗어난 것만도 아니어서 종으로 횡으로 끝없이 힘차고, 생소하거나 숙달되었거나 상관없이 문장마다 선이요 구절마다 법이어서, 그 법칙의 여하를 막론하고 실로 일대 기이한 문장이며 기이한 시송(詩頌)이로다.

__『경허집』서문

이 차분한 평가가 마음을 끈다. 좀 더 합리적으로 그의 장점을 지적했다고 볼 수 있겠다.

그의 출가 동기를 두고 한중광은 "아버지의 죽음으로 인해 갖게 된 생사에 대한 근본적인 문제의식이 출가의 동기라 할 수 있다"(『경허-부처의 거울 중생의 허공』)고 했지만 겨우 아홉 살의 어린 나이에 과연 그런 생각을 가졌을지 의구심이 든다. 우선 어머니의 불심이 두터웠다고 하니 어머니의 권유로 출가를 했을 수 있고, 형이 이미 마곡사로 출가해 있었으니 그 영향일 수도 있을 것이요, 더욱이 흔히 그랬던 것처럼 가난한 살림에 식구 하나라도 덜기 위해 출가했을 수도 있다.

그가 여덟 살 때 서울로 올라왔을 적에 그의 어머니는 사 남매의 자식들을 먹여 살리느라 서울 변두리에서 콩나물 장사를 하기도 하고 침모 노릇도 했다고 한다. 그런 어머니의 손에 이끌려 그는 나이 아홉 살에 경기도 의왕 땅에 있는 청계동 청계사에 출가하게 된다. 건장한 사미승 경허는 스승을 시봉하면서 호된 수행 과정을 겪

314

었다. 땔나무를 하고 물을 긷고 밥을 하느라 14세까지 글을 배우지 못했다 한다.

하지만 김태흡은 위에서 인용한 글에서 "박씨 부인은 철천의 원한을 품고 가난에 쪼들려 가면서도 교자(敎子)의 정성이 지극하였다. 대사의 형인 태허 대사라든지 또 대사든지 그 밑에 있는 딸까지도 오륙 세부터 서재에 넣어서 가르치기를 마지 아니하였다."고 기록하고 있다. 이런 서로 상반되는 이야기는 경허의 전체 생애로 보아 그리 중요한 문제는 아닐 것이다.

아무튼 어느 선비가 청계사로 와서 한철을 보내게 되었는데 그 선비는 경허에게 『천자문』,『통감』 같은 책을 가르쳤다 한다. 경허가 워낙 총명해 그 선비의 눈에 들었다. 선비는 여름을 보내고 떠나면서 주지인 계허에게 "이 아이는 큰 인물이 될 재주를 지니고 있으니 큰 절로 보내 글을 배우게 해야 한다."고 당부했다. 마침 계허가 환속할 때 경허에게 계룡산 동학사에 주석하는 만화(萬化)에게 가라고 말하면서 추천 글을 써 주었다.

당시 강백(講伯)으로 이름을 떨친 만화는 어린 경허를 제자로 받아들였다. 경허는 다른 사미승들과 함께 불경을 배우고 외전도 익혔다. 그는 남달리 열심히 공부하지는 않았다 한다. 그저 느리지도 급하지도 않게 놀 때는 놀고 글 읽을 때는 읽는 정도였다. 그런데도 진도는 대단히 빨라 다른 이들을 놀라게 했다. 그는 만화 강백의 해박한 지식을 9년 동안 모조리 습득했다. 그의 명성은 승려들 사이에 널리 퍼졌다.

그의 나이, 기개가 발랄할 23세가 되었다. 이때 그가 동학사에서 개강을 하자 소문을 들은 사방의 학인들이 몰려들었다. 이렇게 8

년을 보냈다. 청년의 나이에 고승의 반열에 들어선 것이다. 경허의 선시는 골골로 퍼져 나갔다.

그는 31세 때 길을 가다가 갑자기 폭풍과 소낙비를 만났다. 그리하여 어느 마을에 들어가 비를 피하려 했는데 마을 사람들이 모두 거절했다. 당시 염병이 돌아 나그네를 받아들일 수 없었던 것이다. 그는 이 말을 듣고 죽음의 벼랑에 다다른 듯 마음이 떨렸고 문자 공부가 생사를 면치 못함을 깨닫고 곧바로 절로 돌아왔다. 한 번씩 겪어 보는 회의의 계절이 찾아온 것이다.

그는 학인들을 모조리 내보내고 문을 닫은 채 참선에 들어 석 달을 보냈다. 한용운은 이를 두고 "이때부터 육신을 초탈하여 작은 일에 걸리지 않고 마음대로 자재해 유유자적하였다."라고 했다. 그는 이 무렵 휴정의 맥을 이었음을 표방했다. 그의 앞길이 심상치 않음을 예고하는 것이다.

그 뒤 그는 25년쯤 충청도와 경상도 등지의 절을 찾아다녔다. 그가 주로 주석한 절은 서산의 부석사, 합천의 해인사, 동래의 범어사 등이었는데 고승의 대우를 받아 법주 노릇을 했다. 그는 존대를 받으면서 많은 설법을 했고, 주석하는 곳마다 강설을 하며 제자를 길렀다. 이 무렵 그의 제자로 두 고승이 있었으니 송만공과 방한암(方漢岩)이다.

새로운 길을 찾아서

경허는 현실의 안주를 훌훌 벗어 버리려고 제2의 출가라는 중대 결의를 다진다.

316

1903년 겨울, 해인사에 머물고 있을 때 제자인 방한암에게 자신을 두고 "꼬리를 진흙 가운데 끌고 다니기를 좋아하는 사람이다." 라고 일러 주었다. 그러고는 다음 해 봄 천장암으로 가서 송만공의 깨우침을 인정하고 만공이라는 법호와 전법게를 주며 "불조의 혜명을 그대에게 이어가도록 당부하노니 부디 믿어 잊지 말라."고 당부했다. 송만공은 스승에게 이별의 선물로 담뱃대와 쌈지를 바쳤다.

경허는 늘그막의 나이 56세 때 북쪽으로 발길을 돌렸다. 나라가 온통 망해 가고 있을 무렵이었다. 그동안 민씨들이 나라를 말아먹고 동학농민군이 처절하게 죽어가는 모습, 일본 군대의 군홧발이 골골을 누비는 모습을 보아 왔지 않는가. 이런 걸 떨쳐 버리고 싶었을까? 아니면 새로운 깨침의 경지를 열려는 의지의 발로였을까? 그는 홀연히 오대산 월정사에 들어 석 달을 머물고 있을 때 『대방광불화엄경(大方廣佛華嚴經)』의 법문을 부탁받았다. 그의 법문은 이러했다.

'대(大)'라, 대들보도 대요, 댓돌도 대요, 대가사도 대요, 세수대도 대요, 담뱃대도 대니라. '방(方)'이라, 큰방도 방이요, 지대방도 방이요, 절방도 방이요, 동서남북 사방도 방이니라. '광(廣)'이라, 쌀광도 광이요, 찬광도 광이요, 연장광도 광이요, 광장도 광이니라. '불(佛)'이라, 등잔불도 불이요, 모닥불도 불이요, 촛불도 불이요, 화롯불도 불이요, 번갯불도 불이요, 이불도 불이요, 횃불도 불이니라. '화(華)'라, 매화도 화요, 국화도 화요, 탱화도 화요, 화병도 화요, 화살도 화요, 『화엄경』도 화니라. '엄(嚴)'이라, 엄마도 엄이요, 엄살도 엄이요, 엄명도 엄이요, 엄정함도 엄이요, 화엄도 엄이니라. '경(經)'이라, 면경도 경이요, 구경도

경이요, 풍경도 경이요, 인경도 경이요, 안경도 경이니라.

_ 한중광,『경허-부처의 거울 중생의 허공』

이 법문은 경전의 글자를 한 자씩 따와서 속어를 섞어 풀어 갔다. 정상의 법문이 아니지 않는가. 그가 이때 북쪽으로 발길을 돌린 걸 두고 한중광은 또 이렇게 평가하고 있다.

> 더 나아가 경허가 북녘 땅에서 나라의 운명을 걱정하고 나라를 잃은 슬픔을 노래한 다수의 애국시를 통해 경허의 애국관도 살필 수 있었습니다. 그리하여 경허의 북행이 도피니 은둔이니 하는 부정적인 시각을 근절하는 각도로 중도불이(中道不二)의 접근을 승속불이(僧俗不二)로 조명해 보았습니다. 따라서 경허의 북행은 계율의 속박에서 벗어나 무애의 대자유를 향한 스스로의 선택으로, 경허는 이제 승속의 경계를 스스로 무너뜨리고 진정한 각자로 거듭나는 깨친 자의 삶의 모습을 진속불이(眞俗不二)의 모습으로 세상에 여실하게 드러내 보이게 된 것입니다.

이건 보기에 따라서는 지나치다 할 정도로 풀이하고 있는 것 같다. 뚜렷한 근거도 없이 찬양을 늘어놓은 게 아닌가.

아무튼 그는 혼자 금강산 일대를 순례했다. 그의 기행시를 보면 그의 발길은 금강산의 봉우리, 만폭동, 해금강, 장안사, 유점사 등 모든 유명 사찰로 이어졌다. 그러고 나서 안변 석왕사에 한동안 머물렀다. 그런 뒤에는 어찌된 영문인지 국경 지대의 오지인 갑산과 강계로 스며들어 자취를 감추었다. 이 무렵은 1905년 을사조약으로 외교권이 박탈되어 나라가 껍데기만 남고 반식민지 상태로 전락한 끝에 1910년 마침내 국권을 상실한 시기였다. 이런 시대 상황을 고민한 탓에 은둔의 삶을 찾은 것일까?

승려 경허는 성을 "박"(어머니의 성을 따른 듯하다), 호를 "난주(蘭洲)"라 하고 상투를 튼 뒤 선비의 관을 쓰고 때로는 저자에서, 때로는 주막에서 떠돌다가 훈장 노릇을 했다. 절에서 목숨을 이은 것이 아니라 서당을 생계를 잇는 터전으로 삼았다.

그가 북쪽으로 간 뒤 행방이 묘연하자 그를 미워하던 사람들은 시봉을 죽이고 도망쳤다고도 하고 마구니라고 지탄하기도 했다. 이에 대해 한용운은 "바라문의 몸을 나타내어 만행의 길을 닦아 진흙에 뛰어들고 물에 뛰어들면서 인연 따라 교화하였다."라고 했다.

선시로 이름을 떨치다

그가 훈장 노릇을 하게 된 내력이 심상치 않았다. 그의 발길이 강계에 이르렀을 때였다. 강계 장평동을 지나다가 우물에서 물을 길어오는 아낙을 만났는데 대뜸 다가가 입술에 뽀뽀를 하는 따위로 희롱했다. 이를 본 대여섯 명의 청년들이 몰려와 그에게 뭇매질을 해댔다. 그는 아무 말 없이 얻어맞기만 했다. 이 모습을 길 가던 김탁이 보고 놀라 청년들을 겨우 뜯어 말리고 말을 걸었다. 그러자 그는 "이 미친놈아, 할 일이 없으면 가던 길이나 갈 것이지, 네 이놈, 어찌 쓸데없는 참견을 하는고."라고 말했다.

이 대답을 들은 김탁은 범상한 인물이 아님을 알고 "어른을 몰라 뵈어 송구합니다. 괜찮으시면 제 집으로 가시겠습니까?"라고 말했다. 김탁은 시골 선비로 상식이 있는 사람이었다. 그는 박난주가 읊는 시와 법담을 듣고 그를 스승처럼 모시게 되었고 그의 부인도 정성스레 그를 접대했다. 김탁은 그에게 서당을 열어 주고 아이들에게 글을 가르치게 주선했다.

그의 서당에는 주변의 많은 선비들이 몰려들었고 자리가 열리면 술과 담론이 펼쳐졌으며 시들이 쏟아졌다. 특히 경허는 이들과 어울려 주변의 경관을 돌아보면서 시를 토해 냈다. 예전 사명당의 모습을 방불케 했다. 그런데 그들의 시에는 나라를 걱정하는 우국의 시구들이 자주 보인다. 몇 구절을 보자.

"시국에 마음을 쏟은들 종시 운수일세, 좋은 때 틈타 짙은 술 기울여 보세."라든가, "집을 그리다가 머리털 더욱 희어졌고, 나라 근심하는 작은 마음, 늙어서 더더욱 붉어졌네."라든가, "벗이 와 서로 위로하여 정이 넘치지만 세상 근심하는 작은 마음, 잠시 미루어 잊어보세."라든가, "흉년 걱정에 맛있는 음식도 삼켜 내리기 어렵고 나라 걱정에 등나무 평상에 누워도 편안치 않네."라는 구절이 보인다 (『경허집』).

이 우국의 시구들은 국경 지대 사람들과 어울려 시로 화답할 때 자주 나타나고 있다. 그러니 나라의 외교권이 넘어가고, 군사권·경찰권을 넘겨 주어 끝내 병합이 되는 사정을 두고 비록 몸을 떨쳐 의병에 가담하지는 않았으나 우국의 충정을 때때로 토로했던 것이리라.

그는 북쪽 경승지를 둘러보고 또 많은 기행시를 남겼다. 때때로 술을 마시고 주옥같은 시를 토해냈으나 바둑, 장기를 두면서 한가한 나날을 보내며 유유자적한 모습도 보였다. 그의 시는 「바둑 두기」와 같은 서사시를 비롯하여 서정시도 보인다.

경허는 64세 되던 해 4월 25일 갑산의 웅이방 도하동에서 서거했다. 그 시절 나이로는 결코 일찍 죽은 것이 아니요 살 만큼 살았다.

그의 마지막 생애는 제자 수월의 추적으로 세상에 드러났다. 수월은 스승처럼 떠돌다가 북쪽으로 발길을 돌려 강계 자북사에서 한동안 머물렀다. 그리고 강계에서 탁발을 하다가 우연히 경허의 소문을 들었다.

수월은 댓바람에 김탁의 집으로 달려갔고 그곳에서 경허가 갑산 도하동에서 서당을 열고 있다는 말을 들었다. 수월이 도하동 서당에 찾아드니 방 앞 댓돌에 짚신 한 켤레가 놓여 있었다. 수월이 간절하게 불렀으나 "난 수월이라는 사람 모르오. 사람을 잘못 찾은 듯싶소. 그러니 가던 길이나 계속 가시오."라는 대답이 돌아왔다. 수월은 그 뜻을 알아차리고 동네에 나가 짚신 한 켤레를 정성껏 삼아 댓돌 위에 놓고 물러 나왔다.

경허는 자신을 찾아온 김탁에게 "여보게, 내가 죽거든 이 담뱃대와 쌈지를 함께 묻어 주오."라고 당부했다. 그리고 나서 "마음 달이 외로이 둥그니 빛이 만상을 삼켰도다. 광경을 모조리 잊으니 다시 이게 무슨 물건인고."라는 열반송(涅槃頌)을 써 주었다.

김탁은 이를 고이 간직했다. 경허가 목숨을 거두자 김탁 등 마을 사람들은 경허의 장례를 유교식으로 거행하고 시신을 무덤에 안장했다. 수월은 스승의 열반을 1년 4개월 뒤에야 전해 듣고 편지로 예산 정혜사에 머물고 있는 만공에게 알렸다. 만공이 달려가 관에서 담뱃대와 쌈지를 꺼내 시신과 함께 다비식을 가졌다. 그런데 다비를 위해 시신을 살펴보니 시신 윗저고리 안주머니에서 고이 접은 종이가 간직되어 있었다. 거기에 이런 시가 적혀 있었다.

삼수갑산 깊은 골에

비승비속 송경허라.

고향은 천 리라 인편이 없어

세상 떠나는 슬픈 소식을 흰 구름에 부치노라.

이 시가 천화시(遷化詩), 곧 유시였다. 마지막 세속 인연을 끊으면서
그래도 고향을 그리는 마음이 담겨 있다. 어릴 적 고단했던 살이가
새삼 떠올랐을 것이다.

문둥이 여인을 껴안고서

마지막으로 경허에 관한 일화를 몇 가지 소개한다. 이 일화들은 선
승이요, 기인인 경허의 모습을 잘 드러내 준다.

　서산의 천장암에서 참선에 들었을 때 지고 온 바랑에서 옷 한
벌을 꺼내 솜을 놓아 두툼한 누더기 한 벌을 손수 지어 입었다. 공양
을 받아드는 시간이나 소변, 대변을 보는 일 말고는 한 자리에 앉아
움직이지 않았다. 얼굴을 씻거나 양치질을 하거나 목욕을 하는 일조
차 없었다. 언제나 가부좌를 틀고 앉아 있었다. 잠을 자려 눕거나 벽
에 기대는 일도 없었다. 사람들이 몰려와 떠들어대도 귀로 말을 듣
지 않고 눈으로 보지 않았다. 그야말로 숨만 쉬는 부처상이었다. 조
금 과장된 것 같지만 이렇게 면벽 1년을 보냈다.

　1년 동안 몸을 씻지 않고 옷도 갈아입지 않아 땀에 찌든 누더기
에 냄새가 진동하고 머리와 몸에는 이가 들끓어 싸락눈이 내린 듯했
다. 어떤 사람은 이를 보고 두부 짠 비지를 온몸에 문질러 놓은 듯하

322

다고 했다. 목욕을 하지 않은 탓인지, 이가 뜯은 탓인지, 온몸에 상처가 났어도 긁거나 간지러워 하지 않았다.

어느 날 대중을 모아 놓고 어머니를 위해 설법을 할 테니 모시고 오라고 일렀다. 어머니는 들떠 몸을 단장하고 큰 방에 들어가 향을 피우며 정성을 다해 경의를 표하였다. "나를 위해 법문을 한다 하니 이루 말할 수 없이 기쁘구나." 그런데 경허는 잠시 바라보다가 옷을 주섬주섬 벗고 알몸으로 "어머니, 저를 보십시오."라고 말했다. 모두들 놀랐지만 어머니는 "대체 무슨 법문이 이러냐? 별 발칙한 짓을 다 하는구나."라고 말하고 법석을 박차고 나갔다. 경허는 이를 보고 "저래 가지고 어찌 어머니 노릇을 한단 말인가? 내가 어려서는 이 몸을 벌거벗겨 씻기고 안고 빨고 하시더니 지금은 왜 그렇게 못하시나. 세상 풍속 참 한심하다."라며 웃었다.

어느 날 제자 송만공과 함께 탁발을 나섰다. 젊은 만공은 탁발로 얻은 곡식을 가득 넣은 바랑을 지고 걸으면서 힘에 겨웠다. 이를 본 경허가 갑자기 동네 물 긷는 여인을 보고 달려가 뽀뽀를 해댔다. 여인이 비명을 지르자 동네 청년들이 몽둥이를 들고 몰려와 두 승려를 쫓아왔다. 둘은 냅다 뛰었다. 한참을 뛰다 청년들의 모습이 보이지 않자, 경허가 만공에게 "힘이 부친다더니 무거운 짐을 지고 어찌 그리도 잘 뛰느냐."고 했다. 만공은 그제야 스승의 가르침을 알아차렸다. 마음, 마음의 화두를 얻었던 것이다.

그가 해인사 조실에 있을 때였다. 어느 날 나들이를 나갔다가 한 여인을 데리고 와 조실에서 밤낮으로 함께 거처했다. 제자 송만공이 이를 감추려고 문 앞을 지키면서 사람들이 찾아오면 "스님께서 주무십니다."라고 말하고는 돌려보냈다. 며칠 뒤 궁금하여 엿보니 경허는 그녀의 팔을 베고 몸에 다리를 걸친 채 곤하게 자고 있었다.

그런데 송만공이 이를 자세히 들여다보다가 놀라마지 않았다. 여인의 코와 눈은 분간할 수 없을 정도로 문드러져 있었고, 손가락도 떨어져 없었으며, 걸친 옷은 고름과 오줌에 절어서 올이 보이지 않을 정도였다. "문둥이 여인"의 몸에서는 송장 썩은 냄새가 진동했다. 송만공은 순간 스승의 법력에 감동해 몸을 움직이지 못했다.

경허는 재를 지낼 음식을 구경 온 아이들에게 모조리 나눠 주어 승려들이 낭패를 보기도 했고, 기근에 시달리는 화전민들을 위해 탁발을 하여 양식을 대기도 했다. 그야말로 늘 중생을 사랑하는 보살행이었다고 해야 할 것이다. 이렇게 온갖 기행을 저지른 승려였으니 꾸지람도 많이 따랐으나 그는 아랑곳하지 않았다. 이런 일화에는 불립문자라는 선의 오의를 알리거나 무애행의 실천, 그리고 자비행의 모습을 확인할 수 있다.

뒷날 한용운은 경허의 시문과 어록 등을 모아 우여곡절을 겪은 끝에 1942년 간행했다. 이로 해서 경허의 행적과 사상을 후세에 전하게 되었다.

그의 제자인 송만공은 남쪽 수덕사와 마곡사에 주석하면서 친일불교에 맞섰고, 방한암은 말년 중간 지대인 오대산에 은거하면서 선승으로 평생을 보냈다. 또 수월은 북쪽으로 가서 국경 지대와 만주 일대에서 포교와 독립운동을 벌였다.

현대에 들어 경허에 대한 이런 평가도 있다.

불교사상사를 수놓은 수많은 별 가운데 붓다정신을 가장 온전히 구현한 크나큰 별이 바로 '길'의 성현 경허이다. 1,600여 년

의 한국불교를 대표하는 대성현이요 한국 근대 선을 대표하는
대선사요 동시에 원효와 더불어 원효와 노닐 수 있는 대자유인
이요 대시인이다.

—『경허-부처의 거울 중생의 허공』

이런 평가는 과장된 것 아닌가? '1,600여 년', '한국불교를 대표하는
대성현', '원효와 더불어 모닐 수 있는 대자유인' 등의 표현이 지나친
것이 아닐까? 그가 원효와 같이 불교 이론을 새롭게 풀이한 저술이
거의 없다는 점은 어떻게 해석해야 할까? 이는 선승의 무애행만 가
지고 풀이하는 한계를 보여준다 하겠다. 하지만 경허는 한국불교가
침체되고 친일화의 길을 걸을 때 혜성처럼 나타나 새로운 선풍을 일
으킨 고승이라는 점은 인정해야 할 것이다.

일제 치하의 그늘 아래 피어난 대중불교

백용성 ——— 白龍城

백용성(白龍城, 1864~1940)은 승려로서보다도 민족대표 33인의 한 사람으로 더욱 유명할 것이다. 그는 일제 식민지 시대에 활동하면서 송만공, 한용운과 함께 민족불교를 이끌며 일제에 항거했다. 또 도시로 나와 불교 대중화를 이끌었고, 어린이 불교운동을 벌였으며, 은밀하게 독립 자금을 대기도 했다.

그는 민족이 도륙이 나고 나라가 망한 시대를 살아가면서 고난의 삶을 이어갔다. 그런 시대 상황에서 백용성은 불교가 산속에만 존재하는 게 아니라 여염으로 나와 중생을 제도해야 한다는 의지를 지니고 살았다. 더욱이 일제에 의해 친일불교가 휩쓸 적에 여기에 맞서 민족불교운동을 줄기차게 벌였다.

2019년은 거대한 민족운동이었던 삼일운동 100주년이 되는 해이다. 이 해를 맞이해 민간단체와 정부 유관 부서에서는 여러 가지 행사를 준비하였다. 삼일운동의 이념과 지향은 통일을 준비하고 있는 시대에 그 역사적 의미와 교훈을 줄 것이다. 백용성도 그 중심에 자리 잡고 있다 하겠다.

산골 승려, 서울과 중국을 드나들다

흔히 무주, 진안, 장수를 통틀어 "무진장(茂鎭長)"이라 불러 한 고을처럼 여겼다. 이곳 장수군 번암면 죽림리 깊은 산골 마을에 경사가 났다. 근대의 민족지도자요 고승인 백용성이 태어난 것이다. 그의 어릴 적 이름은 상규(相奎)였다. 그의 아버지 백남현은 고만고만한 향반으로 중농이었던 것으로 보인다. 그의 어머니 손씨가 일찍 죽어 계모인 김씨 밑에서 자랐다. 그는 어릴 적 여느 집 아이처럼 아버지에게 기초 한문을 배우고, 동네 서당에 다니면서 고급 단계의 한문을 배웠다. 아홉 살 때에 합죽선을 보고 다음과 같은 한시를 지었다 한다.

大撓合竹扇 크게 합죽선을 흔들어서
借來洞庭風 동정호의 바람을 빌어 왔네.

그의 문집에 실려 있는 어록에 따르면 이 시를 본 사람들은 그를 천재라고들 했다 한다. 그의 어릴 적 이야기가 여러 가지 전해 오지만 여기에서는 줄이기로 한다.

그의 나이 열네 살 때 그는 유교의 글을 배워 상당한 지식을 쌓았으나 새로운 결심을 하고 출가했다. 소년 상규는 남원 교룡산성 안에 있는 덕밀암을 찾아갔고, 이 절에 있던 혜월에게서 법호 용성, 법명 진종(震鍾)을 받아 승려의 길로 들어섰다. 법호인 용성은 남원의 옛 지명이다. 16세 때는 머나먼 해인사 극락암으로 찾아가 화월을 만나 정식으로 출가했다. 그는 용맹정진해서 대중의 인정을 받아 청년 시절부터 학승으로 이름을 떨쳤다.

백용성은 청년기와 장년기에 해인사와 송광사를 비롯해 전국의 사찰을 떠돌면서 때로는 정진을 거듭하기도 하고, 때로는 조실에서 제자를 지도하기도 했다. 그리하여 그의 문도들은 그의 나이 40대 때부터 그를 고승으로 받들었다. 또 젊을 적부터 평생 혈육의 형제처럼 지내면서 민족운동의 동지가 된 송만공과 한용운을 만났다. 속가의 나이로 따지면 송만공은 그보다 일곱 살 아래, 한용운은 그보다 열다섯 살 아래였으니 스승이라 해도 좋고 사형이라고 해도 좋을 것이다.

그는 마흔두 살 때인 1905년부터 서울 언저리에 나타났다. 서울 변두리 절인 망월사나 대성초당 같은 절에 머물면서 포교를 하고 제자를 기르기도 했다. 또 궁중의 내탕금을 받아 해인사 장경 불사를 하기도 했는데, 이때 고종의 지원이 있었다는 말도 있다. 이제 산중이 아닌 도회에서 대중을 지도하는 위치에 있었다. 1907년 8월 그는 큰 결단을 내려서 중국 북경으로 발길 돌렸다. 나라는 러일전쟁이 끝난 뒤 을사조약을 맺어 외교권이 일본에 박탈된 뒤 이어 통감부가 들어서 일제가 한국의 주권을 야금야금 차지하고 있을 때였다.

백용성은 먼저 북경의 관음사를 찾아갔다. 그는 그곳 승려들과 담소를 나누기도 하고 선문답을 주고받기도 했다. 이어 북경 언저리에 있는 통주의 화엄사를 찾아갔다. 그 절에 거주하는 승려가 조선의 승려는 사미계만 받고 대계를 받지 않고서 승려가 된다는 말을 들었다고 깔보는 듯이 물었다. 용성은 이렇게 대꾸했다.

공중에 있는 해와 달이 그대 나라만의 해와 달인가? 무릇 불법은 천하의 공도(公道)이니라. 천하의 공도가 어찌 중국에만 국한될 것인가? 나라는 대국인데 사람은 소인이로구나. 그러나 중(中)이라는 것도 정한 바가 없는데 그대의 나라 남쪽에서 보면 북쪽이 있고 북쪽에서 보면 남쪽이라. 동서도 역시 같은 이치이니 중이 무엇을 근거로 하여 고정되어 서 있겠는가?

__김광식, 『용성』 참고

이 말을 새겨보면 이른바 중국과 오랑캐를 구분하는 중화의식을 배격하고 있으며, 그 근저에는 자주의식이 깔려 있다. 이런 의식은 예전 실학자인 박지원 등이 중화와 오랑캐를 문화로 풀면 모두 같은 인간이라고 설파한 모습과 흡사할 것이다. 한국불교도 중국과 다름 없다는 뜻을 보여준 것이다. 그가 고구려와 발해에 대해서도 관심을 기울인 걸 보아 자주적 역사의식에도 투철했다고 볼 수 있다.

그는 그곳에서 불교 선사의 유적과 공자묘를 찾아다녔고 역사 인물의 유적도 돌아보았다. 그리고 나서 한국·중국·일본이 한 뿌리라고도 역설했으며, 유불선의 교훈을 고루 익혀야 한다고도 했다 한다. 그의 동양 평화와 유불선 합일사상을 추구한 면모를 보여준다 하겠다.

그는 1908년 2월 중국에서 돌아왔다. 6개월 쯤 중국에 머물렀던 것이다. 그가 중국에 유학하려 한 게 아니니 문물을 적당히 돌아보고 돌아온 것으로 보인다. 그는 다시 서울에 머물기도 하고 산사를 떠돌기도 하면서 방황했다. 이즈음 서울은 그야말로 풍전등화와 같은 위기가 몰려오고 있었다.

서울에 대각사를 세운 뜻

1910년 8월 마침내 한일병합조약이 강제로 맺어져 조선총독부가 들어서고 대한제국은 일제의 식민지로 전락했다. 친일불교를 이끌었던 원종(圓宗)의 총무원장인 이회광은 이해 9월 재빠르게 일본으로 건너가 일본의 종파인 조동종(曹洞宗)과 서로 잘 지내보자는 맹약을 맺고 돌아왔다. 이 맹약은 조선불교를 조동종에 팔아넘긴 것이나 다름이 없었다. 그 비난의 초점은 조선불교를 일본불교에 예속시켜

환부역조(換父易祖, 아비를 갈아 치우고 할아비를 바꾸는 것)했다는 것이다. 뒤이어 총독부에서는 1911년 6월 조선사찰령을 발동해 한국불교를 예속시켜 지배하려 했다.

이에 맞서 1912년 1월 한용운 등이 중심이 돼 해인사, 통도사, 범어사의 지원을 받아 마침내 조선 임제종(臨濟宗) 중앙포교당을 설립하고 서울의 중심부인 사간동에 본부를 두었다. 포교당 개교식이 같은 해 5월 26일 열렸을 때 수천 군중이 모여 들었다. 서울에는 각 황사 말고는 절이 없었으니 이 포교당이 포교의 중심 역할을 할 수 있었기 때문에 신도들의 주목을 끌었던 것이다. 이 자리에서 실무를 맡은 한용운은 임제종의 취지를 설명했으며 대표격인 개교사장(開敎師長)으로 추대된 백용성은 한국불교의 정통성을 설명했다.

임제종은 중국 남종선(南宗禪)의 전통을 이어 일어났는데 온갖 속박을 벗어난 자유로움을 추구하는 종단이었다. 우리나라에서는 고려 말기, 보우와 혜근이 이 종단의 교리를 널리 소개하고 알린 적이 있었다. 그러니까 조계종과 같은 선맥을 이었다고 해석할 수 있었다. 이 임제종운동은 한국 전통불교를 지켜 '왜색불교'를 거부하자는 뜻이 담겨 있었다.

이런 임제종운동은 일제로부터 탄압을 받았다. 한용운이 모든 살림살이를 맡고 있을 때 총독부 당국은 무엇보다 총독부의 허락을 받지 않고 포교당 건립 비용을 마음대로 조성했다는 구실을 붙여 걸핏하면 경찰서와 법원에 출두하라는 따위의 압박을 가했다. 1912년을 6개월도 넘기지 않았을 무렵, 총독부에서는 끝내 조선사찰령에 따라 폐지 조처를 내렸다. 그리해 어쩔 수 없이 그 명칭을 조선 선종 중앙포교당으로 바꾸었다.

이 무렵 백용성은 서울의 모습을 두고 "경성에 들어와서 시대 사조를 관찰한즉, 다른 종교에서는 곳곳마다 교당을 설립하고 종소리가 쟁연하며 신도가 가득함을 보았으나 우리 불교에서는 각황사(覺皇寺, 현 조계사) 하나만이 있을 뿐이고…."(김광식, 『용성』)라고 말했다. 대중 포교가 절심함을 드러낸 외침이었다.

그는 남산 아래 우뚝 서 있는 명동성당을 보았을 것이며, 개신교가 설립한 감리교 정동교회와 장로회에서 세운 새문안교회, 성공회에서 세운 정동 성공회성당을 보았을 것이다. 승려의 도성 출입과 사찰의 서울 건립이 법적으로 풀렸으나 불교계는 포교당 하나 지을 여력이 없었다. 게다가 총독부 당국은 민족불교를 압제하고 있었으니 백용성의 한탄은 그의 새로운 각오를 보여준 것이다.

그는 이 무렵 새 절 대각사를 봉익동 1번지에서 열었다(정식 설립 연대는 1911년 설 또는 1914년 설이 있다). 어떻게 조선 왕조의 상징인 종묘 옆에 돈을 마련하여 절을 지었을까? 게다가 이 절에서 법회를 열어 어떻게 궁녀들을 신도로 끌어들여 설법을 했는지, 어떻게 청소년을 모아 법회를 했는지 그 초기 과정은 확실하게 알려진 바가 거의 없다.

아무튼 백용성이 종묘 옆에 절을 세웠으니 많은 사람들이 놀랐다. 하지만 여염집에 법당을 꾸리고 선방을 만든 모습은 초라했다. 옛 한옥을 다듬어 도량을 만든 정도였고, 경내는 여염집 마당이었다. 그래도 도성 안에 사찰 건립이 허용된 뒤 두 번째 세워진 절인 셈이었다(서울 시내에 첫 번째로 세운 사찰은 우정국 옆에 세운 각황사이다).

대각사는 새로 대웅전 같은 건물을 짓지 않고 기존의 건물을 이용했으니 부처만 모셨을 뿐이었다. 그런데 이나마 조성할 수 있었던 자금은 전해진 말에 따르면 상궁 또는 젊은 궁녀들이 댔다고 하며 고종의 지원이 있었다고도 한다. 종묘 옆에 터를 잡은 것으로 보아도 이런 말은 근거가 있을 것이다.

절 이름 "대각"은 무슨 뜻일까? 이는 한마디로 말해 부처를 뜻하는 한자어이다. 첫 번째, 자신이 깨닫는 자각(自覺), 두 번째, 타인을 깨닫게 하는 각타(覺他), 세 번째, 깨달음의 실천인 각행(覺行), 이를 통해 온 세상이 깨달음에 가득 차면 그것이 곧 각만(覺滿)과 극락이라는 것이다. 백용성의 제자들이 전하는 이 풀이가 그럴싸하지 않는가?

본격적인 포교 활동과 대중불교 보급 활동에는 많은 자금이 필요했다. 그가 이를 마련하려고 고심하고 있을 때 북청군수를 지낸 강홍도가 특별한 제안을 했다. 함경도 북청에 좋은 금광이 있으니 개발해 보라는 권유였다. 당시 전국에 걸쳐 금맥 찾기가 붐을 이루고 있었다.

그는 용단을 내려 북청으로 내려갔다. 백용성은 금광을 경영하면서 승복을 벗고 양복을 입어 속인의 차림을 했다. 하지만 열성을 다해 광부들과 함께 금맥을 찾았으나 '노다지' 금맥을 캘 수 없었다. 당시 금광 개발로 패가한 사람이 한둘이 아니었다. 그도 손을 들고 싱겁게 돌아오고 말았다.

하지만 승려의 몸으로 물정을 모르는 백용성은 이 경험을 통해 배운 게 많았다. 앞으로 포교 자금을 마련키 위한 사업을 벌일 적에 좋은 경험과 밑천이 된 것이다. 그는 의기소침해 하면서도 새로운 결의로 불교운동을 벌여 나갔다. 그런 속에서 그에게 개인사로나 민족사에 비추어 보아 새로운 운명이 기다리고 있었다.

민족대표 33인이 되다

1919년 전개된 삼일운동을 준비할 때 민족독립선언은 천도교의 손병희와 최린의 주도로 계획·추진되었다. 1차 세계대전이 끝난 뒤 약소민족의 해방이 파리강화회의에서 논의된다는 정보가 동경과 상해에서 전달되었고, 총독부 헌병 경찰의 강압 통치가 10년 가깝게 자행되어 온 마당에 고종이 독살되었다는 풍문이 돌았다. 절호의 기회였다.

천도교에서 민족대표를 선정하면서 많은 애로를 겪었다. 거사를 추진하면서 비밀을 유지하려 우선 종교계를 포섭했다. 그리해 천도교를 중심으로 기독교, 불교를 끌어들일 수 있었고, 유교와 천주교 그리고 대종교 등은 빠졌다.

불교계의 경우 친일불교가 휩쓰는 현실에서 깊은 산골인 본산에 주석하는 지도자들의 연락이 쉽지 않았다. 절에 전화도 없던 시절 아닌가.

서울에 있는 한용운은 뒤늦게 안면이 있는 최린의 연락을 받아 불교계 대표를 선정하는 일을 맡았다. 그는 먼저 범어사 등지로 찾아가 당시 영향력 있는 승려들을 민족대표로 참여시키려고 설득을 벌였으나 이런저런 핑계로 거의 호응해 주지 않았다. 마지막으로 이해 2월 말 무렵, 서울 대각사에 머물고 있는 백용성을 찾아갔다. 마침 백용성은 북청에 있는 광산에서 금맥을 찾다가 실패를 하고 대각사에 머물고 있었다.

한용운은 백용성을 만나 내외의 정세를 설명하고 조선 독립을 위한 선언서를 발표하려 하니 민족대표로 참여해 달라고 요청했다. 그러자 백용성은 서슴없이 이름을 올려 달라고 하면서 받아들였다.

백용성은 민족대표 서명에 사용할 도장을 한용운에게 맡기면서 일을 잘 마무리 지으라고 당부했다. 한용운은 선언서 발표 하루 전에 다시 백용성을 찾아가 대표로 추대된 사실과 다음 날 태화관(명월관 지점)에서 오후 2시에 33인이 모여 독립선언서를 발표한다고 알려 주었다. 그러자 백용성은 먹을거리가 떨어져 오전에 인천에 가 쌀을 구해 온 뒤 2시에 약속 장소로 가겠다고 일러 주었다.

백용성이 약속 시간을 맞추려 헐레벌떡 태화관으로 달려가자 선언식이 진행되고 있었다. 곧 경찰이 몰려와 참석한 대표 29명을 잡아갔는데 백용성도 여기에 끼어 있었다(백용성 판결문, 법정 답변).

한편 민족대표회의에서 백용성이 기생들에게 두루마기와 신발을 감추라고 일렀다는 말과 시봉인 이동헌을 시켜 종로경찰서에 신고하게 했다는 말이 있다. 이는 민족대표 33인이 흩어지지 않게 결속하고 전국으로 만세 시위가 번지도록 한 방편이었다고 한다.

또 만세 시위를 하면서 한용운이 흰 바탕에 푸른색으로 그린 한반도 기를 들고 나가자고 제의할 때 백용성이 태극기를 들고 나가야 한다고 주장했다 한다. 그가 이를 주장한 근거는 다음과 같다.

열반의 경지인 무극(無極)은 체(體)가 되고 태극은 상(相)이 되며 음양은 용(用)이 됩니다. 천도교의 인내천(人天乃)은 한울이 태극인 것이며, 기독교의 천국이 곧 태극입니다. 그러므로 태극기를 사용해야 합니다. 반도기를 사용하면 고구려와 발해의 옛 땅을 포기하는 선언이 되는 것입니다.

_김종록, 『근대를 산책하다』 인용

사실 태극기는 박영효가 일본에 사신으로 가면서 처음 사용한 이래 대한제국의 국가 의례 때나 공공 기관, 학교 등에서 내걸기도 했고, 행사 때 들고 흔들기도 했다. 만국의 국기를 본받아 국기로 내건 것이어서 기독교 선교사들이 운영하는 미션스쿨에서도 이를 따랐다. 그러니 태화관 회합에서 이를 결정한 게 아니라 처음 시위를 벌인 탑골공원에서부터 자연스럽게 태극기가 등장했던 것이다. 특히 태극기는 형식이 조금씩 달랐지만 만주의 간도, 연해주의 연추, 미주의 하와이에 거주하는 우리 동포들이 그려 들고 나갈 수 있었다.

백용성은 『주역』에서 말한 태극의 의미를 다른 종교의 상징과 비교하여 시의에 맞게 설명한다. 그럴 듯한 이론일 것이다. 여기서 주목해야 할 점은 '반도기를 사용하면 고구려와 발해의 옛 땅을 포기하는 선언이 되는 것'이라는 말이다. 이는 백용성의 역사의식을 보여주는 것으로 그의 고대사에 대한 역사관을 보여주는 대목이라 하겠다.

민족대표 중 손병희는 백용성보다 세 살 위, 기독교 지도자인 이승훈은 백용성과 동갑이었으며 나머지 대표들은 거의 청장년들이었다. 그러니 그는 용기 있는 늙은이 축에 들었다. 그는 늙은 나이로 법정에서는 불교의 자비사상과 동양 평화를 위해 민족대표로 참여했다고 당당하게 주장을 폈으며 감옥 생활을 하면서 많은 고초를 겪었다.

그런데 잘못 전해지는 기록들이 있어 사람들을 현혹시켰다. 백용성은 대표 명단에 서명만 하고 선언식 자리에 참여하지 않았다 하기도 하고, 지방 사찰에 머물고 있어서 참석하지 못했다고도 했다. 하지만 위에서 살펴본 대로 백용성은 분명히 현장에 있다가 체포되었다. 앞에서 말한대로 백용성은 한용운의 주선으로 민족대표로 이름을 올렸으며, 그는 제자뻘되는 한용운에게 여러모로 방안을 일러 주었다고 보는 게 사리에 맞을 것이다.

1921년 3월 어느 날 58세의 늙은 승려인 백용성은 문초를 받고 감옥에 갇힌 지 2년 만에 풀려났다(징역 1년 6개월 판결). 그가 출옥할 때 서대문 감옥 앞에는 시봉 이동헌이 한 여신도를 데리고 마중을 나왔다. 두 사람은 백용성을 가회동 여신도의 집으로 모시면서, 대각사는 승려들이 팔아먹었다고 일러 주었다. 그는 광명을 찾기는커녕 새로운 시련을 맞이했다. 하지만 그는 새로운 희망도 보았을 것이다. 그가 감옥살이를 하는 동안 만세 시위는 새로운 민족사를 쓰고 있었던 것이다. 그 과정을 요약해 설명해 보자.

탑골공원에서 시작된 만세 시위는 서울과 평안도에서 동시에 전개되었고 연달아 지방으로 파급되었다. 전국 어느 곳이건 천도교인과 기독교도들, 그리고 학생들이 그 중심을 이루었고, 상인, 농부, 어부로 번져 나갔으며 푸대접받던 기생과 백정도 참여했다. 특히 사람이 많이 모이는 장날에 주로 일어났고 산 위에서 외치는 산호(山呼), 어부들이 벌이는 선상 시위도 있었다. 평화 시위가 기본을 이루었으나 총칼에 맞서 주재소나 관공서, 친일파 주택을 습격해 파괴하고 방화하는 경우도 있었다.

이 소식이 외국 동포들에게 전해지자 먼저 만주의 서간도와 북간도를 중심으로 만세 시위가 벌어져 특히 동포들이 많이 사는 용정 훈춘 등지에서 열기가 높았다. 연이어 연해주의 연추와 블라디보스토크로 번졌다. 미주에서는 하와이, 샌프란시스코, 그리고 멕시코로도 이어졌다.

일제 경찰과 군인은 평화적으로 만세 시위를 하는 군중을 향해 총을 쏘고, 칼을 휘둘렀으며 때로는 방화도 서슴지 않았다. 보기를 들면 화성 제암리에서는 어린아이를 포함한 교인과 주민을 교회에 가두고 방화하는 만행을 저질렀고, 이리(지금의 전북 익산 내 지역)에서는 시위하는 사람의 팔을 칼로 쳐 절단시키는 일도 있었으며, 유관순 등 만세 시위에 참가한 군중들이 체포되어 감옥에서 모진 고문을 받았다. 민족대표들도 감옥에서 심한 고문을 받고 옥사하기도 하였고, 병에 시달리기도 했다. 다만 일본은 민심의 충동을 막고자 이들에게 내란죄를 적용하지 않고 보안법, 출판법 따위를 적용해 고초를 덜 받았다. 한 줌도 안 되는 이완용, 박영효, 김윤식, 윤치호 따위 친일파는 숨어서 귀추를 엿보고 있었다.

당시 1년 간 피해 사항을 살펴보면 2백만 명 이상이 참여한 이 시위에서 피살자 7,700여 명, 부상자 46,000여 명, 체포자 5만여 명, 교회 건물의 방화 59건, 학교 건물 방화 3건, 민가 방화 724채였다고 한다. 이는 총독부 측의 통계로 실제보다 축소한 것으로 보고 있다. 건물 파괴가 곳곳에서 벌어졌고 외진 섬이나 산골마을에서도 작은 규모로 만세 시위를 벌였는데 통계에 잡히지 않았다.

당시 인구가 2천만 명 정도 되었는데 참여 인원이 2백만 명이라 하더라도 10분의 1이 참여한 것이다. 더욱이 만세 시위에 참여한 이들은 총칼에 맞섰다. 이는 우리 역사 이래 최초의 전면적 민중 봉기였고, 평화 행진이었다. 이 만세 시위는 세계사에서도 그 유래를 찾을 수 없다. 영국의 식민지였던 인도를 비롯해 동남아시아, 남아메리카, 아프리카의 식민지에서도 작은 저항운동이 있었지만 이처럼 전면적인 봉기는 없었다. 그리하여 미국 등에서 온 선교사들의 희생적인 도움이 따랐고, 일본의 양심적인 변호사들도 지원을 아끼지 않았다.

삼일운동이 전개되자 민족지도자들은 상해에 임시정부를 수립하고 헌법을 제정했다. 헌법은 주권재민(主權在民)의 국민국가를 지향해 공화제를 채택하면서 삼일운동정신을 계승한다고 표방했다. '대한민국'은 대한제국의 '대한'을 빌려 왔지만, '민국'이라 하여 왕조국가가 아닌 민주주의 국가임을 선포한 것이다. 임시정부의 내각과 의정원에는 좌우익 인사가 골고루 참여해 민족적 역량을 총 결합했었다. 이는 민족독립을 이룩하려는 의지의 단적인 표현이었다. 백용성은 이를 알고 더욱 고무되어 평생 독립운동에 몸을 바칠 결의를 다졌을 것이다.

열띤 불교 대중화운동

백용성은 열심히 역경사업을 벌이면서 대각사 재건에 나섰다. 그는 암담한 심정으로 신도의 집을 떠돌면서 불사를 벌였다. 그는 다시 원력을 세워 1922년 5월 무렵 예전 대각사 옆인 봉익동 2번지에 민가를 구입해 대각교당이라는 그럴 듯한 간판을 달았다. 이로 해서 역경과 불교 대중화의 근거지가 마련된 셈이다.

그는 이때부터 우리나라 최초로 청소년 불교운동을 벌였다. 그곳에서는 정기적으로 일요일에 청소년을 모아 놓고 불교 교리를 가르쳤고 때로는 일정 기간을 정해 청소년 학예회도 열었다. 이 모임에는 찬불가도 가르쳤고 당시 유행하는 사교춤인 댄스도 교습했다. 학예회는 연극을 비롯해 하모니카 독주, 창가 부르기, 요술과 댄스

경연 따위로 짜인 프로그램으로 짜여 있었다. 교회의 주일학교와 비슷한 레퍼토리였을 것이다.

늙은 그는 가사를 펄럭이면서 수십 명이 되는 청소년들 앞에서 몸을 흔들며 오르간을 연주했다. 언제 익혔는지 자신이 작사·작곡한 노래를 불러주기도 했다. 그가 지은 찬불가에는 "곧게 자란 솔나무는 그림자도 굽지 않고 빈 곳에 메아리는 소리 쫓아 대답하오."라는 가사가 있었다. 그의 찬불가 작품에는 〈왕생가〉도 있었다. 이들 찬불가를 모아 『불교 창가』라는 이름으로 책자로 펴내기도 했다.

이 일요학교와 학예회에는 신도와 학부모, 시민들이 때로는 수십 명, 때로는 수백 명이 모여 들었다고 한다. 불교 단체의 이런 모임은 교회와 예배당의 주일학교에서 아이디어를 얻기도 했을 것이요, 천도교 교당에서 방정환이 벌이는 어린이 대상의 동화 들려주기도 본받았을 테지만 불교 포교당에 새바람을 일으켰다. 그리해 사람들은 이 절을 "대각교회"라고도 불렀다.

또 신도를 상대로 경전 강의도 가졌다. 대각교당에는 정기로 강의회를 가졌는데 이곳의 교재는 백용성이 직접 조선말로 번역한 경전이었다.

강의회 진행의 보기를 들면 '조선글 화엄경 강의회'를 일정 기간 진행한 뒤 회향식(回向式)을 가질 적에는 찬불가 부르기 같은 즐거운 여흥을 곁들였다. 딱딱한 한문 경전을 신도들의 흥미를 유발해 가르치는 하나의 방법을 찾은 것이다.

또 대각교당에 시민선방을 열고 시민과 신도들에게 개방했다. 이때에도 그가 스스로 일상생활과 연결되는 생활 선을 내세웠다. 선이 산중의 선방에만 존재하는 것이 아니라 대중 속으로 파고들어야 한다는 뜻이었다. 이런 시민 포교는 나중에 선학원으로 번졌고 차츰 전국의 포교당으로 파급되었다. 또 그에게서 설법을 들은 청소년들이 출가하기도 했고 신도가 되어 도움을 주기도 했다.

그가 조선말로 직접 번역한 경전을 이용했다는 점과 관련해 다음과 같은 이야기가 전해진다. 그가 삼일운동으로 감옥에 갇혔을 때 기독교 목사들이 한글로 된 『성경』을 꺼내 들고 읽는 장면을 목격했다. 그가 이를 바라보고 눈이 번쩍 뜨였다. '우리 부처님 말씀은 모조리 한문으로 되어 있는데 성경은 한글로 되어 있다니!' 경전을 한글로 번역해 대중에게 알려야 하겠다는 결심이 들어선 것이다. 그는 이렇게 말했다.

> 자기들이 신앙하는 종교 서적을 청구하며 기도했다. 그때 내가 열람해 보니 모두 조선 글로 번역된 것들이었다. 통탄하여 원력 (願力)을 세웠다. '출옥하면 즉시 동지를 모아 경전 번역사업에 진력하여 진리의 나침판을 지으리라.'라고….

그는 이 원력에 따라 번역사업을 벌였다. 백용성은 어려운 한문을 배우려면 평생 동안 힘을 쏟아도 완전히 해독하지 못한다고 말하고 쉬운 조선 글로 책을 엮어야 한다는 주장을 폈다. 사실이 그랬다. 여느 출가 소년의 경우 서당에서 10년 동안 초보 한문을 배우고 나서 출가해 다시 『초발심자경문』 같은 초보 단계를 거쳐 10여 년 동안 경전을 익히는 과정에서 한문 원전을 풀어내는 공부에만 많은 시간을 소요해야 했다. 그는 이를 누구보다도 잘 알고 있었다. 그렇지만 한문에 익숙한 보수적인 승려들은 호응해 주지 않았다.

그는 꾸준히 승려와 신도들을 설득해 자금을 마련하여 삼장역회(三藏譯會)를 조직해 번역 일을 본격적으로 벌였다. 하지만 아직도 많은 승려들은 별로 호응해 주지 않았고 경비도 모이지 않아 많은 애로를 겪을 수밖에 없었다. 그래도 고군분투해 그의 손으로 많은 경전을 번역해 냈다.

그가 번역한 목록을 대충 훑어보면 『능엄경』, 『팔상록』, 『금강경』, 『원각경』, 『선문촬요』, 『다라니경』 등이었고, 일반 서적으로는 『불교 창가』, 『대각교 의식 절차』 그리고 아동 교과서 등이었다. 이들 번역본은 대각회에서 거의 출간되어 보급되었으나 자금이 모라라 인쇄되지 않은 것도 있다. 다만 오늘날에 들어 다시 정리해 방대한 『백용성대종사총서』(2016)라는 이름으로 간행되었다.

과거 세종은 훈민정음을 반포하고 나서 불경 언해를 위해 아들 수양대군에게 이 일을 주선케 했다. 오늘날 우리 국어사와 불교사 연구에 소중한 자료가 되는 이 성과를 통해 훈민정음을 널리 알리려 한 것이다. 백용성은 이러한 정신을 이어 받아 근대 시기에 살며 한글로 불경을 번역해 새로운 시대에 불교대중화의 소임을 맡고 나선 것이라 할 수 있을 것이다.

이 이후에도 이러한 노력은 계속되어 왔다. 그의 후배 신소천은 『원각경』, 『반야심경』 등의 경전을 번역했다. 또 이운허는 한글에 조예가 깊어 역경에 뛰어들면서 『화엄경』, 『능엄경』 등의 경전을 번역했다. 동국역경원 발족 당시 이운허는 그 책임자로서 역경사업을 이끌었다. 이들의 선구자가 바로 백용성이었던 것이다.

어쨌든 그의 불교 대중화는 맹렬했지만 그 방법이 한용운과 달랐다. 그는 양복을 입고 속세에 뛰어든 적도 있었지만 계율을 철저히 지켰던 것으로 보인다. 그리하여 승려들이 결혼을 하고 고기를 먹고 술 마시는 풍조를 질타해 조선총독부에 이를 막아달라는 건백서를 낸 적도 있다. 그의 뜻이 관철되지는 않았지만 이처럼 그는 청정 비구의 이념을 지향했던 것이다.

한편 1927년부터는 대각교(大覺教)를 선언하고서 기성 종단과는 거리를 둔 불교의 독자 노선을 추구했다. 그가 대각종이라 하지 않고 대각교라 표방한 것도 기성 종단이나 일본불교와 구별해 붙인 이름이라고 볼 수 있겠다. 승려는 부처의 가르침에 따라 계율을 지키고 수행을 하되 새로운 시대에 맞는 대중운동을 펼치고 민족의 현실에도 눈을 돌려야 한다는 기본 방향을 제시한 것이라 볼 수 있겠다.

선농일치의 불교운동

백용성은 1927년에 선농(禪農) 불교운동을 펼쳤다. 이는 승려와 신도들이 농사를 지으면서 부처를 받든다는 의미의 운동이다.

당시의 승려는 세 부류로 나눌 수 있다. 첫째, 사찰 소유의 농토가 많은 대가람에 머무는 승려이다. 둘째, 기존 사찰을 근거로 하면서 일본불교와 총독부의 지원을 받는 승려이다. 셋째, 말사나 여염을 떠돌면서 탁발로 연명하는 걸승(乞僧)이다. 첫째와 둘째 부류는 사찰의 재산을 가지고 신앙생활도 하고 불사도 벌이며 활동 자금도 마련했으나 셋째 부류는 내팽개쳐진 부류로 유랑객이나 다름없었다. 백용성의 눈으로 보면 세 부류 모두 구제의 대상이었을 것이다.

그는 역사에도 해박한 지식인 승려였다. 신라 말기에 불교계의 타락을 막으려고 구산선문의 승려들이 혁신운동을 펼쳤다. 이들은 왕실과 귀족의 지원을 받는 원찰(願刹) 승려들이 비단 가사를 입고 노비들을 부려 금 불사 따위를 하면서 사치와 나태에 빠지는 현실에 맞섰다. 이들 선승은 임금이나 귀족이 불러도 가지 않았고 스스로 '울력'이라는 공동 노동으로 농사를 짓고 절 일을 하고 땔나무를 했으며 가사는 누더기, 공양은 조밥을 먹으면서 수행했다.

이 경우처럼 백용성은 당시 사찰 재산으로 불사를 하고 포교하는 일, 신도의 보시를 받아 생활비를 대는 것을 지양하고 대각운동의 자금을 스스로 마련하려고 선농운동을 펼친 것이다. 물론 신라 말기의 경우와 달리 식민지에 사는 승려로서 많은 제약이 따랐다.

그는 1927년 전관응, 윤고암 등 젊은 제자들을 데리고 함양 백운산에 있는 대승사 언저리에 화과원(華果院)을 설립하고서 황무지를 개간해 밤나무, 사과나무 등 과수를 심었다. 여간 고된 노동이 아니어서 일꾼이 아닌 수좌들이 농사 짓기를 싫어하자 백용성은 친동생을 데리고 일을 시켰다 한다.

황무지는 5천 평쯤 되었는데 이름 모를 최상궁이 자금을 대 주고 동생이 관리했다. 마을 사람들을 동원해 임금을 주고 일을 시켜 밤나무, 사과나무를 빽빽하게 심어 놓았다. 게으른 수좌들은 뿔뿔이 흩어졌다. 여기 화과원의 작은 법당에는 부처를 모시지 않은 작은 원상(圓相)만 그려 놓고 대각교를 표방했다. 기성불교를 개혁하려는 의지일 것이다.

현재에도 이곳에는 고목이 된 과일나무가 널려 있는 모습을 볼 수 있다. 또 법당 터와 선방 터의 흔적도 남아 있어 2000년 경상남도 문화재로 지정해 복원해 놓았다. 이곳에서 어느 정도 수익을 올렸는지는 확인할 수 없으나 크게 성과를 거두진 못한 것 같다. 다만 그의 선농운동은 상징적 의미가 있을 것이다.

이어 만주로 진출해 우리 동포들의 근거지인 간도 용정에도 대각교당을 세우고서 선농단(禪農團)을 설립했다. 용정 일대는 우리 동포들이 집단 거주하는 지역인데다가 들판이 널리 퍼져 있어 과수원을 경영하기에 좋은 조건이었다. 이곳에 설립한 대각교회와 선농단 관계 사실은 연변대 김석주 교수의 논문(「연변지역 불교사찰의 공간적 분포와 대각교회 연구」)을 정리하고 필자의 견해를 붙여 다음과 같이 소개한다.

1927년 4월 초파일, 용정에서 대각교회의 문을 연 첫 행사를 가졌고 이해 9월에는 부처를 모시는 봉불식(奉佛式)을 가져 공식적으로 조선인이 운영하는 절이 들어섰다. 이 자리에 참석한 동포 신도들은 환호를 보냈다. 백용성을 따르는 여신도인 고봉운(高峰雲)과 최창운(崔昌雲) 두 보살이 시주금 1만여 원을 내 이 절이 문을 열게 된 것이다. 이곳에는 중국 절과 일본 절이 이미 자리를 잡고 있었다. 용정 최초의 조선 사찰은 이렇게 해서 들어섰다. 이 절에서는 정기로 법회를 열었고 신도들은 백용성의 설법을 들으면서 대각의 깨침과 민족혼을 일깨웠다.

백용성의 선농단 건설은 1922년부터 땅을 매입하면서 시작되었다 한다. 위에서 말한 두 여신도는 또한 시주금 3만 원을 농장 조성 자금으로 냈다. 백용성과 이곳 신도들은 적당한 곳을 물색하느라 발걸음이 분주했다. 그런 끝에 용정에서 5~6리쯤 떨어진 곳인 안도현 명월촌(明月村, 용산촌)과 이곳과 가까운 봉녕촌(峰寧村)에 수만 평을 확보했다. 이곳에도 우리 동포들이 많이 거주하고 있었는데, 청산리전투 당시 홍범도 독립군이 일본군과 전투를 벌여 승리한 명월구 지역이기도 하다.

이 선농단에서는 용성의 문도들과 현지의 신도들이 개간을 하고 과일나무를 심어 농사를 지었다. 연변 일대에는 언덕바지에 과수원을 조성한 곳이 많았다. 더욱이 사과나무와 배나무를 접합한 새 품종인 평과리(苹果梨)를 많이 재배했는데 우리 동포들이 이를 경영해 생업으로 삼았다. 백용성은 이 농장을 보고 흐뭇해 이렇게 말했다.

"아, 우리는 광이 들고 호무 가지고 힘써 노동하여 자작자급(自作自給)하고 타인을 의뢰치 말자. 과농(果農) 좋다…."

불법 단체로 폐쇄되다

일제는 용정에 일본영사관을 두고 우리 동포를 감시하고 있었다. 여기 일본 영사 경찰들은 1920년 가을 벌어진 경신대참변 때 조선족 동포들을 무수히 잡아들여 영사관 지하실에 고문하고 살해한 적이 있었다. 이 영사 경찰들이 백용성과 이에 동조하는 우리 동포들의 동태를 감시했고, 대각교당을 독립군들의 은신처로 불온한 자들이 모여 음모를 꾸미는 장소라고 여겼다.

나이 들어 잔병이 잦았던 백용성은 서울의 천일당을 단골 약국으로 정해 자주 드나들었다. 이를 안 일제 경찰은 그곳 직원을 매수해 용성에게 접근하게 했다. 그 직원은 백용성의 신임을 얻어 백용성은 그를 선농단의 관리장으로 삼아 보냈다. 이 자는 대각교당과 선농단의 모든 정보를 알아내 일제 경찰에 밀고했다. 그리해 여기에 연루된 독립지사들이 모조리 체포되었다. 또 여기 주변의 마을 사람들이 독립지사들에게 밥을 주고 연락을 전해 준 사실을 캐내서 그 마을을

347

모조리 불태워 버렸다. 이 마을을 "절단부락"으로 불렀다 한다.

이는 독립군의 거점을 없애는 작전에 따른 것으로 보인다. 청산리전투와 경신대참변 이후 일본군은 우리 동포와 독립군을 분리·고립시켜 보급로를 차단하기 위해 산골 마을에 있는 우리 동포의 집을 불태우고 도시 쪽으로 이주시킨 적이 있었다. 절단부락은 이 작전의 하나였을 것이다.

마침내 1938년 용정 대각교 경성 본부와 용정 대각교회를 해산한다고 통고했다. 이 기사는 『간도신보』와 『동아일보』 등 언론에 크게 보도되었다. 이런 과정을 거쳐 용정의 대각교회와 선농단도 더이상 버틸 수 없어 쫓겨날 수밖에 없었다. 이로 해서 대각교는 불법단체가 되었다. 선농단의 수익금은 용성이 표방한 대로 자급자족의 자금으로 쓰였겠지만 상해 임시정부와 독립지사의 활동 자금으로 기탁되었다고 전해진다. 궁금한 것은 그럼 용정 대각교회와 선농단을 만들 때 자금을 보탠 두 여신도는 어떤 인연으로 용성에게 자금을 댄 것일까 하는 점이다. 앞뒤 정황으로 보아 그를 늘 돕던 상궁 출신의 여신도가 아니었을까?

한편 두만강 북쪽 언저리에 있는 도문시 석현진에는 "용성촌"이라는 이름을 가진 마을이 있는데, 이곳에 있는 절을 백용성이 건립했다는 말이 전해진다. 필자가 이 마을과 절을 돌아보았을 때 경허의 제자인 수월(水月)이 창건했다고도 하고, 그가 낡은 옛 절을 재건했다고도 했다. 지금 이 절은 남쪽 사찰의 모습으로 복원되어 있다.

백용성과 관련된 독립운동 이야기 중 또 한 가지 주목할 이야기가 있다. 1930년 무렵 그가 대각사에 머물 때 한용운의 소개로 예산 출신인 청년 윤봉길이 찾아왔다. 백용성은 윤봉길에게 계율을 주고 불자로 삼아 상해임시정부로 보내 독립운동을 하게 했다 한다. 윤봉길은 만주와 청도를 거쳐 상해로 가 마침내 홍구공원에서 일본 요인들에게 폭탄을 던져 일본의 간담을 서늘하게 했다.

그런 뒤 백용성은 대한의사군의 조직을 준비하면서 1938년 몸소 중국으로 건너가 독립지사들을 만나고 장제스, 마오쩌둥을 면담해 지원을 요청했다 한다. 이후 그가 귀국해 북간도에 근거지를 두고 무장 진격 작전을 준비했지만 간첩에 의해 발각되어 북간도 독립 기지가 파괴돼 실패로 끝났다 한다. 그런데 이 이야기는 용정의 대각교회와 선농단을 불법화해 모든 사업 계획이 수포로 돌아간 사실을 두고 부풀려져서 잘못 전해진 말로 들린다.

사실 1937년 중일전쟁이 발발할 즈음 중국에서는 국공합작에 따라 연합전선을 펼쳤다. 충칭의 임시정부에서는 광복군 창설 계획을 세우고 국내 진공 계획을 세웠으나 이의 지원이 부진해 1940년에 와서야 광복군을 창설할 수 있었다. 이런 상황에서 백용성이 중국에 가 충칭에 있는 장제스나 옌안에 있는 마오쩌둥을 만나는 것은 불가능한 일이었다. 무엇보다 이 사실이 발각되었다면 일대 검거 선풍이 불었을 것이며, 실제로 이때 백용성은 체포되지도 않았다.

아무튼 해방이 된 뒤 임시정부 인사들은 뒤늦게 개인 자격으로 귀국했다. 임시정부 주석인 김구는 원로인 이시영, 유림 대표인 김창숙 등 30여 명과 함께 1945년 12월 12일 대각사에서 조촐한 귀국 환영식을 가졌다. 지금 전해지는 사진을 보면 이 자리에는 몇몇 스님들도 보인다. 아마도 백용성과의 인연 때문에 대각사에서 이런 환영 모임을 가졌을 것으로 보인다.

죽음을 앞두고 나라를 걱정하다

백용성은 대각교당과 선농단이 폐쇄되자 좌절과 배신감으로 번민을 거듭했다. 더욱이 중일전쟁이 벌어지고 국내에서는 일제의 징병·징용으로 들끓고 있는 현실을 보고 더욱 절망했다. 그는 "내가 해야 할 교화는 다 마쳤으니, 대각응세(大覺應世) 기묘년 서기 1939년이 절단이 나 버렸구나."라고 말하고 자신의 법명이 진종(震鐘, 큰 소리 내는 종)이라 전제하고 새 범종을 만들어 여러 곳에서 울리라고 당부했다.

그리고 1940년에 들어 나이 77세가 된 그는 시봉인 이동헌을 불러 "이제 절단이 나 버렸구나. 자치가 자치를 잡아먹게 되었구나. 사자 뱃속에서 충이 생기어 사자가 쓰러지게 되었구나. 상좌와 제자가 배반하고 독립운동의 동지가 배신하며 국민을 창씨개명으로 돌리려는 음모가 도사리고 있구나. 나의 스승 석가여래 부처님께서 4월이라 초파일에 탄생하시고 나 용성은 5월이라 초파일에 나투게 되었구나…."라 말하고 부처님이 열반하신 음력 2월 15일에 입적할 것이라고 말했다. 이어 입적할 곳을 찾아 방을 하나 빌리라고 당부했다.

이동헌은 스승과 연고가 있는 해인사 등 여러 곳을 찾아 부탁했지만 모두 거절했다. 일제의 삼엄한 눈초리가 무서워 일급 요시찰인인 백용성의 마지막 부탁이라 해도 받아들이지 않았다. 비굴한 겁쟁이들이었다. 이 사정을 들은 백용성은 이해 2월 23일 이동헌을 불러 과거의 여러 일을 설명하고 나서 "다가오는 기묘년(1999)에 나라의 운을 여는 해라 하더라도 일본, 중국, 소련, 미국 등 강대국의 틈바구니 소용돌이 속에서 살아 나가는 종속국의 8백 년 운을 받느냐, 주인다운 주인이 되는 주인국으로서 대운을 받느냐, 이러한 과보를 받게 되지 않겠는가?"라고 말했다.

그리고 범종을 만들어 자신이 태어난 5월 8일부터 부처의 세계와 하늘의 세계에 이 나라를 지켜 달라는 발원을 해 달라고 부탁했다. 또 유훈 10사목(事目)을 봉투에 넣어 주면 49재에 뜯어보라고도 일렀다. 그는 마지막 임종게를 이렇게 써 주었다.

여러 행이 떳떳함이 없고
모든 법이 모조리 고요하다.
박꽃이 울타리를 뚫고 솟아나니,
한가로이 삼밭 위에 누웠구려.

그런 뒤 "시자여, 대중이여, 그동안 수고로웠도다. 나는 가노라."라는 말을 마치고 눈을 감았다. 유언에 따라 10사목을 뜯어보니 '가야, 고구려, 백제, 신라의 초전법륜(初傳法輪, 처음 전래된 불교)을 가꾸고 번역한 불경과 어록을 백만 권 넘도록 발간할 것, 신도를 백만이 넘도록 늘릴 것과 철저한 수행과 교화를 강조한 뒤에 마지막으로 온 겨레와 모든 인류에게 수행을 지도하되 잘난 이나 못난 이나 선한 이나 악한 이를 가리지 말고 인연 따라 출가한 승려를 만들고 재가한 신도를 삼아 성불 인연 지어 나아가는 분상(分相)이니 많은 부작용이 따르겠지만 찬양과 비방을 함께 수용하여 성불 인연으로 알고 묘법연화경 보살품을 본받아 일체 중생과 성불 인연을 지어 나가자'라고 했다.

이게 그의 유훈이었다. 제자들은 범종을 1940년에 만들었는데 현재 경주 남산의 천룡사 터가 있는 곳에 보관하고 있다.

1941년에는 한용운이 칭송한 글을 새긴 행적비가 해인사 영탑 선원 남쪽에 세워졌으나 그의 독립운동 관련 사실은 빠져 있었다. 그 뒤 1994년 이지관이 비문을 써서 다시 해인사 경내에 세웠다. 또 그가 태어난 곳인 장수 죽림리에 생가를 복원하고 죽림정사를 세워 놓았으며, 근래에는 백용성의 모든 저술과 번역을 모은 전집을 간행해 보급하고 있다.

실천 행동의 선각자

백용성은 위에서 본대로 민족불교와 민중불교를 제창하면서 많은 역경사업을 펼치기도 하고 찬불가 등을 보급해 대중불교를 지향한 큰 공로가 있다. 해방 후 역경사업을 펼친 이운허의 선구자 역할을 했으며 근현대불교의 초석을 놓았다. 더욱이 식민지 질곡 속에서도 많은 불제자를 길러 내 미래 불교를 이끌어 가게 하였다.

그래서 백용성은 우리나라 근현대 시기 민족의 지도자로 떠오르면서 송만공, 방한암, 박한영, 한용운과 함께 5대 불교 지도자로 추앙을 받았다. 이 다섯 선사는 고난의 길을 걸으면서 부처의 가르침과 민족의 고통에 동참하며 초지일관 철저한 삶을 살았다. 이들 다섯 선사를 굳이 따져 보면 백용성과 한용운을 그 첫 손가락에 꼽아야 할 것이다. 그들 흔적은 오늘날 대각사와 선학원, 백담사 등에 그대로 전해지고 있다.

백용성은 누구보다도 불승으로서 식민지라는 암흑시대를 살면서 불교 대중화와 민족 독립을 이루려는 의지와 고뇌를 한 몸에 짊어진 것처럼 실천하고 행동했다. 대각교를 표방해 새로운 시대정신에 따라 중생 제도를 이룩하려는 보살행을 도모했다. 그리해 물욕, 명예욕 따위란 한 점 끼어들 틈이 없었다. 승려의 몸으로 부처의 참 제자가 되었고 고통 받는 민족을 구하려는 지도자가 되었다.

민족문제연구소 등 민주시민단체에서는 2019년 삼일운동 100주년이 되면서 이를 단순한 운동이 아니라 대한민국 임시정부와 대한민국 정부의 민주주의 헌법정신을 잉태한 혁명으로 평가하는 작업을 벌였다. 민족대표 33인 속에는 변절자도 더러 있는 역사 현실에서 백용성의 존재는 분명히 새롭게 평가되어야 할 것이다.

백용성의 삶은 우리에게 많은 교훈을 던져 주고 있다. 백용성의 선양사업은 문도인 도문과 법륜이 중심이 되어 그의 행적을 추적하고 시문을 모아 간행하면서 펼치고 있다. 이를 통해 그는 올바르게 평가될 것이다. 앞으로 더욱 백용성의 불교관, 민족관, 현실관 등 여러 모습을 대중에게 널리 알려 통일 시대의 교훈으로 삼아야 할 것이다.

친일불교에 남긴 할

宋滿空

송만공

〈수덕사의 여승〉이란 노래가 1960년대 히트를 친 적이 있다. 그 가사의 일부는 이렇다. "인적 없는 수덕사에 밤은 깊은데, 흐느끼는 여승의 외로운 그림자, 속세에 두고 온 님을 잊을 길 없어, 법당에 촛불 켜고 홀로 울적에, 아 수덕사의 쇠북이 운다. 산길 백 리 수덕사에 밤은 깊은데, 염불하는 여승의 그림자." 사실 이 가사는 몇 가지 사실과 어긋난다.

이 가사는 비구니요 시인인 김일엽의 이미지를 빌었다 한다. 김일엽은 세상이 싫어서 수덕사에 딸린 암자인 견성암(뒤에 환희대)에서 수행에 들었다. 수덕사 본사는 비구들이 거처하는 곳이니 위의 가사는 사실과 조금 어긋난다고 볼 수 있다. 그런데 '속세에 두고 온 님'이라 하는 것도 엉뚱하다. 김일엽은 평생 만공을 스승으로 모시고 수행에 정진했다. 불교 쪽에서 보면 수덕사에는 김일엽보다 '만공'의 이야기가 더 많이 널려 있다.

바우가 만공이 되어

송만공(宋滿空, 1871~1946)의 속명은 바우였고, 첫 불명은 월면(月面)이었다. 그는 전라도 태인 상일리 출신이었다. 선비인 송신통의 아들로 태어났으나 아버지는 열한 살 되던 해 죽었다. 그러니 글도 제대로 익히지 못한 나이에 아버지를 잃은 것이다.

바우는 아버지를 여의고 홀어머니 밑에서 지내면서 어머니를 따라 금산사의 미륵 부처를 보고 감동해 열한 살이 되던 해 어머니 몰래 출가를 했다. 아마 그의 어린 눈에는 절 스님들이 멋지게 보였을지 모른다. 그는 처음 계룡산 동학사로 가서 행자 노릇을 하다가

356

서산 천장암으로 가서 경허의 제자가 되었다.

바우가 사미승이 되었을 때 받은 불명이 월면이다. 월면은 가난해 떼거리도 없는 천장암에서 탁발을 하며 용맹정진했다. 경허는 선승으로서만이 아니라 불교 경전은 물론 유교 경전에도 해박한 학승이었으며 한시도 잘 지었다. 그는 참선에 들기도 했으나 한문 수업도 게을리 하지 않고 익혔다. 경허는 총명한 제자 월면을 끔찍하게 귀여워했다.

어느 날 월면은 스승의 귀여움만 받고 세월을 보내다가는 도를 깨치지 못할 것 같은 위기감에 빠졌다. 그리하여 자신의 길을 가려고 했던 것일까? 스승을 만난 지 9년, 야밤에 아무 말도 없이 스승의 곁을 떠나 발길을 돌려 탁발을 하면서 방황하다가 온양 봉곡사에 머물게 되었다. 그는 마음을 찾아 헤매다가 문득 무엇인지 탁 트였다. 그런 끝에 오도송(悟道頌)이 저절로 터져 나왔다.

공산(空山)의 이기(理氣)는 예나 지금 밖에 있고
흰 구름과 맑은 바람은 제 스스로 오가누나.
달마는 무슨 까닭으로 서쪽 천축국을 넘어 왔는가?
첫 새벽엔 닭이 울고 늦 새벽엔 먼동이 튼다네.

이렇게 해서 또 하나의 고승이 태어났다. 월면은 이리저리 떠돌며 공주 마곡사 토굴에서 참선에 들기도 하고 이곳저곳 운수행각을 하다가 8년 만에 다시 천장암으로 돌아왔다.

이런 역정에서 월면은 두 가지 예전과 다른 모습을 보였다. 어느 날 스승을 따라 마을로 가서 선비들과 어울려 술과 고기를 얻어

먹었다. 경허는 계율에 얽매이지 않고 술과 고기를 먹는 따위 무애행을 보였다. 월면도 이 무렵부터 스승이 보인 무애행처럼 걸림이 없는 행동을 했다. 또 배고프면 아무 때나 먹고, 졸리면 아무 때나 자는 생활 습관을 보였다. 때로는 스승처럼 술도 마시고 고기도 먹었다. 경허의 행동을 본받은 것일까?

월면의 나이 서른네 살적인 1904년, 경허는 월면을 불러 전법게(傳法偈)를 내리고 만공(滿空)이란 법호를 주었다. 〈법성게〉에 "우보익생만허공 중생수기득이익(雨寶益生滿虛空 衆生隨器得利益, 비 보배가 허공에 가득한데 중생은 그릇에 따라 이익을 얻는다)"에서 따온 것으로 보인다. 이제부터 월면을 만공으로 부르기로 하자.

이제 만공은 경허의 법통을 받았다. 경허는 이 일을 마치고 삼수갑산의 깊은 산골로 들어가서 비승비속의 삶을 살며 다시는 절에 나타나지 않았다. 이게 제자 만공과도 이승에서는 마지막 이별이었다.

만공은 경허가 북쪽 추운 곳에서 유발거사(有髮居士)로 이집 저집 돌아다니고 아이들 글을 가르치면서 살다가 뒤늦게 죽었다는 풍문을 들었고, 또 유품도 전달받았다. 만공은 본디 눈물이 적었는데 스승의 유품을 붙들고 흐느꼈다. 그리고는 추모의 시를 지었다.

착하기는 부처님, 사납기는 호랑이보다 더했던 경허 선사이시어, 신선이 되어 어느 곳으로 가셨나이까? 술에 취해 꽃 속에 누워 계시겠지.

만공의 삶은 두 가지로 요약할 수 있겠다. 하나, 만공은 한때 통도사나 금강산의 마하연 등에서 주석하면서 수도하기도 했으나 어디까지나 덕숭산 주변을 떠나지 않고 수덕사의 언저리에 있는 암자를 옮겨 다니면서 살았다. 한때 마지못해 마곡사 주지를 맡았지만 끝내 사판승이 되기를 거절했다. 그저 제자들을 기르고 설법을 하며 전법게를 주는 것으로 수도 생활을 이어갔다.

또 다른 하나, 그도 스승처럼 참선에 정진하면서도 학승의 자질을 보였다. 촌철살인의 법문과 게송을 남겼지만 속세의 시인들처럼 한시의 수준도 품격이 높았다. 법문이나 게송도 속어를 적절하게 써가면서 대중의 가슴을 울렸다. 어느 때에는 제자들에게 절을 한 번만 하라고 일렀다. 오랜 불교의 관습을 타파하려는 가르침이었다.

친일불교를 막은 만공

만공은 수덕사 언저리에 견성암을 짓게 하고 비구니의 수도처로 삼게 했다. 견성암은 한국 최초의 전문 비구니 도량이 되었다. 이곳에서 많은 비구니들을 가르쳤는데 신여성이요 시인인 김일엽을 수계 제자로 삼았다. 일엽은 이곳에서 평생 수도하면서 만공의 곁을 떠나지 않았다.

만공의 세속적 업적도 꼽을 게 많다.

수덕사 언저리에는 많은 신도와 제자들이 만공을 만나려 들끓었다. 선객으로 유명한 혜암, 수덕사 방장을 지낸 벽초, 금오, 전강, 청담, 월주, 행원 등의 제자를 두었으며 도반으로는 방한암이나 한용운 등과 자주 어울렸다. 특히 서울로 올라올 적에는 한용운의 거처인 성북동의 심우장을 숙소로 정하고는 밤을 새우며 대화를 나누었다.

그는 항일정신이 투철한 모습을 보였다. 어느 상좌가 서울이라 하지 않고 '경성'에 간다고 말하자, '일본놈'이 지은 경성이란 이름을 쓰지 말라고 꾸짖은 일화가 전해진다.

무엇보다 송만공이 이룬 업적 중에 선학원(禪學院) 설립을 꼽을 수 있겠다. 조선총독부에서는 한국불교를 친일로 예속화하기 위해 조선사찰령을 공포하고 본산 주지 임명권을 총독이 거머쥐게 했으며 불교 재산마저 총독부에서 관리하게 조치했다. 이에 따라 이회광 등 친일 승려들이 조선총독부와 결탁해 한국불교를 친일화로 이끌었다.

더욱이 승려들은 일본 승려의 흉내를 내서 대처(帶妻)를 했다. 대처승들은 아내를 경내에 살게 하기도 하고 자식을 절에서 기르기도 했다. 그리해 경내의 빨랫줄에 여자의 속옷과 기저귀가 널려 있는 모습을 보였다. 이 대처승들은 절 재산을 제 재산처럼 여겨 부모형제도 먹여 살렸다.

송만공은 이를 막으려 동지를 모아 1920년부터 논의를 거듭한 끝에 마침내 선학원 설립을 서둘렀다. 사암(寺庵)의 호칭을 버리고 원(院)이라 붙인 것도 친일화를 거부한 상징성을 띄고 있다. 설립 목적은 '한국불교의 전통 선풍을 수호하고 불조(佛祖)의 정맥을 계승하는 것'이었고 취지는 '선의 이치를 연구하고 선풍을 널리 떨쳐 궁극적으로는 불교의 중흥을 목적으로 하는 것'이었다. 쉽게 말해 전통적 승려의 교육단체로 발족한 것이다.

하지만 운영에 많은 어려움을 겪어 1926년 범어사 포교당으로 지정되기도 하다가 1934년 재단법인으로 발족해 자리를 잡았다. 이어 수좌대회를 통해 조선불교 선종 종무원을 조직하여 31 본산 사찰에 맞서는 일을 벌였다. 여기 종정으로 송만공, 방한암 등이 추대되었다.

또 선학원 안에 선우공제회(禪友共濟會)를 조직해 은밀하게 항일운동을 지원하고 독립운동의 근거지로 제공했다. 따라서 선학원은 불교계 항일의 상징이 되었으며 때로는 독립운동가들의 은신처가 되었다. 이 운동에 송만공은 누구보다도 열성을 보였던 것이다.

조선총독부에서는 선학원 구성원들과 송만공을 회유하려는 공작을 벌였다. 그런 끝에 1937년 충남도지사의 추천으로 31본산 사찰에 드는 마곡사 주지를 맡게 되었다. 당시 마곡사는 사기꾼에 걸려 산판을 팔아먹어 어려움을 겪고 있었다. 이를 수습키 위해 명망이 높은 송만공을 주지로 추천한 것이다. 송만공은 어쩔 수 없이 주지 자리를 받았다. 그래도 이런 구실이야 있겠지만 보기에 따라서는 그답지 않은 행동이라 볼 수 있을 것이다.

일제는 또 하나의 음모를 꾸미고 있었다. 1930년대 중반기에 조선총독부는 중국 대륙 침략을 준비하면서 본산제(本山制)라는 '보호 치마'로만 불교를 감싸둘 수 없다고 보고 불교계의 통일 역량을 이용하기 위해 어느 정도 자율을 주고자 총본사를 설치하려 했다. 이에 친일 성향이 짙은 본산 주지들도 적극적으로 참여했다. 1935년 본산주지회의에서 불교선교양종 종무원의 발족을 결의하고, 이어 1937년 본산주지회의에서 총본산의 대웅전 건설을 결정했다. 그야말로 중일전쟁을 대비하면서 전시 체제 아래 완전 통제를 도모한 것이다. 당시 불교계는 신도 15만 명, 승려 7천여 명을 안고 있었다.

1937년 2월 26일 총독부 청사 제일 회의실에서는 미나미 총독이 본산 주지들을 모아 놓은 채 그윽히 바라보고 근엄한 표정을 지으면서, 국민정신 작흥운동과 종교부흥운동을 적극 펴 나가겠다는 요지의 연설을 했다.

요즈음 황국의 시국 추이에 비추어 민중의 정신 작흥을 위해 종교가에게 기대하는 바가 크다. 불교는 고래로 내선(內鮮, 일본과 조선)을 통하여 정신 배양, 세도(世道) 환기의 근기였으니 합방 이래 일시동인(一視同仁)의 황은에 몸을 씻고 있는 지금, 민중의 국민적 자각을 높임에 있어 여러분의 분발을 촉구한다. 여러분은 시국과 세상을 인식하여 모든 사람들의 의표(儀表)로서 국가의 융창에 기여하라.

_임종국, 『해방전후사의 인식』

말을 마친 미나미는 회의실을 돌아보고 31본산 주지들이 한 명도 빠지지 않고 출석한 걸 보며 흡족했다. 더욱이 친일 승려로 이름이 널리 알려진 용주사 주지 강대련 등의 열렬한 박수를 보면서 미소를 지었다.

그때 뒷자리에서 팔짱을 끼고 있던 송만공이 분기탱천 벌떡 일어나서 총독부 회의실이 떠나갈 듯한 큰 목소리로 "내 말을 잘 들어라. 부처님이 이르시기를 청정 비구 하나를 파계시키는 것도 무간지옥에 떨어진다고 하셨거늘 조선 승려 7천 명을 파계시킨 데라우치 전임 총독은 과연 지금 어디에 가 있겠는가? 무간아비지옥에서 한량없는 고통을 받고 있을 것을 어찌 모르는가?"라고 소리치고 주장자를 세 번 쾅쾅 내리쳤다(윤청광, 『고승열전 14. (만공 큰스님) 사랑하는 사람 못 만나 외롭네』). 미나미는 분노해 부들부들 떨었고 참석한 주지들은 놀라 어쩔 줄 몰라 했다.

　　이 이야기를 들은 한용운은 송만공의 숙소로 달려와 손을 잡고 "잘했어!"를 연발했다 한다. 교활한 미나미는 송만공을 감옥에 보내기보다 회유 작전을 써서 일본 유람을 시키려 했으나 한마디로 거절했다. 그런 뒤 송만공은 마곡사 주지 자리를 미련 없이 버리고 다시 덕숭산 정혜사로 돌아왔다. 만일 송만공이 그때 총독부의 회유에 넘어가 일제에 협조했더라면 한국불교에 엄청난 정체성 혼란을 가져왔을 것이다.

덕숭문중을 전강에게 이어주다

그가 마지막으로 한 일은 스승의 문집을 간행한 일이다. 경허가 죽은 뒤 경허의 오도송(悟道頌)과 선시 등 모든 문건을 찾아내 책을 꾸리는 데 있어 한용운이 교정과 서문을 쓰게 하고, 스스로 추모송을 써서 『경허집』을 펴내 스승의 행적을 세상에 알렸다. 사형인 수월을 시켜 북쪽 땅으로 들어간 스승의 뒤를 따라 추적하게 해서 모은 글이었다.

　　송만공은 1946년 겨울, 그토록 바라던 민족 해방이 된 직후 세수 76세로 입적했다. 오늘날 거대한 덕숭문중을 이루고 한국 선맥을 이은 조사로 받들고 있으며 불교계의 항일운동을 이끈 승려로 역사에 이름을 올리고 있다. 또 선학원은 해방이 된 뒤 불교정화운동의 산실이 되었으니 한국불교의 정맥을 현실 속에서 확립한 결실을 맺은 셈이다.

　　송만공의 선맥은 정전강(鄭田岡, 1898~1975)으로 이어졌다. 다시 말해 경허, 만공, 전강의 선맥이 이룩된 것이다.

정전강은 한때 백용성의 제자가 되기도 해 민족불교에 동참했다는 평가도 받았다. 그래서 정전강은 선방을 지킨 조사로 불교정화운동이 결실을 맺은 뒤 선풍 진작에 큰 공적을 남겼다. 이 대목에서 정전강의 이야기를 조금 늘어놓기로 한다.

정전강의 어릴 적 삶은 이루 형언할 수 없는 고난이었다. 정전강의 속성은 정, 속명은 종술이었다. 그는 전라도 곡성 산골 마을인 대장리에서 가난한 농부의 아들로 태어났는데, 어머니가 어릴 때 죽어 계모 밑에서 학대를 받으며 자랐다. 아버지도 연달아 죽자 계모는 팔자를 고치려 다시 다른 남자를 만났고 재산은 당숙이 차지했다.

종술은 당숙의 학대를 받다가 12세에 이복동생을 데리고 가출 아닌 가출을 했다. 계모를 찾아 이복동생을 보내고 나서 홀로 떠돌이 생활을 했다. 이집 저집에 자면서 거지나 다름없는 삶을 살았다. 그러다가 유기그릇을 만드는 대장간에서 일을 했다. 이제 돈을 벌 수 있었고 기술도 배울 수 있었다.

종술은 돈을 많이 벌어 보려고 무거운 유기를 짊어지고 장사에 나섰다. 그러다가 길가에서 장편월 관음사 주지를 만나 곡성군 옥과면에 있는 관음사에 들어서 행자 노릇을 하며 『초발심자경문』 같은 초보의 글을 읽혔다. 열다섯 살 무렵이었다. 하지만 장편월은 대처승이었고 늘 술에 절어 있었다.

종술은 이 절에서 해인사에 가면 글공부와 참선도 배울 수 있다는 말을 듣고 쌀 한 말을 훔쳐서 몇날 며칠 걸어 해인사에 갔다. 종술은 해인사의 인공에게 사미계와 영신(永信)이란 법명을 받고 수도에 열중했다. 마침 상사병에 걸린 사미승이 죽자 무상을 느끼고 생불생

(生不生) 사불사(死不死)의 화두를 얻었다.

천재성을 지닌 영신은 불전을 열심히 공부하면서 참선을 하고 싶다는 열망을 가지고 졸랐으나 인공은 허락하지 않았다. 마침내 인공의 허락을 받고 수덕사 언저리에 있는 정혜사로 와서 송만공을 만났다. 영신의 나이 열아홉 살 때였다. 이 만남이 한국 선맥을 잇는 계기가 된 것이다.

만공의 제자 노릇

송만공은 영신에게 무(無)자 화두를 주었다. "개에게도 불성이 있느냐, 없느냐?"를 두고 고민에 휩싸였다. 이 화두는 어렵다면 어렵고 쉽다면 쉬울 수 있지만 영신은 너무나 벅찬 과제를 안고서 고민했다. 영신은 한 철도 견뎌 내지 못하고 송만공 곁을 떠나게 되었다. 하지만 이때의 만남은 그의 생애에 큰 의미를 던졌다.

영신은 서울로 올라와 대각사에 머물렀다. 그도 이 무렵에는 절밥을 먹는 이력이 생겼다. 대각사에는 백용성이 머물고 있었다. 백용성은 민족대표 33인의 한 명으로 옥살이를 하고 나온 경력을 지니고 있었다.

영신은 서울 거리를 헤매면서 활동사진 구경에 빠지는 따위 세속 일을 즐기면서 방황했다. 이 소문이 퍼져 해인사 인공의 귀에 들어갔다. 인공은 서울로 올라와선 영신을 끌고 내려가 성주에 있는 청암사로 들어갔다. 영신은 은사스님의 말을 거역치 못하고 다시 산골로 들어온 것이다.

영신은 인공에게서 『법화경』을 배웠다. 인공은 영신이 게으름을 피우면 죽비로 사정없이 내리치며 호되게 경전 공부를 시켰다. 그런데 영신은 아무래도 참선 공부를 하고 싶어 졸랐으나 인공은 아직 이르다고 허락하지 않았다. 그는 아직도 스무 살이 채 못 된 나이였으니 말이다. 그래서 다시 청암사에서 탈출해 김천 직지사로 내달렸다. 아직도 방황이 끝나지 않았던 것이다.

그는 직지사에서 먹지도 않고 자지도 않으면서 피나는 정진을 하며 참선에 몰두한 끝에 피를 쏟아 내는 지경에 이르렀다. 병원에서 치료를 받아 살기는 했으나 건강을 잃고 말았다. 그는 다시 보덕산 정혜사로 송만공을 찾아갔다. 이곳 방 안에서도 참선을 했고 나무 밑에서도 참선을 했다. 동안거 동안 그는 마침내 미쳐 상기병(傷氣病)에 걸리고 말았다. 그런 속에서 만공으로부터 화두를 참구하는 법을 배웠다. 그는 곡성 태안사를 찾아가다가 마침내 견성했다. 그는 이렇게 읊었다.

어젯밤 달빛 누각에 가득한데,
창밖에는 갈대 피는 가을이로다.
부처와 조사도 목숨을 잃었는데
흐르는 물은 다리 밑을 지나는구나.

그의 나이 스물세 살 적이었다. 그런 뒤 그는 송만공에게서 인가를 받았고 전강이란 법호도 받았다. 방한암, 백용성 등 많은 고승들도 전강을 인가해 주었다. 더욱이 스물다섯 살 때 송만공으로부터 선종 77대 법맥을 잇는 전법게(傳法偈)를 받았다. 하지만 육신의 건강은 회복되지 않았다. 그리해 해인사 밑에 있는 여관에서 '보이'로 있으면서 고기를 먹으며 건강을 회복했다. 이때의 생활은 환속이나 다름 없었지만 이걸 무애행이라고 할까?

정전강은 그 뒤 다시 절을 찾았고 서른세 살 적 통도사 보광선 원의 조실로 추대된 뒤 크고 작은 절에서 조실로 모셨다.

정전강의 명성이 곳곳에서 울렸다. 한국전쟁 시기 죽을 고비도 넘겼지만 만년에 인천 용화사에 법보선원을 개설해 마지막으로 수많은 제자들을 배출했다. 이들 중에는 속인인 박성배도 있었다. 그는 전강 밑에서 참선을 익혔고, 동국대 교수로 있다가 미국에 한국 불교를 전파하는 공로를 세웠다.

그는 1975년 어려운 시대를 어렵게 살았던 생애를 마무리하고 열반에 들었다. 그리해 정전강은 만년에 송만공의 선풍을 올곧게 계승했던 승려로 우러름을 받았다. 그러니 그는 저 기행으로 유명한 경허의 법손이 된 것이다.

침묵하지 않았던 님

韓龍雲

한용운

우리는 한용운 선생을 어마어마한 사람으로 알고 있었는데 실제로 보니까 키는 큰데 아주 괴짜처럼 생겼더군. 눈이 반들반들하고 우리 세 명이 나란히 절을 드리니까 한용운 선생이 '꼬마들아, 어디서 왔니?' 하고 물으시는데 소리가 하도 커서 놀랐지. 그래서 어디에서 왔다고 말씀드리고 '선생님 강연을 들으려 왔습니다.'라고 했더니 내 따귀를 때리면서 '네가 훌륭한 사람이 되어야지, 왜 남 이야기 들으러 다니는 거야?' 하더라고. 그때 얼마나 아프고 기가 막히던지. 그렇게 좀 있으니까 한용운 선생이 '이제 정신이 돌아오냐? 네 정신을 갖고 살아라. 맨날 남의 정신에 끌려 왔다 갔다 하지 말고.'라고 말씀하시더군. '어서 빨리 내려가서 네 정신 차려라. 촌놈이 서울에 와서 어떤 귀신한테 잡혀갈지 모르니까.' 그러면서 돈을 얼마 주시더군. 그 길로 남대문역으로 가서 시골로 내려갔어…. 내가 시봉을 했는데 아주 괴짜였어. 두 끼 밖에 드시지 않고 방에는 아무것도 없고 신문만 있었어. 사람도 잘 안 만나 주고….

_『22인의 증언을 통해 본 근현대 불교사』

출가의 동기를 두고

위의 글은 당시 젊은 승려였던 용명이 서울에서 지사들이 강연을 한다는 소식을 듣고 감격해 하며 서울 선학원을 찾았다가 경험한 한용운의 첫 인상을 전해 준 이야기이다. 이 이야기에는 선문답을 보는 것처럼 한용운의 진면모가 여러모로 잘 드러나고 있다. 그의 성격은 기개가 넘치고 활달해 때때로 주변 사람들의 기를 죽였던 것이다.

만해(卍海) 한용운(韓龍雲, 1879~1944)은 개항으로 외국의 문물이 밀어닥치기 시작할 적에 충청도 결성현(結城縣)의 궁벽진 마을 옥동(현재 홍성군 결성면 성곡리)에서 한응준(韓應俊)의 둘째 아들로 태어났다. 그저 생활을 꾸리며 행세를 할 정도의 재산을 지닌 작은 자작농 집안에서 태어났으니 그래도 어릴 적부터 글공부에 열중할 수 있었다. 10여 년간 서당에서 한문 공부를 한 끝에 그는 상당한 실력을 쌓았다.

이럴 적에 그는 거세게 타오른 1894년 동학농민전쟁을 열여섯 살의 나이로 겪었고 아버지가 농민군 토벌에 나서는 모습도 바라보았다. 그의 아버지는 유림으로서 수성군(守城軍)을 지휘한 것으로 알려져 있다. 이때 그는 커다란 회의에 빠져들었던 같다. 그런 탓인지 열여덟 살 적에 의병의 자금을 얻기 위해 관가의 돈 1,500냥을 터는 모험을 감행했다 한다. 이로 해서 그는 관가에 쫓겼는데 이것이 뜻하지 않게 출가하게 된 직접적 동기였다 한다.

한편 그는 1896년 곧 열여덟 살 때에 부모가 시키는 대로 혼인을 했다(열네 살 때라는 의견도 있다). 아내는 열일곱 살이 된 전정숙이었다. 출가 전에 이루어진 이 혼인은 뒷날 여러 일화를 낳았다. 이 무렵 젊은 한용운은 홍성 언저리에서 한문서당의 훈장으로 학동을 가르치면서 생계를 도왔다 한다.

그 뒤 그의 아버지가 동학농민군 토벌에 나선 일을 두고 늘 번민했다 한다. 이를 반성하는 마음으로 출가했다고도 한다. 현재 탑골공원의 삼일 만세 시위 장면을 담은 부조상 옆에 그의 공적비가 세워져 있다. 이 비문은 평생 독립운동과 역경사업에 몸을 바친 이운허(李耘虛)가 썼는데 여기에 그런 내용을 적은 글이 나온다. 이운허는 한동안 한용운을 모시고 있었으니 직접 들은 이야기를 적었을 것이다.

그는 결혼한 다음 해 열아홉 나이로 출가했다. 그의 출가를 두고 위에서 살펴본 대로 아버지가 동학농민군을 토벌하는 걸 보고 번민한 것이 동기가 되었다고도 하고, 관아에 쫓기는 몸이어서 출가했다고 하며, 이외 다른 이야기도 전한다. 그가 스물일곱 살 시기 홍주(홍성의 옛 지명)의 어떤 절에 가서 주역을 공부하는데 우연히 그 절에 있는 불서 가운데 선의 요체를 적은 글을 읽다가 그 서문 가운데 '다만 달을 가리키는 손가락만 보고 하늘에 있는 달은 보지 못한다[但看標月之指 未見當天之月].'라는 글귀를 보고 크게 깨친 바가 있었다 한다. 그래서 유교의 책을 불사르고 출가했다고도 한다(「나는 왜 이러케 됏나, 그는 왜 중이 되엇나」, 『별건곤』, 1932.1. 김광식, 『한용운 연구』).

여기에 나오는 그의 나이 스물일곱에 출가했다는 말은 2차 출가를 의미하기에 사실과 맞지 않은 것으로 보이는데, 그가 나중에 아내가 임신한 걸 모르고 집을 나왔다는 사실에 비추어 보아도 모순이 일어난다. 기억을 더듬어 이야기하면서 잠깐 착각했을 수도 있을 것이다. 하지만 처음 출가해 오세암에 있을 적에는 일꾼 노릇을 했으니 정식 승려는 아니었을 것이다.

아무튼 그는 임신한 아내에게 아무 말도 하지 않고 집을 나와 걷고 걸어서 머나먼 강원도 산골로 찾아들었다. 개인적으로는 큰 결단이었으나 가정을 버린 꾸지람을 들을 수도 있을 것이다.

불교혁신운동에 투신하다

그는 쫓기듯이 걸으면서 세상에 태어나 처음으로 굶주림과 기갈에 시달리며 인생의 쓴맛을 보았다. 그의 발길은 오대산의 깊은 산속을 헤매다가 오세암에 닿았다. 오세암은 그 유명한 김시습이 머물러 있던 암자였다. 그는 이곳에서 불목하니로 일을 해 주며 밥을 얻어먹었다. 그러니 정식 절차를 거친 승려가 아니라 일이나 해 주는 수원승도(隨院僧徒)인 셈이었다. 한동안 그러다가 오세암에서 나와 시베리아와 만주 일대를 여행하고 돌아왔다. 이때 그는 블라디보스토크의 신한촌에 다녀온 것으로도 알려져 있다. 이 이야기를 그대로 믿는다면 젊을 적부터 그의 결기를 짐작할 수 있을 것이다.

1905년, 첫 번째 가출한 지 8년 뒤인 스물일곱 살 때 다시 입산해 백담사에서 지내면서 연곡을 은사로 해 정식으로 득도했다. 이런 산속에까지 을사조약으로 나라가 껍데기만 남았다는 소식이 전해졌는지는 모르겠으나 아무튼 한용운은 정식으로 득도식을 갖고 승려가 되었던 것이다. 이렇게 해서 '만해'가 태어났다. 승려가 된 한용운은 5년 동안 불경 공부와 참선에 열중하면서 승려로서 갖추어야 할 지식과 경험을 쌓았다. 그러나 그는 평범한 승려가 되기엔 기가 너무 드셌고 또 현실 문제에 대한 관심이 높았다.

그런 탓인지 그는 또 두 번째 외국 나들이를 나갔다. 1908년 일본 도쿄와 교토 등지를 방랑객의 모습으로 6개월쯤 돌아보았다. 일본이 무슨 힘으로 우리나라를 삼키려 하는지를 알아보려 한 것이 아니겠는가. 도쿄에서는 여러 유학생을 만났고 마침 이곳에 유학하고 있는 최린을 만나 교유를 튼 것으로 알려져 있다. 그와 최린과의 평생 이어진 악연은 이렇게 맺어졌다.

1910년 나라가 완전히 일제의 식민지가 되자, 이번에는 홀연히 바랑을 짊어지고 만행(萬行)의 길에 나섰다. 그는 삭풍이 몰아치는 북간도와 시베리아를 떠돌아다녔다. 그리고 다시 서울에 왔다가 또다시 북간도 일대로 갔는데 아마 이때 그는 망명을 결심했고 또 독립군의 군자금을 모집하러 다녔던 것으로 보인다. 이러한 행적이 지식인의 방황인지, 독립운동을 준비하는 예비 훈련인지, 아무튼 산사에서 승려 노릇을 하지 않았다.

그는 이제 의기에 넘치는 나이든 청년이 되었고 또 국내외의 정세와 독립운동의 수준도 나름대로 판단할 수 있는 지도자가 되어 있었다. 그러나 그가 몸담고 있는 불교계는 예전에 비해 매우 침체되어 있었고 친일불교로 전락하고 있었다. 이 무렵 그는 『조선불교유신론(朝鮮佛敎維新論)』의 집필을 서둘렀다.

마침내 한일병합조약이 강제로 맺어져 조선총독부가 들어서고 대한제국은 일제의 식민지로 전락했다. 친일불교를 이끌었던 원종 총무원장 이회광은 재빠르게 일본에 건너가 일본의 종파인 조동종과 맹약을 맺고 돌아왔다. 이 맹약은 조선불교를 조동종에 팔아넘긴 것이나 다름없었다. 한용운은 누구보다도 먼저 이의 반대 투쟁을 이끌었다. 처음 이 사실이 먼저 남쪽의 사찰에 알려지자 지리산과 호남 일대의 승려들이 벌인 반대 규탄 총회도 송광사에서 열렸다. 이들은 원종을 친일불교로 규정하고 임제종으로 한국불교의 정통성을 내세웠다. 그리하여 임제종 임시 종무원을 설치하고 포교당을 광주에 두기로 결의했다.

그때 임제종 종무원장으로 선암사의 김경운을 선출했으나 연로하다는 핑계로 실무를 보지 않자, 가장 맹렬하게 반대 투쟁을 벌이고 있는 한용운을 그 대리로 내세웠다. 그런 뒤 광주 증심사와 하동 쌍계사 등의 사찰에서 집회를 가지다가 동래 범어사에 종무원을 두기로 결의하고 세 본산으로 통도사, 해인사, 범어사를 지정했다. 한용운의 반일 투쟁은 이 무렵 본격적으로 전개되어 건국 승려의 지도자로 부상했다.

그는 이때부터 이런 시대 상황 탓인지 산사에 묻혀 살지 않고, 외국 나들이도 접어두고서 서울로 와 맹렬한 활동을 벌이며 살았다. 1912년 봄 한용운이 중심이 되어 해인사, 통도사, 범어사의 지원을 받아 서울의 중심부인 사간동에 본부를 두고 조선 임제종 중앙포교당을 설립했다. 포교당 개교식은 1912년 5월 26일 열렸는데 수천 명의 군중이 모여들었다. 이 자리에서 한용운은 임제종의 취지를 설명했으며, 백용성은 임제종에 동참해 '속박에서 벗어나, 자유를 누리며 살자'고 외치면서 교리를 설명했다. 서울에 있는 유일한 절인 각황사가 미적지근한 활동을 보일 때 이 포교당은 대중의 인기를 끌었다.

이런 임제종운동은 일제로부터 탄압을 받았다. 한용운이 모든 살림살이를 맡고 있을 때 총독부 당국은 총독부의 허락을 받지 않고 포교당 건립 비용을 마음대로 조성했다는 구실을 붙여 걸핏하면 경찰서와 법원에 출두하라는 따위 압박을 가했다. 그리해 임시방편으로 그 명칭을 조선 선종 중앙포교당으로 바꾸었다. 조선총독부에서는 끝내 이 포교당마저 폐지 조처를 내렸다.

이어 조선사찰령에 따라 조선총독부의 보호를 받는 30본산에 맞서 조선불교회를 조직하려 노력했으나 온갖 방해를 받아 뜻을 이루지 못했다. 이런 상황에서 한용운은 번뇌와 고심을 거듭한 끝에 조선불교를 어떻게 개혁해야 할지, 그 방법론을 제시했다.

명저 『조선불교유신론』을 발표하다

한용운은 처음 백담사에서 불교 개혁을 담은 논설을 집필했는데 1913년 마침내 "조선불교유신론"이라는 이름을 붙여 세상에 발표했다. 이 저술은 국한문 혼용체로 모두 17장으로 나누어 4만 2천여 글자로 쓰인 장황한 논설이다. 집필을 마친 뒤 청정 비구인 박한영이 검토를 해 단행본으로 배포했다. 당시 누구보다도 첫손으로 꼽는 학승인 박한영은 왜 대처를 주장한 이 논설을 손수 증험해 주었을까? 이 글을 읽어 보면 그럴 만한 이유가 있었음을 알게 될 것이다.

이 글은 조선불교를 어떻게 개혁해야 하는지를 놓고 조목에 따라 서술했다. 그러면서는 사회진화론에 입각해 우승열패(優勝劣敗) 약육강식(弱肉强食)의 이론을 도입, 경쟁을 통하여 살아남아야 한다는 내용을 기저에 깔고 철저한 자기반성과 현실 비판을 추구했다. 이 글의 기조는 메시아인 부처의 평등주의를 깔면서도 서구의 진화론과 계몽사상을 도입했던 것이다. 문장은 국한문 혼용이었지만 내용은 동서양의 지식을 동원하여 아주 현학적으로 구성되었다. 다소 장황하지만 서문의 한 대목을 먼저 알아보자.

내가 일찍이 불교를 유신할 뜻을 품고 조금 마음속에 그려보았으나 모든 일이 뜻대로 되지 아니하여 당장 실천에 옮기지 못하고 시험 삼아 하나의 형적 없는 불교의 신세계를 구구하게 글자로써 얽어서 풀어, 스스로 아무 소리 없는 적막한 세상에 위로로 삼을 뿐이다. 무릇 갈증을 느낄 때 신 매실(梅實)을 바라보고 침이 고여 잠시 갈증을 푸는 것도 또한 양생의 한 방법이다. 이 논의야말로 실로 매화의 그림자이며 나의 갈증으로 내 몸을 태우는 것이다. 그러니 스스로 어쩔 수 없어 하나의 매화 그림자에 펄펄 솟는 맑은 샘물을 퍼부으려는 것이다. 요즈음 불가는 너무나 가문데 우리 무리들 속에 갈증이 나는 사람이 있는지 모르겠다. 과연 있다면 이 매화 그림자로써 서로 비추어 보기 바란다.(현대 문장으로 고쳤음, 이하 동일)

이렇게 앞에는 쉬운 비유를 섞어 겸손하게 말문을 열었다. 그 다음은 이렇다.

천하에 어찌 성패(成敗)가 있으리오. 오직 사람을 기다릴 뿐이다. 유유한 온갖 일이 하나라도 사람에게서 명을 듣지 않음이 없는 뒤에야 이른바 성공이 있고 이른바 실패가 있으니 구차한 일이 자립의 힘이 없고 오직 사람이 이를 따르면 일의 성공과 실패가 있는 것은 또한 사람의 책임일 뿐이로다.

여기에서는 성공과 실패는 사람의 노력에 달려 있음을 밝힌 것이다. 이어 연달아 법 방망이를 다음과 같이 들이대고 있다. 몇 대목만 요약해 알아보기로 한다. 먼저 불교의 유신에 대해 이렇게 설파하고 있다.

유신이란 무엇인고, 파괴의 자손이오. 파괴란 무엇인고, 유신의 어머니라. 천하에 어미 없는 자식이 없다고 말하되 파괴 없는 유신이 없다고 말하면 더러 알아먹지 못하니 어찌 그 비유의 학에 이렇게 어두울 수 있는가? 무릇 파괴란 것은 헐어서 없애

377

는 것을 말하는 것이 아니라, 다만 그 시세에 맞지 아니하는 구습을 고쳐서 새로운 것으로 향하게 하는 것뿐이다. 이름은 비록 파괴이나 실은 파괴가 아니다. 유신을 보다 잘하는 것은 파괴를 더욱 잘하는 것이니 파괴에 느린 자는 유신이 느리고 파괴에 빠른 자는 유신이 빠르고 파괴가 작은 자는 유신이 작고 파괴가 큰 자는 유신이 크니 유신의 정도는 파괴의 정도와 정비례한다고 볼 수 있다.

이 대목에서 파괴를 혁명의 첫걸음으로 갈파했다. 이어 그가 제시한 내용은 절을 산속에 두고 승려들이 산속에 사는 것은 염세에 적합하고 구세를 외면하는 것이니 도시와 민간 속으로 들어가 다른 종교와 경쟁해야 한다는 것이다. 또 만행의 하나로 구걸 행각하는 짓은 금지해야 한다고 했으며 예불 격식도 하루 한 번으로 줄여 간소하게 해야 하며 염불당, 칠성각, 산신각은 미신을 조장하는 것이니 헐어 내라고 외쳤다. 또 승려는 구구하게 계율에 얽매이지 말고 장가를 들어 세속 안으로 들어와야 한다고도 주장했다. 또 천당과 지옥도 마음속에 있는 것이지 실존하지 않는다고 설파했다. 그 요지를 한마디로 요약하면 부처의 평등주의를 토대로 중생 제도에 앞장 서야 한다는 것이다.

　　이런 논리를 전개하면서 중국 고대의 요순, 공자의 제자인 안연과 성리학을 확립한 주자 그리고 노자, 장자 등 도가의 말도 끌어들였으며 근대의 중국 양계초의 주장도 인용했다. 게다가 영국의 베이컨, 독일의 칸트의 말도 원용했다. 그는 철학적 지식을 한껏 깔아 놓았다. 마지막 마무리 구절을 보자.

378

밤이 지나고 나니 나는 잠이 안 오고 생각이 길어지자 도리어 고개를 드는 시름! 시름이 끝이 없기에 한숨과 노래 뒤섞이니, 아우여, 형제여. 이는 피리 소리가 아니라 닭의 울음소리임이 들리지 않는가?

처절할 정도로 사람의 정서에 호소하고 있다.

그런데 이 내용 중 대처의 허용을 다룬 대목이 오늘날까지 많은 논란을 빚고 있다. 적어도 조선총독부가 조선불교를 일본불교로 만들어 가는 과정에서 승려의 취처(娶妻)를 허락하기 13년 앞선 주장이었다. 이때의 대처승들은 거의 친일파가 되었으니 그의 주장을 어떻게 해석해야 할까?

여기에서 승려의 대처를 주장했지만 일본불교를 흉내 내라는 뜻은 결코 아니었다. 그는 뒷날 한국불교를 친일로 만들어갈 적에 여기에 동조하지 않았던 것이다. 그러면서 자신은 환속하지 않으면서 아내를 얻어 이를 실천했다.

이 문제에 대해서 필자의 견해를 밝혀 본다. 오늘날 한국불교는 다른 나라의 불교에 비해 비구의 전통과 생활을 가장 잘 유지하고 있다는 평가를 받고 있다. 그런데 현실에서는 끊임없이 비구의 파계 논란이 일어나고 있다. 이런 현실 조건에서 승려를 청정 비구와 대중 포교승으로 나누어 청정 비구에는 계율을 철저하게 지키면서 참선 수도를 하게 하고 대중의 교화에 나선 포교승에게는 아내도 얻고 육식도 하게 해 주는 제도로 바꾸는 게 미래 승려 사회를 바르게 끌어가고 대중불교를 실현하는 길이 될 수 있다고 생각해 본다. 불보 통도사, 법보 해인사, 승보 송광사 같은 절은 청정 도량으로 가꾸되

도시 중심의 포교당은 의식과 생활에 있어 개선을 해야 한다는 뜻이다. 어떨까? 태고종이 대처를 인정하는 걸 나무라기만 할 것은 아닌 것 같다.

이 대목에서 박한영의 이야기를 통해 참고의 말을 찾을 수 있겠다. 박한영은 한용운의 선배로 임제종 창립 등 불교혁신운동에 한용운과 뜻을 맞추어 활동했었다. 그는 불교 교단의 혁신을 통해 조선불교를 유신하려고 하면서 한용운과는 달리 교육운동에 집중했다. 그러면서 계율을 확립하고 이타공덕을 쌓아야 한다고 주장했다. 그 과정에서 한용운과 다른 것은 없었지만 계율과 관련되는 대처와 세속에 파고들어야 한다는 문제만은 그 방향을 달리했던 것이다.

이 글 앞표지에는 "석전산인첨(石顚山人籤)"이라 표시되어 있다. '석전산인'은 박한영의 별호요, '첨'은 '증험한다'는 뜻이다. 그는 한용운의 유신론을 증험해 주면서 어느 수준까지 손질을 했는지는 알려져 있지 않다. 아마도 필자의 주장을 존중해 대처 문제 등에는 일단 넘어간 것으로 보인다. 하지만 나중에도 한용운의 이런 주장을 반박하는 글을 별로 쓰지 않은 걸 어떻게 해석해야 할까? 아마도 둘은 더 큰 문제에 집중한 탓일 게다.

아무튼 이 글은 일본불교와 개신교를 모델로 제시했다는 비판이 따랐고 지나치게 전통을 무시하고 세속화를 주장했으며 제국주의 발전 논리인 진화론을 수용했다는 한계가 지적되기도 한다. 하지만 조선시대 이후 불교 개혁을 이렇게 강렬히 주장한 이는 없었다. 그리해 민족불교의 성향을 가진 승려, 진보적 지식인 등이 열띤 호응을 보였다. 그의 인기는 치솟았다.

한용운은 계속해서 불교 혁신을 위해 잡지 『유심』을 간행했으며, 줄기차게 강연을 벌이고 글을 썼다. 그는 불교의 침체를 쉴 새 없이 질타하고 불교가 산속에서 나와 대중 속으로 파고들어야 한다고 역설했다. 분명히 이런 목소리는 그때로서는 여간 혁신적이 아니었으며 또 그의 주장은 산골에 파묻혀 있는 선승들의 머리를 어지럽혔고 일반 대중에게는 큰 인기를 누렸다.

삼일운동의 상징적 존재

삼일운동의 햇불을 처음 올린 독립선언은 천도교의 손병희와 최린의 주도로 계획되고 추진되었다. 이들은 동경 유학생들이 동경기독교청년회관에서 비밀리에 2.8선언을 진행했고, 이와 함께 상해에 망명해 있는 신규식, 여운형 등으로부터 1차 세계대전 이후 국제연맹이 개최한 파리강화회의와 미국 대통령 윌슨의 약소민족 해방의 주장 등의 정세에 대해 정보를 입수하였으며, 한일병합 10여 년이 되어 조선총독부의 식민지 강압 정치로 민족의 불만과 분노가 극에 달하고 있어 전 민족의 역량을 모아 만세 시위를 벌일 절호의 기회라고 판단했다.

천도교에서 민족대표 33인을 선정하면서 많은 애로를 겪었다. 거사를 추진하면서 비밀을 유지하려 우선 종교계를 포섭했지만 유교와 천주교, 대종교 등 많은 종교 단체가 빠졌다. 그런데다가 국내에서 민족운동을 벌이는 김창숙, 김복한 등 인사들도 이름을 올리지 못했으며 더욱이 노동자와 농민 대표도 낄 수 없었다. 불교계는 친일불교가 휩쓰는 현실에서 깊은 산골에 머물고 있는 승려들과 연락이 쉽게 닿지 않았다.

한용운은 삼일운동의 주역이었다. 만세운동을 준비할 적에 그는 처음 개인 자격으로 여기에 끼어들었다. 한용운과 친분이 있었던 최린은 손병희를 도와 모든 실무를 맡아 진행시켰다. 그는 뒤늦게 불교계 대표로 한용운을 끌어들였다. 그리해 한용운은 전폭적으로 동의했고 불교계 인사의 영입, 민족대표의 선정, 선언서 준비 등의 일을 맡았다.

시일이 촉박해 초조함을 느낀 한용운은 먼저 범어사 등지로 내려가서 명망 있고 영향력 있는 승려를 민족대표로 확보하려고 노력을 기울였다. 하지만 이들 비루하고 세속의 눈치를 살피는 승려들은 거의 동의하지 않았다. 시일이 촉박한데다가 전화도 없던 시절이어서 모두 직접 찾아갈 수 없었지만 승려들은 총독부의 무단 정치가 벌어져 많은 탄압을 받고 있었고 친일불교가 횡행하여 잔뜩 위축이 되어 있었다. 그리해 썩 동의하고 나서지 않은 것이다. 다만 범어사에 머물고 있던 오성월, 수덕사에 머물고 있던 송만공, 화엄사에 머물고 있던 진진응 등을 포함해 박한영, 도진호 등 여러 승려를 추천했으나 모두 성사되지 못한 내막은 확실하게 논단할 수 없을 것이다.

어쨌든 한용운은 이해 2월 말 무렵 다시 서울로 올라와 마지막으로 대각사에 머물고 있는 백용성을 찾아갔다. 백용성은 한용운과 15세의 나이 차이로 사형이기도 했지만 스승이라 할 수도 있다.

한용운은 백용성을 만나 내외의 정세를 설명하고 조선 독립을 위한 선언서를 발표하려 하니 민족대표로 참여해 달라고 요청했다. 그러자 백용성은 서슴없이 이름 올리는 걸 허락했다. 백용성은 민족대표 서명에 사용할 도장을 한용운에게 주면서 잘 진행시켜 달라고 일렀다. 한용운은 선언서 발표 하루 전에 다시 백용성을 찾아가, 대표로 추대되었음을 알리고, 다음 날 태화관 별실에서 선언서를 발표하니 참석해 달라고도 했다(앞의 백용성 내용 참고).

이후 한용운은 최남선이 지은 독립선언서를 읽어 보고 그 미지근한 내용에 분통을 터뜨리며 자신이 다시 짓겠다고 나섰다. 그러나 이 뜻이 관철되지 않자 마지막 공약 3장에 "최후의 일인까지 최후의 일각까지 정당한 의사를 쾌히 발표하라."라는 구절을 넣게 했다. 그뿐만이 아니라 이른바 민족대표 33인이 체포될 것을 알고 또다시 투쟁 원칙을 제시했다. 첫째, 변호사를 대지 말 것, 둘째, 사식을 먹지 말 것, 셋째, 보석을 요구하지 말 것 등이었다. 대표들이 태화관 별실에 모였을 때 그의 목소리는 유난스레 커서 귀청이 얼얼할 지경이었다 한다.

그의 행동은 여기에서 멈추지 않았다. 중앙학림의 학생들, 곧 백성욱, 김법린 등을 유심 사무실로 불러 독립선언서 3천 장을 주고 여러 절에 배포하게 하여 만세 시위에 참여하게 지시했다. 그 결과 동화사, 표충사, 석왕사 등의 승려들이 만세 시위를 벌였다. 또 이들은 한용운의 지시를 받아 상하이에 파견되어 요인들과 접촉했고, 국내에서 지하신문 『혁신공보』를 발행해 해외에서 진행된 독립운동을 알렸다.

한용운은 구속되어서도 일제 경찰에 맞서 과감하게 자기 의사를 밝혔다. 어떤 사람은 미리 변명을 늘어놓기도 했고, 어떤 사람은 주동자가 아니라고 발뺌을 했으며, 어떤 사람은 자기의 뜻이 아니었다고 떠벌리기도 했으나 그는 한 점 꿀림이 없이 조선 독립을 주장했다. 그는 주범으로 인정되어 손병희, 이종일, 최린, 이승훈과 함께 징역 3년 형의 판결을 받았다. 그가 영입한 백용성은 징역 1년 6개월 형을 받았다.

　삼일운동을 겪은 뒤 그는 어느 누구보다도 이미지가 뚜렷한 민족지도자로 부상했다. 감옥에서 풀려난 한용운은 서울에 살면서 민족운동을 은밀하게 벌이기도 하고 청년 교육에 나서기도 하면서 현대시를 발표하기에 열중했다. 또 총독부가 제정한 사찰령의 철폐운동을 꾸준하게 벌였다.

님과 조국 그리고 민중에 대한 애정

그는 학교에 발을 들여놓은 적이 없었다. 그러니 현대문학을 배울 기회가 없었던 것이다. 그가 어떤 동기로 현대시작법을 배우고 시를 지었는지는 모른다. 그는 여느 고승과 같이 한시를 잘 지을 줄 알았지만 어쩐지 많이 짓지 않았다. 하지만 토속어를 구사해 주옥같은 현대시를 토해 냈다.

　그의 시에는 '님'이 단골로 등장한다. 그 님은 누구인가? 속 좁은 이들은 사형인 백용성이라고도 했고, 부처라고도 했다. 하지만 필자의 판단으로는 그의 조국이기도 했고, 그의 민족이기도 했으며, 그가 동경하거나 이상적이라 여기는 사람이기도 했을 것이다. 이들 시를 모아 1926년에 시집 『님의 침묵』을 출판하니, 이제 민족시인이라는 또 하나의 호칭이 그에게 붙게 되었다. 『님의 침묵』 앞에 다음과 같이 적었다.

　군말
　님만 님이 아니라, 기룬 것은 다 님이다. 중생이 석가의 님이라면

384

철학은 칸트의 님이다. 장미화의 님이 봄비라면 마시니의 님은 이태리다. 님은 내가 사랑할 뿐만 아니라 나를 사랑하나니라.

연애가 자유라면 님도 자유일 것이다. 그러나 너희는 이름 좋은 자유의 알뜰한 구속을 받지 않느냐. 너에게도 님이 있느냐. 있다면 님이 아니라 너의 그림자니라.

나는 해 저문 벌판에서 돌아가는 길을 잃고 헤매는 어린 양이 기루어서 이 시를 쓴다.

이어 다음과 같은 「님의 침묵」이 실려 있다.

님은 갔습니다. 아아 사랑하는 나의 님은 갔습니다.

푸른 산빛을 깨치고 단풍나무 숲을 향하야 난 적은 길을 걸어서 참어 떨치고 갔습니다.

황금의 꽃같이 굳고 빛나든 옛 맹세는 차디찬 티끌이 되야서, 한숨의 미풍에 날어 갔습니다.

날카로운 첫 키쓰의 추억은 나의, 운명의 지침을 돌려놓고, 뒷걸음쳐서, 사러졌습니다.

나는 향기로운 님의 말소리에 귀먹고, 꽃다운 님의 얼골에 눈멀었습니다.

사랑도 사람의 일이라, 만날 때에 미리 떠날 것을 염려하고 경계하지 아니한 것은 아니지만, 이별은 뜻밖의 일이 되고 놀란 가슴은 새로운 슬픔에 터집니다.

그러나 이별을 쓸데없는 눈물의 원천을 만들고 마는 것은 스스로 사랑을 깨치는 것인 줄 아는 까닭에, 걷잡을 수 없는 슬픔의 힘을 옮겨서 새 희망의 정수박이에 들어부었습니다.

우리는 만날 때에 떠날 것을 염려하는 것과 같이, 떠날 때에 다시 만날 것을 믿습니다.

아아 님은 갔지마는 나는 님을 보내지 아니하였습니다.

제 곡조를 못 이기는 사랑의 노래는 님의 침묵을 휩싸고 돕니다.

그의 시는 승려이건, 학생이건, 여성이건 널리 애송되었다. 식민지 아래에서 사랑이니 눈물이니 하는 이른바 서정시에 젖어 있던 사람들에게 그의 시는 커다란 공감과 함께 새바람을 불러일으켰다.

다음은 그의 시 「심은 버들」이다.

뜰 앞에 버들을 심어
님의 말을 매랐드니
님은 가실 때에
버들을 꺾어 말 채찍을 하였습니다.

버들마다 채찍이 되어서
님을 따르는 나의 말도 채칠까 하였드니
남은 가지 천만사(千萬絲)는
해마다 해마다 보낸 한을 잡어 맵니다.

「알 수 없어요」는 절대적 존재에 대한 동경과 구도적 염원을 담은 시라고 평가된다. 여기에는 불교의 유향(遺香)이 풍기지 않으며 민족에 대한 그리움도 보이지 않는다. 많은 사람들은 이 시를 애송하였다.

바람도 없는 공중에 수직의 파문을 내이며, 고요히 떨어지는 오동잎은 누구의 발자최입니까.

지리한 장마 끝에 서풍에 몰려가는 무서운 검은 구름의 터진 틈으로, 언뜻언뜻 보이는 푸른 하늘은 누구의 얼골입니까.

꽃도 없는 깊은 나무에 푸른 이끼를 거처서, 옛 탑 위의 고요한 하늘을 슬치는 알 수 없는 향기는 누구의 입김입니까.

근원은 알지도 못할 곳에서 나서, 돍부리를 울리고 가늘게 흐르는 적은 시내는 굽이굽이 누구의 노래입니까.

연꽃 같은 발꿈치로 갓이없는 바다를 밟고, 옥 같은 손으로 끝없는 하늘을 만지면서, 떨어지는 날을 곱게 단장하는 저녁놀은 누구의 시입니까.

타고 남은 재가 다시 기름이 됩니다. 그칠 줄 모르고 타는 나의 가슴은 누구의 밤을 지키는 약한 등불입니까.

아무튼 그는 늙어 가면서도 시작 활동과 민족운동, 불교의 혁신 등이 세 가지 일을 왕성하게 전개했다. 도통 쉴 줄을 모르고 이리 뛰고 저리 뛰었다.

꿋꿋한 마지막 삶

한동안 항일민족운동이 침체되어 있을 적에 1927년 좌우의 여러 세력이 합작하여 신간회(新幹會)를 발족시키고 민족운동의 새로운 전기를 마련했다. 한용운은 이 단체의 집행위원과 서울지회장을 맡아 다시 맹렬하게 활약했다. 신간회는 광주학생항일운동의 진상 조사와 법정 변호 등의 활동을 했으나 창립된 지 4년 만에 조선총독부의 방해 공작과 내부의 분열로 해체되고 말았다.

한용운은 다시 불교청년운동을 벌이기도 하고 불교언론운동과 창씨개명 반대운동을 벌이기도 했다. 이 무렵 국내는 중일전쟁으로 민족항일운동이 침체를 면하지 못하고 있었다. 이때인 1938년 만당(卍黨) 사건이 일어났다. 김법린, 최범술 등 불교 청년들이 1930년대 범어사를 중심으로 비밀 결사를 조직하고 적극적 항일 투쟁과 사찰령의 폐지 등 불교 개혁을 내걸었다. 이들 회원은 80여 명이었는데 엄격한 심사를 거쳐 입회하였기 때문에 서로 얼굴을 모르는 수가 많았다. 이 비밀 결사에 한용운을 당수로 추대하고 때로 자문을 구했으나 한용운이 병에 시달리고 있었던 탓인지 직접 일선에 나서지는 않았다. 그런데 내부의 밀고로 책임자 역할을 한 김법린이 진주에서 검거되어 문초를 받는 사건이 벌어졌다. 하지만 그도 자세한 내막을 실토할 수 없었고 구체적 행동을 한 적도 없었다. 그리해 증거 불충분으로 풀려났다. 다행히 이들은 한용운을 보호하려 당수의 이름을 밝히지 않았다 한다. 그래서 병환에 시달리던 한용운이 감옥에 갇히는 일은 벌어지지 않았다.

일제는 중일전쟁을 수행하면서 징병·징용을 강화하고 물자를 공출하는 따위 전시 체제를 다졌다. 사찰과 교회의 종이나 종가의 제기 따위 쇠붙이를 모조리 쓸어 가고 있을 때였다. 이럴 적에 최린, 최남선, 권상로 등 많은 동지들은 변절을 거듭해서 학병 권유, 정신대 동원에 나서거나 총독부 정책에 협조했다. 한용운은 이를 통한해 마지않았다.

어느 날 그는 거적을 끼고 친구인 최남선의 집을 찾아가 문 앞에 펼쳐 놓고 구슬프게 곡을 했다. 조국의 독립을 외치던 최남선은 죽었다는 뜻이다. 또 이상재가 죽었을 때 사회장을 치르면서 한용운을 장례위원으로 올렸다. 그런데 한용운 본인이 장례식장에 가서 자신의 이름을 철필로 죽죽 그어 대고 철필을 내던지고 나왔다. 이상재의 미온적 운동을 나무란 것이다.

그는 끼니를 이을 수조차 없는 쪼들린 생활 속에서 논설을 쓰고 시와 소설을 쓰기도 했다. 그래도 생활이 어렵기는 매한가지여서 오직 제자들이 간간이 쌀되를 보내주는 것으로 죽을 끓여 먹었다. 이렇게 살면서도 그의 지조는 한 점 굽힘이 없었다. 어느 독지가가 성북동 골짜기에 그의 거처를 마련해 주기 위해 집을 지을 적에 엉뚱하게도 북향으로 집을 짓게 했다. 조선총독부 쪽을 바라보고 살 수 없다는 고집이었다. 이때 그는 쉰이 훨씬 넘은 나이로 유씨 부인을 맞아 새 장가를 들었는데 고향의 전처에 대해선 소식조차 모를 적이다. 이제 승려의 몸으로 『조선불교유신론』에서 주장한 대로 아내를 맞아 가정을 꾸렸고 고명딸도 두었다.

심우장에서 지낼 때 그는 만주에서 독립운동을 한 김동삼이 서대문형무소에서 죽자 그 시신을 모시고 심우장의 방에 5일 동안 안치한 뒤 사회장을 치르고 유언대로 화장을 해 한강에 뿌려 주었다. 어느 날은 최린이 찾아와 그의 쪼들리는 살림살이를 보고 얼마의 돈을 부인과 딸에게 쥐어 주고 갔다. 이를 안 한용운은 그 돈을 빼앗아 들고 최린의 집으로 가서 문틈으로 던져 넣고 돌아왔다 한다.

아버지의 돌봄을 받지 못한 아들 한보국은 일제 시기 사회주의자로 변신해 지하 활동을 맹렬하게 벌였으며 한국전쟁 시기에는 홍성인민위원장을 지내다가 월북했다.

한보국은 한용운이 복역한 뒤 감옥에서 나왔을 적에 직접 그를 만난 적이 있다. 한보국은 출가한 아버지를 찾고 싶어도 행방을 알 수 없었으나 그의 명성이 높아지자 소식을 알아낼 수 있었던 것이다. 하지만 한용운은 당시 일정한 거처도 없었을 뿐더러 그를 거둘 수도 없었고, 그럴 마음도 없었던 듯하다. 아들 한보국은 아버지를 만난 것으로 만족해 하고 고향으로 돌아갔다. 그의 자녀들은 지금 북한에서 활동하고 있으면서 할아버지의 민족운동을 자랑스럽게 여기고 있다 한다(김광식,『한용운 연구』).

외동딸인 한영숙은 어렵게 살면서 한용운이 운명한 곳인 심우장을 지켰고 찾아오는 사람들에게 아버지의 일화를 전해주었다.

한용운은 작은 일에도 일제에 타협하지 않았고 그에 맞서 끝까지 지조를 지켰다. 단지 죽을 무렵『조선일보』등에 어쭙잖은 소설 몇 편을 써서 원고료를 챙긴 일로 하여 논란을 벌인 일이 있을 뿐이었다. 하지만 그 소설은 독립 투쟁을 다루었다. 이런 한용운은 해방이 되기 1년 앞선 무렵인 6월의 신록이 그의 거처 심우장에 드리워질 적에 오랜 지병인 중풍으로 66세의 나이로 세상을 떠났다. 그는 한을 가슴에 묻어둔 채 조국의 해방을 보지 못하고 눈을 감았다. 그의 동지들은 그의 시신을 화장을 해 뿌리고 치아만을 묘소에 묻었다 한다. 그의 무덤은 망우리 용마산공원 묘지에 초라하게 자리를 잡고 있다.

현재 심우장은 서울 성북동에 보존되어 있고, 설악산 백담사에는 그의 동상과 시비를 세워 그를 기리고 있으며, 그 아래에는 만해학교와 만해문학기념관 등을 조성해 독자 모임, 작가들의 집필 공간과 자료 전시 공간으로 제공되고 있다. 또 불교계와 문학계 인사들이 만해상을 제정해 해마다 그의 정신을 이은 문인들을 골라 시상하고 있다.

오늘날 한국의 근대 독립운동사와 불교사에서 그의 이름이 유난히 빛을 내고 있다. 오늘날을 사는 우리는 그의 굳은 지조와 함께 중생과 겨레 사랑의 모습을 배우고 있다. 2019년 삼일운동 100주년을 맞이하면서 그의 민족정신을 새로 평가해 보기로 하자.

참고문헌

자료

- 『경허집』
- 『계곡만필』
- 『고려사』
- 『고려사절요』
- 『대각국사문집』
- 『동국이상국집』
- 『동문선』
- 『동사강목』
- 『매월당집』
- 『매월당속집』
- 『분충서난록』
- 『보조법어』
- 『사명당대사집』
- 『삼국사기』
- 『삼국유사』
- 『선가귀감』(선학간행회 간행)
- 『성호사설』
- 『송고승전』
- 『연려실기술』
- 『율곡집』
- 『장릉지』
- 『조선왕조실록』

- 『조선개교 50년지』
- 『청허당집』
- 『해동명신록』

- 김안로, 『용천담적기』
- 남효온, 『사우명행록』
- _____, 『추강집』
- 서재필, 『서재필 박사 자서전』
- 성현, 『용재총화』
- 송헌빈, 『동경일기』
- 오쿠무라 엔신, 『조선포교일지』
- 유몽인, 『어유야담』
- 이규경, 『오주연문장전산고』
- 이규보, 『백운소설』
- 이색, 『목은집』
- 조경남, 『난중잡록』
- 최부, 『표해록』
- 홍만종, 『순오지』

- 허균, 「사명당석장비명」
- 윤근수, 「월정만필」

단행본

- 『한국구비문학대계』
- 고운기, 『일연』, 한길사, 1997.
- 김광식, 『만해 한용운 연구』, 동국대학교출판부, 2011.
- 김종록, 『근대를 산책하다』, 다산북스, 2012.
- 남동신, 『영원한 새벽 원효』, 새누리, 1999.
- 선우도량 한국불교근현대사연구회 엮음, 『22인의 증언을 통해 본 근현대불교사』, 선우도량, 2002.
- 송건호 외, 『해방전후사의 인식』, 한길사, 1980.
- 차주환, 『한국도교사상연구』, 서울대학교 인문대학 부설 한국문화연구소, 1978.

논문·기사

- 이광린, 「개화승 이동인」, 『창작과 비평』 통권 18호, 창비, 1970.
- 이동익, 「소창다명 – 억울한 창씨개명 1호」, 『세계일보』, 2017. 8. 7.
- 송정수, 「족보에 나타난 전봉준 장군 처가와 외가 검토」.
- 김석주, 「연변지역 불교사찰의 공간적 분포와 대각교회 연구」, 〈용성 스님의 민족운동과 연변불교〉 학술세미나, 2011. 7. 18.
- 김태흡, 「경허대사 일대평전」, 『비판』, 1938~1939.

396

398

이이화의

명승열전

ⓒ이이화, 2019

2019년 3월 14일 초판 1쇄 발행

지은이 이이화
발행인 박상근(坪弘) • 편집인 류지호 • 상무 이영철
책임편집 김재호 • 편집 김선경, 이상근, 양동민, 주성원, 김소영
디자인 쿠담디자인 • 제작 김명환 • 마케팅 허성국, 김대현, 최창호, 양민호 • 관리 윤정안
펴낸 곳 불광출판사 (03150) 서울시 종로구 우정국로 45-13, 3층
　　　대표전화 02) 420-3200　편집부 02) 420-3300　팩시밀리 02) 420-3400
　　　출판등록 제300-2009-130호(1979. 10. 10.)

ISBN 978-89-7479-658-7 (03910)

값 18,000원

이 도서의 국립중앙도서관 출판예정도서목록(CIP)은
서지정보유통지원시스템 홈페이지(http://seoji.nl.go.kr)와
국가자료공동목록시스템(http://www.nl.go.kr/kolisnet)에서 이용하실 수 있습니다.
(CIP제어번호: CIP2019007151)

잘못된 책은 구입하신 서점에서 바꾸어 드립니다.
독자의 의견을 기다립니다. www.bulkwang.co.kr
불광출판사는 (주)불광미디어의 단행본 브랜드입니다.